suhrkamp taschenbuch 2279

Der im Februar 1993 verstorbene Natur- und Technikphilosoph Hans Jonas hat der internationalen philosophischen und weltanschaulichen Diskussion seit Jahrzehnten wesentliche Impulse gegeben. Der Autor von *Das Prinzip Verantwortung* legt hier seine grundlegenden Untersuchungen zu den Menschheitsthemen der letzten Jahre vor. Evolution und Katastrophen, historische Diskontinuität und Zukunftsverantwortung, Recht und Ethos, Mythen und Symbole als anthropologische Konstanten, Entstehung und Funktion der Kunst – dies sind nur einige Stichworte, denen Jonas bis in ihre allgemeinste, grundlegende Bedeutung und zugleich in ihre konkreten Details nachgeht. Die in dieser Sammlung vereinigten Abhandlungen bilden eine wichtige Ergänzung und Weiterführung seiner Grundgedanken, die Jonas' Philosophieren seit je beherrschen.

Hans Jonas, 1903 in Mönchengladbach geboren, starb im Februar 1993 in New York. 1933 emigrierte er nach England und 1935 nach Palästina, seit 1955 lebte er in den USA. Jonas erlangte weltweite Anerkennung durch sein Werk *Das Prinzip Verantwortung* (1979), in dem er eine Ethik für die Menschen im technologischen Zeitalter formulierte. 1987 erhielt er den Friedenspreis des Deutschen Buchhandels.

Hans Jonas
Philosophische
Untersuchungen
und
metaphysische
Vermutungen

Suhrkamp

Umschlagfoto: Isolde Ohlbaum

*Für Lore
in Dankbarkeit
für ein halbes Jahrhundert
täglich erneuten Glücks*

suhrkamp taschenbuch 2279
Erste Auflage 1994
© Insel Verlag Frankfurt am Main und Leipzig 1992
Lizenzausgabe mit freundlicher Genehmigung
des Insel Verlags Frankfurt am Main und Leipzig
Suhrkamp Taschenbuch Verlag
Alle Rechte vorbehalten, insbesondere das
des öffentlichen Vortrags, der Übertragung
durch Rundfunk und Fernsehen
sowie der Übersetzung, auch einzelner Teile.
Druck: Nomos Verlagsgesellschaft, Baden-Baden
Printed in Germany
Umschlag nach Entwürfen von
Willy Fleckhaus und Rolf Staudt

1 2 3 4 5 6 – 99 98 97 96 95 94

Inhalt

Vorwort 7

ERSTER TEIL
Theorie des Organismus und Sonderart des Menschen   9
1. Evolution und Freiheit 11
2. Werkzeug, Bild und Grab. Vom Transanimalischen im Menschen 34
3. Wandel und Bestand. Vom Grunde der Verstehbarkeit des Geschichtlichen 50
4. Last und Segen der Sterblichkeit 81

ZWEITER TEIL
Zur Seins- und Sittenlehre 101
5. Von Kopernikus zu Newton: Aus den Anfängen des neuzeitlichen Weltbildes 103
6. Zur ontologischen Grundlegung einer Zukunftsethik 128
7. Rechte, Recht und Ethik: Wie erwidern sie auf das Angebot neuester Fortpflanzungstechniken? 147

DRITTER TEIL
Dem Fragenden unverwehrbar: Gedanken über Gott . 171
8. Vergangenheit und Wahrheit. Ein später Nachtrag zu den sogenannten Gottesbeweisen . 173
9. Der Gottesbegriff nach Auschwitz. Eine jüdische Stimme 190
10. Materie, Geist und Schöpfung. Kosmologischer Befund und kosmogonische Vermutung 209

Nachweise 256

Vorwort

Die hier vereinigten Aufsätze sind über die letzten acht Jahre aus verschiedenen Anlässen entstanden (nur Nr. 3 liegt weiter zurück). Meist waren es Einladungen zu Konferenzen und Kolloquien, die mich, wie es der Gegenstand mit sich brachte, dazu anregten, das eine oder andere Thema aus früheren Arbeiten neu aufzugreifen und weiterzuentwickeln. Im neunten Lebensjahrzehnt wird man sparsam mit dem Annehmen solcher von außen herantretenden Aufgaben, und ich sagte öfters nein als ja. Doch jedes Ja hinterließ seine Dokumentation, und als ich kürzlich einmal das publizistisch in Tagungsprotokollen und Zeitschriften Verstreute überschlug, ergab sich, daß genug davon da ist, einen eigenen Band zu füllen, und genug an innerem Zusammenhang, eine solche Vereinigung zu rechtfertigen. Dies noch selbst zu besorgen war ein natürlicher Wunsch, für den der Insel Verlag Verständnis zeigte, und so kam es zu dieser »Nachlese«.

Die einzelnen Aufsätze sind unabhängig voneinander und können in beliebiger Reihenfolge gelesen werden. Dennoch stellen sie ungeplant einen Querschnitt durch die Thematik vieler Jahre dar und lassen Hauptpunkte daraus schärfer belichtet hervortreten. Es sind die Themen, die mein Philosophieren beherrscht haben, seit es von der Vergangenheitsdeutung der frühen Gnosisarbeiten sich Problemen neuer und neuester Zeit zugewandt hat: philosophische Biologie und Anthropologie, Wissenschaftskritik, Technik und Ethik.

Der angezeigte Sachzusammenhang ist offenkundig für die Beiträge im ersten und zweiten Teil dieser Sammlung, die sich sämtlich im Bereich der Erfahrung und des Beweisbaren halten. Die im dritten Teil gehen darüber hinaus: Sie schweifen mit der Gottesfrage ins Unwißbare, und der Titel »philosophisch« mag ihnen abgesprochen werden. Die Namensfrage kümmert mich nicht viel. Ich habe Achtung für das asketische Haltmachen an den Grenzen, das die Philosophie seit Kant gelernt hat. Aber unverlöschlich ist das Recht von Geistern, die es dazu drängt, ihr Fragen selbst dahin zu treiben, wo es nur noch erratende und bildlich umschreibende Antworten erwarten kann. Ohne Anspruch auf Erkenntnis zu erheben, will sich doch solches Sinnen mitteilen und findet damit, so sagt meine Erfahrung, manchen Widerhall.

Die Zusammenstellung zu einem Buche, dessen Teile doch einige Rücksicht aufeinander nehmen müssen, nötigte zu einem gewissen Maß von Edierung in einzelnen Stücken. Hauptsächlich waren Wiederholungen auszumerzen oder wenigstens zu verringern, die sich, bei Überschneidung der Gegenstände, ganz natürlich zwischen Abhandlungen eingestellt hatten, die ohne Rücksicht aufeinander abgefaßt worden waren; und dasselbe galt für Duplizierungen aus früheren Büchern von mir im Insel Verlag. Andererseits hatte die Integrität der jeweiligen Abhandlung ihre eigenen Rechte, die selbst der Verfasser respektieren mußte, und so waren nicht alle Wiederholungen zu vermeiden. Möge der Leser sie mir nachsehen. Am meisten überarbeitet ist der 6. Aufsatz, dessen Hauptanliegen, das »ontologische« Argument, weiter ausgeführt wurde, wogegen andere Teile wegen der erwähnten Verdoppelungen gänzlich gestrichen wurden.

Ein bibliographisches Nachwort am Ende des Bandes gibt Auskunft über die Geschichte der einzelnen Beiträge. Dort werden auch die Verleger des jeweiligen Erstdruckes genannt, denen hier schon mein Dank für die Genehmigung des Nachdrucks ausgesprochen sei.

New Rochelle, N. Y., USA
November 1991   Hans Jonas

ERSTER TEIL

Theorie des Organismus und Sonderart des Menschen

1.
Evolution und Freiheit

Unsere philosophische Tradition, die abendländische, gebannt auf den Menschen allein blickend, pflegt ihm als einzigartige Auszeichnung vieles von dem zuzusprechen, was im organischen Dasein als solchem wurzelt: Damit entzieht sie dem Verständnis der organischen Welt die Einsichten, welche die menschliche Selbstwahrnehmung zu seiner Verfügung stellt. Ihrerseits muß die wissenschaftliche Biologie, durch ihre Regeln an die äußeren, physischen Tatsachen gebunden, die Dimension der Innerlichkeit ignorieren, die zum Leben gehört: Damit läßt sie das stofflich vollerklärte Leben rätselhafter, als das unerklärte war. Die beiden Standpunkte, seit Descartes in ihrer unnatürlichen Trennung festgestellt, sind komplementär und spielen einander in die Hände – zum Nachteil ihrer Gegenstände, die beide buchstäblich dabei »zu kurz« kommen: Das Verständnis des Menschen leidet durch die Trennung ebensosehr wie das des außermenschlichen Lebens. Eine erneute, philosophische Lesung des biologischen Textes mag die innere Dimension – das uns am besten Bekannte – für das Verstehen organischer Dinge zurückgewinnen und so der psychophysischen Einheit des Lebens den Platz im theoretischen Ganzen wiederverschaffen, den es durch die Scheidung des Mentalen und Stofflichen seit Descartes verloren hat. Der Gewinn für das Verstehen des Organischen wird dann auch ein Gewinn für das Verstehen des Menschlichen sein.

Die großen Widersprüche, die der Mensch in sich selbst entdeckt – Freiheit und Notwendigkeit, Autonomie und Abhängigkeit, Ich und Welt, Beziehung und Vereinzelung, Schöpfertum und Sterblichkeit – haben ihre keimhaften Vorbildungen schon in den primitivsten Formen des Lebens, deren jede die gefährliche Waage zwischen Sein und Nichtsein hält und immer schon einen inneren Horizont von

»Transzendenz« in sich birgt. Dieses allem Leben gemeinsame Thema läßt sich in seiner Entwicklung durch die aufsteigende Ordnung organischer Vermögen und Funktionen verfolgen: Durch Stoffwechsel, Bewegung und Begehren, Fühlen und Wahrnehmen, Imagination, Kunst und Begriff – eine fortschreitende Stufenleiter von Freiheit und Gefahr, gipfelnd im Menschen, der seine Einzigkeit vielleicht neu verstehen kann, wenn er sich nicht länger in metaphysischer Abgetrenntheit sieht.

Unabhängig von den Befunden der Entwicklungsforschung stellt sich die vorhandene, simultane Mannigfaltigkeit des Lebens, besonders des tierischen, als eine ansteigende Stufenfolge dar, ausgespannt zwischen »primitiv« und »entwickelt«, auf deren Skala Komplizierung der Form und Differenzierung der Funktion, Empfindlichkeit der Sinne und Intensität der Triebe, Beherrschung der Glieder und Vermögen des Handelns, Reflexion des Bewußtseins und Griff nach der Wahrheit ihren Platz haben. Man kann den Fortschritt hierbei zwiefach deuten: nach Begriffen der Wahrnehmung und des Handelns (also des »Wissens« und der »Macht«) – d. h. einmal nach Weite und Deutlichkeit der Erfahrung, steigenden Graden sinnlicher Weltgegenwart, die durchs Tierreich hindurch zu umfassendster und freiester Objektivierung des Seinsganzen im Menschen führen; und zum anderen, hiermit parallel laufend und gleichfalls im Menschen gipfelnd, nach Maß und Art der Einwirkung auf die Welt, also nach Graden progressiver Freiheit des Handelns. In Hinsicht auf organische Funktionen sind diese zwei Seiten durch Perzeption und Motilität vertreten. Die wechselseitige Beziehung und Durchdringung beider Aspekte ist ein ständiges Thema für das einfühlende Studium tierischen Daseins.

Es erschien in unsern Worten der Begriff »Freiheit«: in Verbindung mit dem Wahrnehmen und mit dem Handeln. Man erwartet, dem Begriff im Bereich des Geistes und des Willens zu begegnen, doch nicht vorher. Wir aber behaupten nicht weniger, als daß schon der *Stoffwechsel,* die Grundschicht aller organischen Existenz, Freiheit erkennen läßt – ja, daß er selber die erste Form der Freiheit ist. Für die meisten muß dies befremdlich klingen. Denn was könnte weniger mit Freiheit zu tun haben als der blinde Automatismus chemischer Vorgänge im Innern unseres Körpers? Dennoch will ich versuchen zu zeigen, daß in den dunklen Regungen urweltlicher organischer Substanz zum ersten Mal ein Prinzip der Freiheit innerhalb der endlos ausgedehnten Zwangsläufigkeit des physischen Universums aufleuchtet – ein Prinzip, das Sonnen, Planeten und Atomen fremd ist. Offensichtlich müssen dem Begriff, wenn er für ein so umfassendes Prinzip in Anspruch genommen wird, alle Mentalbedeutungen zunächst ferngehalten werden: »Freiheit« muß einen objektiv unterscheidbaren Seinsmodus bezeichnen, d.h. eine Art zu existieren, die dem Organischen per se zukommt und insofern von allen Mitgliedern, aber keinem Nichtmitglied, der Klasse »Organismus« geteilt wird: ein ontologisch beschreibender Begriff, der zunächst sogar auf bloß körperliche Tatbestände bezogen sein kann. Bei aller physischen Objektivität jedoch bilden die von ihm auf dem primitiven Niveau beschriebenen Charaktere die ontologische Basis jener höheren Phänomene, die den Namen der »Freiheit« unmittelbarer verdienen; und auch die höchsten von ihnen bleiben an die unscheinbaren Anfänge in der organischen Grundschicht gebunden, als an die Bedingung ihrer Möglichkeit. So bedeutet das erste Erscheinen des Prinzips in seiner nackten und elementaren Objektgestalt den Durchbruch des Seins in den unbegrenzten Spielraum der Möglichkeiten, der sich bis in die entferntesten Weiten subjektiven Lebens erstreckt und als ganzer unter dem Zeichen der »Freiheit« steht.

In diesem fundamentalen Sinn genommen kann der Begriff der *Freiheit* als Ariadnefaden für die Deutung dessen dienen, was wir »Leben« nennen. Das Geheimnis der Anfänge ist uns verschlossen. Befinden wir uns aber erst einmal im Bereich des Lebens selbst, so sind wir nicht länger auf Hypothesen angewiesen: Der Begriff der Freiheit ist hier von vornherein am Platze und in der ontologischen Beschreibung seiner elementarsten Dynamik benötigt.

Der Weg von dort aufwärts aber ist keine bloße Erfolgsgeschichte. Das Privileg der Freiheit ist belastet mit der Bürde der Notdurft und bedeutet Dasein in Gefahr. Denn die Grundbedingung für das Privileg liegt in der paradoxen Tatsache, daß die lebende Substanz durch einen Urakt der Absonderung sich aus der allgemeinen Integration der Dinge im Naturganzen gelöst, sich der Welt gegenüber gestellt und damit die Spannung von »Sein und Nichtsein« in die indifferente Sicherheit des Daseinsbesitzes eingeführt hat. Die lebende Substanz tat dies, indem sie ein Verhältnis prekärer Unabhängigkeit gegenüber derselben Materie einnahm, die doch für ihr Dasein unentbehrlich ist; indem sie ihre eigene Identität unterschied von der ihres zeitweiligen Stoffes, durch den sie doch ein Teil der gemeinsamen physikalischen Welt ist. So in der Schwebe zwischen Sein und Nichtsein, besitzt der Organismus sein Sein nur auf Bedingung und Widerruf. Mit diesem Doppelaspekt des Stoffwechsels — seinem Vermögen und seiner Bedürftigkeit — trat das *Nichtsein* in die Welt als eine im Sein selbst enthaltene Alternative; und hierdurch erst erhält »zu sein« einen betonten Sinn: Zuinnerst qualifiziert durch die Drohung seiner Negation, muß Sein sich hier behaupten, und behauptetes Sein ist Dasein als Anliegen. So ist Sein selbst statt eines gegebenen Zustandes eine ständig aufgegebene Möglichkeit geworden, stets von neuem abzugewinnen seinem stets anwesenden Gegenteil, dem Nichtsein, von dem es am Ende doch unvermeidlich verschlungen wird.

Das so in der Möglichkeit schwebende Sein ist durch und durch ein Faktum der *Polarität*, und das Leben manifestiert diese Polarität ständig in diesen grundlegenden Antithesen, zwischen denen seine Existenz sich spannt: der Antithese von Sein und Nichtsein, von Selbst und Welt, von Form und

Stoff, von Freiheit und Notwendigkeit. Von all diesen Polaritäten ist die von Sein und Nichtsein die fundamentalste. Ihr wird Identität abgerungen in einer höchsten, anhaltenden Bemühung des Aufschubs, deren Ende doch vorbestimmt ist. Denn das Nichtsein hat die Allgemeinheit, oder die Gleichheit aller Dinge, auf seiner Seite. Der Trotz, den ihm der Organismus bietet, muß zuletzt in der Unterwerfung enden, in der die Selbstheit dahinschwindet und als diese einzige nie wiederkehrt. Daß das Leben sterblich ist, ist zwar sein Grundwiderspruch, aber gehört unabtrennbar zu seinem Wesen und ist nicht einmal von ihm wegzudenken. Das Leben ist sterblich nicht obwohl, sondern *weil* es Leben ist, seiner ursprünglichsten Konstitution nach, denn solcher widerruflicher, unverbürgter Art ist das Verhältnis von Form und Stoff, auf dem es beruht. Seine Wirklichkeit, paradox und ein ständiger Widerspruch zur mechanischen Natur, ist im Grunde fortgesetzte Krise, deren Bewältigung niemals sicher und jedesmal nur ihre Fortsetzung (als Krise) ist. Der gewaltige Preis der Angst, der von Anbeginn vom Leben zu zahlen war und sich parallel mit seiner Höherentwicklung steigert, läßt die Frage nach dem Sinn dieses Wagnisses nicht zur Ruhe kommen. In dieser Frage des Menschen, vorwitzig wie die formversuchende Substanz im Dämmer des Lebens, gewinnt nur die ursprüngliche Fragwürdigkeit des Lebens an sich nach Jahrmillionen Sprache.

Zur erkenntnistheoretischen Position solcher Ausführungen, auch aller weiteren, nur dies: Sie bekennt sich zum vielgeschmähten Delikt des *Anthropomorphismus*.[1] Und das nach vier Jahrhunderten moderner Naturwissenschaft! Doch vielleicht ist in einem richtig verstandenen Sinne der Mensch doch das Maß aller Dinge – nicht zwar durch die Gesetzgebung seiner Vernunft, aber durch das Paradigma seiner psychophysischen Ganzheit, die das Maximum uns

---

[1] Vgl. zu diesem Thema meine Ausführungen in H. Jonas, *Organismus und Freiheit*, Göttingen 1973, S. 56–59.

bekannter konkreter ontologischer Vollständigkeit darstellt. *Von diesem Gipfel abwärts* wären dann die Klassen des Seins privativ, durch fortschreitende Abzüge bis zum Minimum der bloßen Elementarmaterie, zu bestimmen, nämlich als ein immer Weniger, ein immer entfernteres »Noch nicht«, anstatt umgekehrt die vollständigste Form von dieser Basis kumulativ abzuleiten. Im ersteren Falle wäre der Determinismus der leblosen Materie schlafende, noch unerweckte Freiheit.

Zu der hier angebrachten Reflexion über die philosophischen Aspekte der Entwicklungslehre, besonders des Darwinismus, verweise ich auf das Kapitel, das ich diesem Gegenstand in einem früheren Werk gewidmet habe.[1] Doch ein Aspekt soll zur Rechtfertigung des eben eingestandenen »Anthropomorphismus« erwähnt werden. Die Evolutionslehre bezeichnet den Endsieg des Monismus über jeden früheren Dualismus, einschließlich des kartesischen. Aber eben die Vollständigkeit des Sieges beraubte das monistische, d. h. materialistische Unternehmen des Schutzes, den der Dualismus ihm eine Zeitlang hatte verschaffen können. Denn die Evolution zerstörte die Sonderstellung des Menschen, die den Freibrief für die kartesische, rein physikalistische Behandlung alles übrigen gegeben hatte. Die *Kontinuität* der Abstammung, die den Menschen mit der Tierwelt verband, machte es fürderhin unmöglich, seinen Geist, und geistige Phänomene überhaupt, als den abrupten Einbruch eines ontologisch fremden Prinzips an gerade diesem Punkte des gesamten Lebensstromes zu betrachten. Als letzte Zitadelle des Dualismus fiel die Isolierung des Menschen dahin, und seine eigene Evidenz wurde wieder verfügbar für die Interpretation dessen, dem er angehörte. Denn wenn es nicht länger

[1] »Philosophische Aspekte des Darwinismus«, a. a. O., 3. Kapitel, S. 60–85. Das im Untertitel »Ansätze zu einer philosophischen Biologie« genannte Buch *Organismus und Freiheit* liegt dem Gedankengang dieses Aufsatzes zugrunde und ist an manchen Stellen wörtlich in ihm benutzt.

möglich war, seinen Geist als diskontinuierlich mit der vormenschlichen Geschichte des Lebens zu betrachten, dann betand auch keine Berechtigung mehr, Geist in proportionalen Graden den näheren oder entfernteren Ahnenformen abzusprechen und damit irgendeiner Stufe der Tierheit: Die Evidenz des naiven Verstandes wurde durch die fortgeschrittene Theorie wieder in ihr Recht eingesetzt – allerdings ihrer eigenen Tendenz zum Trotz.

So untergrub der Evolutionismus den Bau Descartes' wirksamer, als jede metaphysische Kritik es fertiggebracht hatte. In der lauten Entrüstung über den Schimpf, den die Lehre von der tierischen Abstammung der Würde des Menschen angetan habe, wurde übersehen, daß nach dem gleichen Prinzip dem Gesamtreich des Lebens etwas von seiner Würde zurückgegeben wurde. Ist der Mensch mit den Tieren verwandt, dann sind auch die Tiere mit dem Menschen verwandt und dann in Graden Träger jener Innerlichkeit, deren sich der Mensch, der vorgeschrittenste ihrer Gattung, in sich selbst bewußt ist. Nach der Kontraktion, die christlicher Transzendenzglaube und kartesischer Dualismus erzwungen hatten, breitete sich das Reich der »Seele«, mit seinen Attributen des Fühlens, Strebens, Leidens, Genießens, kraft des Prinzips stetiger Abstufung aufs neue vom Menschen über das ganze Reich des Lebens aus. Das Prinzip qualitativer Kontinuität, das unendliche Abstufungen von Dunkelheit und Klarheit der »Perzeption« zuläßt, ist durch den Evolutionismus ein logisches Komplement zur wissenschaftlichen Genealogie des Lebens geworden. An welchem Punkte dann in der enormen Spanne dieser Reihe läßt sich mit gutem Grund ein Strich ziehen, mit einem »Null« von Innerlichkeit auf der uns abgekehrten Seite und dem beginnenden »Eins« auf der uns zugekehrten? Wo anders als am Anfang des Lebens kann der Anfang der Innerlichkeit angesetzt werden? Wenn aber Innerlichkeit koextensiv mit dem Leben ist, dann kann eine rein mechanistische Interpretation des Lebens, d. h. eine Interpretation in bloßen Begriffen der Äußerlichkeit, nicht genügen.

So geschah es, daß in dem Augenblick, da der Materialismus seinen vollen Sieg gewann, das eigentliche Mittel des Sieges, die »Evolution«, nach seiner inneren Konsequenz die Grenzen des Materialismus sprengte und die ontologische Frage neu aufwarf – als sie gerade entschieden schien. Nehmen wir sie auf in Form eines Gedankenexperiments, in dem wir uns in den Standpunkt des von Laplace fingierten höchsten, göttlichen Rechenmeisters versetzen, der – in einem beliebigen Querschnitt durch die Zeit – alle simultanen Partikel der Körperwelt vor seinem analytischen Blick hat und ihre Vektorvielfalt in eine Weltgleichung integriert. Versuchen wir, mit seinen Augen zu sehen, wenn sein Blick zufällig auf einem Organismus ruht. Was würden wir »sehen«?

Als komplexer Großkörper (welcher selbst die Bakterie schon ist) würde der Organismus dieselben allgemeinen Züge wie andere Aggregate aufweisen. Aber in und um ihn würden besondere Vorgänge bemerkbar sein, die seine Erscheinungseinheit noch fragwürdiger als die gewöhnlicher Körper machen und seine stoffliche Identität im Zeitverlauf fast gänzlich aufheben. Ich spreche von seinem *Stoffwechsel*, seinem Austausch von Materie mit der Umgebung. In diesem merkwürdigen Seinsprozeß sind für den zergliedernden Betrachter die Stoffteile, aus denen der Organismus in einem gegebenen Zeitpunkt besteht, nur vorübergehende Inhalte, deren Eigenidentität nicht mit der Identität des Ganzen zusammenfällt, durch das sie hindurchgehen – während dieses Ganze *seine* Identität eben mittels des Durchgangs fremder Materie durch sein räumliches System, den lebenden Leib, aufrechterhält. Es ist niemals stofflich dasselbe, und doch beharrt es als dieses identische Selbst gerade dadurch, daß es nicht derselbe Stoff bleibt. Wenn es je wirklich eins mit der Selbigkeit seiner vorhandenen Stoffsumme wird – wenn je zwei »Zeitschnitte« von ihm miteinander identisch werden –, dann hat es aufgehört zu leben: Es ist tot.

Man muß sich die totale Durchgängigkeit des Metabolismus innerhalb des lebenden Systems vor Augen halten. Das Bild von »Zufluß und Abfluß« gibt die radikale Natur der Tatsache nicht wieder. In einem Motor haben wir Zufluß von Brennstoff und Abfluß von Verbrennungsprodukten, aber die Motorteile selbst, die diesen Fluß durch sich passieren lassen, nehmen an ihm nicht teil. So beharrt die Maschine als ein selbstidentisches träges System gegenüber der wechselnden Identität der Materie, mit der sie »gespeist« wird; und sie existiert als ganz dieselbe, wenn jede Speisung unterbleibt: Sie ist dann dieselbe Maschine im Stillstand. Im Gegensatz dazu, wenn wir einen lebenden Körper als »metabolisierendes System« bezeichnen, müssen wir darin einschließen, daß das System selber gänzlich und stetig das Ergebnis seiner metabolischen Tätigkeit ist, und ferner, daß kein Teil des »Ergebnisses« aufhört, Objekt des Metabolismus zu sein, während er gleichzeitig Vollzieher desselben ist. Schon deshalb ist es unrichtig, den Organismus einer Maschine zu vergleichen.

Kann man ihn dann vielleicht einer Wellenbewegung in einem stofflichen Medium, etwa auf einer Wasserfläche, vergleichen? Die oszillierenden Einheiten, aus denen sie in ihrem Fortschreiten nacheinander besteht, vollführen ihre Bewegungen einzeln, und jede ist nur momentan an der Zusammensetzung des Wellenindividuums beteiligt; dennoch hat dieses als die umfassende Form der sich ausbreitenden Störung seine eigene wohldefinierte Einheit, seine eigene Geschichte und seine eigenen Gesetze. Und diese transzendierende Form, eine Vorgangsstruktur, ist von anderer Ordnung als die einer Kristallstruktur, wo die Form untrennbar am beharrenden Material haftet. Gilt ähnliches vielleicht auch für die zeitliche Formkontinuität jener Mannigfaltigkeiten, die *wir* als »Organismen« kennen? Auch dort muß ja die Analyse des Laplaceschen höchsten Rechners, unbewölkt von den verschmelzenden Summierungen der Sinne, sich letztlich an jene transienten Elemente heften, die in ihrer eigenen Dauerhaftigkeit allein die unmittelbaren Identitäten für die mechanische Konstruktion des Komplexes darbieten und allein als die Residuen seiner Analyse zurückbleiben. Der Lebensprozeß wird sich dann als ein Serienbündel von Vorgängen seitens dieser beharrenden Einheiten der allgemeinen Substanz darstellen: *Sie* sind die wirklichen Akteure, die sich aus je einzelner Verursachung durch bestimmte Konfigurationen bewegen, und *eine* solche Konfiguration wäre eben der Organismus. So wie die Welle nichts ist als die morphologische Summe des sukzessiven Eintritts neuer Einheiten in die Gesamtbewegung, die dank ihrer fortschreitet, so wäre auch der Organismus als eine Integralfunktion des wechselnden Stoffes anzusehen, und nicht der Stoffwechsel als eine Funktion des Organismus. Und alle Züge einer selbst-bezüglichen autonomen Wesenheit werden am Ende als bloß phänomenal, d. h. fiktiv erscheinen.

Würden wir, wie sonst gewöhnlich, auch diesem Resultat strikt physikalischer Analyse zugestehen, daß es *wahrer* ist als unsere naiv-sinnliche Sicht des Gegenstandes? Entschieden nicht in diesem Fall, und hier sind wir auf festem Boden, denn hier, dank dem Umstand, daß wir selber lebende Körper sind, verfügen wir über Kenntnis von innen her. Kraft der unmittelbaren Zeugenschaft unseres Leibes können wir sagen, was kein körperloser Zuschauer zu sagen imstande wäre: daß dem göttlichen Mathematiker in seiner homogenen analytischen Sicht der entscheidende Punkt entgeht – der Punkt des Leben selber: daß es nämlich selbstzentrierte Individualität ist, für sich seiend und in Gegenstellung gegen alle übrige Welt, mit einer wesentlichen Grenze zwischen Innen und Außen – trotz, ja auf der Grundlage, des tatsächlichen Austauschs. Für jede andere Aggregatform mag es zutreffen, daß die anschauliche Einheit, die sie als ein Ganzes erscheinen läßt, nichts als das Erzeugnis unserer Sinneswahrnehmung ist, somit nicht ontologischen, sondern lediglich phänomenologischen Status besitzt. Aber dann geschieht es, daß in lebenden Wesen die Natur mit einer ontologischen Überraschung aufwartet, worin der Weltzufall irdischer

Bedingungen eine gänzlich neue Seinsmöglichkeit ans Licht bringt: die Möglichkeit materieller Systeme, Einheiten des Mannigfaltigen zu sein nicht dank einer synthetischen Anschauung, deren Gegenstand sie gerade sind, noch dank dem bloßen Zusammentreffen der Kräfte, die ihre Teile aneinander binden, sondern kraft ihrer selbst, um ihrer selbst willen und von ihnen selbst stetig unterhalten. Ganzheit ist hier selbstintegrierend in tätigem Vollzug; Form ist nicht Ergebnis, sondern Ursache der stofflichen Ansammlungen, in denen sie nacheinander besteht. Einheit ist hier selbsteinend mittels der sich wandelnden Vielheit. Selbigkeit ist ständige Selbsterneuerung durch Prozeß, getragen auf dem Fluß des immer anderen. Erst diese aktive Selbstintegration des Lebens liefert den ontologischen Begriff des Individuums oder Subjektes im Unterschied zum bloß phänomenologischen.

Dies ontologische Individuum, seine Existenz in jedem Augenblick, seine Dauer und seine Selbigkeit im Dauern, sind also wesentlich seine eigene Funktion, sein eigenes Interesse, seine eigene stete Leistung. In diesem Prozeß selbsterhaltenden Seins ist das Verhältnis des Organismus zu seiner stofflichen Substanz zwiefacher Art: Abhängig von ihrer Verfügbarkeit als Material, ist er unabhängig von ihrer jeweiligen Identität; seine eigene funktionale Identität fällt nicht mit der substantialen seiner Teile zusammen, die ihn dennoch in jedem Augenblick vollständig ausmachen. Mit einem Wort: Die organische Form steht in einem Verhältnis *bedürftiger Freiheit* zum Stoffe. Und zwar mit einer Umkehrung des sonst geltenden ontologischen Verhältnisses: Die Priorität des Stoffes weicht der Priorität der Form, die sie allerdings nur um den Preis gleichzeitiger Abhängigkeit genießt. Denn die jeweilige konkrete Einheit von Stoff und Form besteht natürlich auch hier, nämlich im Zusammenfall der Form mit der stofflichen Basis jedes Augenblicks. Aber während im Leblosen der Jetztpunkt einer stofflichen Totalität – jeder Jetztpunkt – dieselbe vollständig gibt und gleichwertig durch jeden anderen ersetzt werden kann, gibt der materiell noch so vollständige Jetzt-Querschnitt eines Organismus alles außer dem Eigentlichen, dem Leben, dessen Form nur im Zeitlichen und seinen Funktionsganzheiten zu finden ist. Die Zeit, nicht der simultane Raum, ist das Medium der Formganzheit des Lebendigen; und seine Zeitlichkeit ist nicht das indifferente Außereinander, das die Zeit für die Bewegungen des Stoffes, für die Folge seiner Zustände ist, sondern der qualitative Modus der Darstellung der Lebensform selber.

*Selbst*identität also, beim toten Sein ein bloß logisches Attribut, dessen Aussage nicht über eine Tautologie hinausgeht, ist beim lebenden ein ontologisch gehaltvoller, in eigener Funktion der stofflichen Andersheit gegenüber ständig *geleisteter* Charakter.

Die *Grundfreiheit* des Organismus besteht demnach in einer gewissen Unabhängigkeit der Form hinsichtlich ihres eigenen Stoffes. Ihr Auftreten mit den Anfängen des Lebens bedeutet eine ontologische Revolution in der Geschichte der »Materie«; und die Entwicklung und Steigerung dieser Selbständigkeit oder Freiheit ist das Prinzip allen Fortschritts in der Entwicklungsgeschichte des Lebens, das in seinem Verlauf weitere Revolutionen zeitigt, jede ein neuer Schritt in der eingeschlagenen Richtung, d. h. die Öffnung eines neuen Horizonts der Freiheit. Der erste Schritt war die Emanzipation der Form, mittels des Stoffwechsels, von der unmittelbaren Identität mit dem Stoffe. Dies bedeutet zugleich die Emanzipation vom Typus der fixen und leeren Selbstidentität, die dem Stoffe eignet, zugunsten einer anderen, vermittelten und funktionalen Art von Identität. Was ist das Wesen dieser Identität?

Das Massenteilchen, identifizierbar in seiner Raum-Zeit-Stelle, ist einfach und ohne sein Zutun, was es ist, unmittelbar mit sich identisch und nicht gehalten, diese Selbstidentität als Akt seines Seins zu behaupten. Die Selbstidentität seines Augenblicks ist das leere logische $A = A$; die seiner

Sukzession oder Dauer ist leeres Bleiben, nicht Neubestätigung. Seine lückenlos verfolgbare »Bahn« im Raumzeitkontinuum ist hier das einzige Kriterium der Selbigkeit in der Dauer; und ohne die Spur einer *Bedrohtheit* seiner Existenz haben wir keinen Grund, über diesen äußeren Befund hinaus sein Beharren mit konativer Innerlichkeit auszustatten.

Organische Identität hingegen muß von ganz anderer Art sein. In der prekären, stoffwechselnden Kontinuität der organischen Form, mit ihrem ständigen Umsatz von Bestandteilen, steht kein beharrendes Substrat – keine einzelne »Bahn« noch ein »Bündel« von Bahnen – als Bezugspol äußerer Identität zur Verfügung. Eine *innere* Identität des Ganzen, die die kollektive Identität des jeweils anwesenden und schwindenden Substrates übersteigt, muß die wechselnde Abfolge übergreifen. Solch innere Identität ist implizit im Abenteuer der Form und wird aus seinem äußeren, morphologischen Zeugnis, das allein der Beobachtung zugänglich ist, unwillkürlich induziert. Aber was für eine Induktion ist dies? Und wer vollzieht sie? Wie kann der unvorbereitete Beobachter folgern, was keine bloße Anlyse des physikalischen Befundes je ergibt? In der Tat, der unvorbereitete Beobachter kann es nicht: Der Beobachter des Lebens muß vorbereitet sein durch das Leben. M. a. W., organisches Sein mit seiner eigenen Erfahrung ist von ihm selbst verlangt, damit er imstande sei, jene »Folgerung« zu ziehen, die er de facto ständig zieht, und dies ist der Vorzug, so hartnäckig geleugnet oder verleumdet in der Geschichte der Erkenntnistheorie – der Vorzug dessen, daß wir einen *Leib* haben, d. h. Leib sind. Kurz, wir *sind* vorbereitet durch das, was wir sind. Nur mittels der so ermöglichten Interpolation innerer Identität wird das bloße morphologische (und als solches sinnlose) *Faktum* stoffwechselnder Kontinuität begriffen als unaufhörlicher *Akt*, d. h. Fortgesetztheit wird als Selbstfortsetzung begriffen.

Die Einführung des Begriffs »selbst«, unvermeidlich in der Beschreibung selbst des elementarsten Falles von Leben, zeigt an, daß mit dem Leben als solchem *innere* Identität in die Welt kam — und folglich, in einem damit, auch seine Selbstisolierung vom Rest der Wirklichkeit. Radikale Einzelheit und Heterogenität inmitten eines Universums homogen wechselbezogener Seiender bezeichnet die Selbstheit des Organismus. Eine Identität, die von Augenblick zu Augenblick sich macht, immer neu behauptet und den gleichmachenden Kräften physischer Selbigkeit ringsum abtrotzt, ist in wesentlicher Spannung mit dem All der Dinge. In der gefährlichen Polarisierung, in die sich derart das auftauchende Leben einließ, nimmt das, was nicht es selbst ist und an den Bereich der inneren Identität von außen angrenzt, sogleich den Charakter unbedingter Andersheit an. Die Herausforderung der Selbstheit qualifiziert alles jenseits der Grenzen des Organismus als fremd und irgendwie gegensätzlich: als »Welt«, in welcher, durch welche und gegen welche es sich erhalten muß. Ohne diesen universalen Gegensatz der Andersheit könnte keine Selbstheit sein. Und in dieser Polarität von Selbst und Welt, von Innen und Außen, die die von Form und Stoff ergänzt, ist die Grundsituation der *Freiheit* mit all ihrem Wagnis und ihrer Not potentiell gesetzt. Artikulieren wir diese Grundsituation noch etwas, bevor wir zu ihren höheren Ausprägungen in der Evolution übergehen.

Als erstes denn ein Wort über die durch und durch *dialektische* Natur organischer Freiheit, die Tatsache nämlich, daß sie im Gleichgewicht zu einer korrelativen *Notwendigkeit* steht, die ihr als eigener Schatten unzertrennlich anhaftet und daher auf jeder ihrer Stufen im Anstieg zu höheren Graden der Unabhängigkeit als deren verstärkter Schatten wiederkehrt. Dieser Doppelaspekt begegnet schon im Primärmodus organischer Freiheit, im Stoffwechsel als solchem, der einerseits ein *Vermögen* der organischen Form bezeichnet, nämlich ihren Stoff zu wechseln, aber zugleich auch die unerläßliche *Notwendigkeit* für sie, eben dies zu tun. Ihr »Kann« ist ein »Muß«, da seine Vollziehung identisch ist mit ihrem Sein. Das »Kann« wird zum »Muß«, wenn es gilt zu sein, und dies »zu sein« ist es, worum es allem Leben geht. Der Stoffwechsel also, die auszeichnende Möglichkeit des Organismus, sein souveräner Vorrang in der Welt der Materie, ist zugleich seine zwingende Auferlegung. Könnend, was er kann, kann er doch nicht, solange er ist, unterlassen zu tun, was er kann. Im Besitze des Vermögens muß er es betätigen, um zu sein, und kann nicht aufhören, dies zu tun, ohne aufzuhören zu sein: Eine Freiheit des Tuns, aber nicht des Unterlassens. Diese Bedürftigkeit, die dem selbstgenügsamen Sein bloßer Materie so gänzlich fremd ist, ist ein nicht weniger einzigartiges Merkmal des Lebens, als seine Macht es ist, von der sie nur die Kehrseite darstellt: Seine Freiheit selber ist seine eigentümliche Notwendigkeit. Dies ist die Antinomie der Freiheit an den Wurzeln des Lebens und in ihrer elementarsten Form, der des Stoffwechsels selber.

Eine zweite Beobachtung schließt sich unmittelbar an. Um Stoff wechseln zu können, muß die lebende Form Stoff zur Verfügung haben, und diesen findet sie außer sich, in der fremden »Welt«. Dadurch ist das Leben zur Welt hingewandt in einem besonderen Bezug von Angewiesenheit und Vermögen. Sein Bedürfnis geht auswärts dorthin, wo die Mittel seiner Befriedigung liegen. Sein Selbstinteresse, tätig im Erwerb benötigten neuen Stoffes, ist wesentlich Offenheit für die Begegnung äußerer Wirklichkeit. Bedürftig an die Welt gewiesen, ist es ihr zugewandt; zugewandt (offen gegen sie) ist es auf sie bezogen; auf sie bezogen ist es bereit für Begegnung; begegnungsbereit ist es fähig der Erfahrung; in der tätigen Selbstbesorgung seines Seins, primär in der Selbsttätigkeit der Stoffzufuhr, stiftet es von sich aus ständig Begegnung, aktualisiert es die Möglichkeit der Erfahrung; erfahrend »hat« es »Welt«. So ist »Welt« da vom ersten Beginn: ein Horizont, aufgetan durch die bloße Transzendenz des Mangels, welche die Vereinzelung innerer Identität in einen Umkreis vitaler Beziehung ausweitet. Das Welt-Haben, also die Transzendenz des Lebens, in der es notwendig über sich hinausreicht und sein Sein in einen Horizont erweitert, ist tendenziell schon mit seiner organischen Stoffbedürftigkeit gegeben, die ihrerseits in seiner formhaften Stoffreiheit gründet. Im Vermögen des Weltverhältnisses, d. h. des Verhaltens, bemächtigt sich diese Freiheit ihrer eigenen Notwendigkeit.

Drittens schließt diese Transzendenz *Innerlichkeit* oder *Subjektivität* ein, die alle in ihrem Horizont vorkommenden Begegnungen mit der Qualität gefühlter Selbstheit durchtränkt, wie leise ihre Stimme auch sei. Sie muß da sein, damit Befriedigung oder Vereitelung einen Unterschied macht. Ob wir diese Innerlichkeit Fühlen, Reizempfindlichkeit und -erwiderung, Streben oder wie immer nennen – in irgendeinem Grad von »Gewahrsein« beherbergt sie das absolute Interesse des Organismus an seinem eigenen Dasein und dessen Fortgang – d. h. sie ist »egozentrisch« –, und gleichzeitig überbrückt sie die qualitative Kluft zum Rest der Dinge durch Modi wählender *Beziehung*, die mit ihrer Besonderheit und Dringlichkeit für den Organismus an die Stelle der allgemeinen Integration materieller Dinge in ihre physische Umgebung treten. Aber der offene Horizont bedeutet *Affizierbarkeit* sowohl wie *Spontaneität*, dem Außen ausgesetzt sein nicht weniger als nach außen reichen: Nur dadurch, daß das Leben sensitiv ist, kann es aktiv sein. In der Affektion durch ein Fremdes fühlt das Affizierte sich selbst; seine Selbstheit wird erregt und gleichsam beleuchtet gegen die Andersheit des Draußen und hebt sich so in ihrer Vereinzelung ab. Gleichzeitig aber, über den bloß inneren, selbstbezüglichen Erregungszustand hinaus und durch ihn, wird die *Gegenwart* des Affizierenden gefühlt, seine Botschaft als die des Anderen in die Innerlichkeit hineingenommen. Mit dem ersten Dämmer subjektiven Reizes, dem rudimentärsten Erlebnis der Berührung, öffnet sich ein Spalt in der Verschlossenheit geteilten Seins und entriegelt eine Dimension, in der die Dinge neues, vervielfältigtes Sein im Modus des Objekts gewinnen: Es ist die Dimension der *darstellenden* Innerlichkeit. Die Selbsttranszendenz hat zwar ihren Grund in der organischen Notdurft und ist daher eins mit dem Zwang zur Aktivität: Sie ist Bewegung nach außen. Aber Rezeptivität der Empfindung für das von außen Ankommende, diese passive Seite derselben Transzendenz, setzt das Leben instand, selektiv und »informiert« statt nur blinde Dynamik zu sein. So wird die innere Identität, indem sie für das Außen offen ist, Subjektpool einer Kommunikation mit Dingen, die enger als die zwischen bloß physischen Einheiten ist, und so ersteht das genaue Gegenteil von Vereinzelung aus der Vereinzelung des organischen Subjektes selbst.

Und eine letzte Bemerkung. Mit der Transzendenz des Lebens meinen wir, daß es einen Horizont jenseits seiner punktuellen Identität unterhält. Bisher wurde der Horizont der Umwelt mit der Anwesenheit von Dingen erörtert oder die Ausdehnung der Bezogenheit in den gleichzeitigen *Raum*. Aber das vom Bedürfnis getriebene Selbstinteresse eröffnet ebenfalls einen Horizont der *Zeit,* der nicht äußere Gegenwärtigkeit, sondern inneres Bevorstehen umfaßt: das Bevorstehen jener nächsten Zukunft, wohin die organische Kontinuität in jedem Augenblick unterwegs ist zur Befriedigung des Mangels eben dieses Augenblicks. So ist das Gesicht des Lebens vorwärts sowohl wie auch auswärts gekehrt; wie sein Hier in das Da, dehnt sich sein Jetzt ins Sogleich aus, und Leben ist »jenseits« seiner eigenen Unmittelbarkeit in beiden Horizonten zugleich. Ja, es blickt nur auswärts, weil es durch die Notwendigkeit seiner Freiheit vorwärts blickt, so daß räumliche Gegenwart sozusagen aufleuchtet in der Belichtung durch zeitliches Bevorstehen und beide übergehen in vergangene Erfüllung oder auch Enttäuschung. So hat das Element der Transzendenz, das wir im Urwesen stoffwechselnder Existenz antrafen, seine vollere Artikulation gefunden.

Erst im Dasein des Tieres treten die hier gezeichneten, im

Grundwesen des Organischen angelegten Züge ins volle Licht. Drei Merkmale unterscheiden das tierische vom pflanzlichen Leben: Bewegungsfreiheit, Wahrnehmung, Gefühl. Alle drei Vermögen sind die Äußerung eines gemeinsamen Prinzips.

Das gleichzeitige Auftreten von *Wahrnehmung* und *Bewegung* eröffnet ein bedeutsames Kapitel in der Geschichte der Freiheit, die mit dem organischen Dasein als solchem begann und sich in der uranfänglichen Ruhelosigkeit stoffwechselnder Substanz zuerst bekundete. Die fortschreitende Ausbildung jener beiden Vermögen in der Evolution bedeutet zunehmende Erschließung von Welt und zunehmende Individuierung des Selbst. Offenheit zur Welt hin ist eine Grundbedingung des Lebens überhaupt. Ihre elementare Bekundung ist die bloße Erregbarkeit, die Empfindlichkeit für Reize, wie sie die einfache Zelle an den Tag legt.

Wirklicher Weltbezug entsteht aber erst mit der Entwicklung spezifischer Sinne, definierter motorischer Strukturen und eines Zentralnervensystems. Die Differenzierung der Sinnlichkeit, verbunden mit der zentralen Integrierung ihrer mannigfaltigen Daten, liefert die Anfänge einer wirklichen Objektwelt; der aktive Umgang mit dieser in Ausübung des Bewegungsvermögens unterwirft die sinnlich dargebotene Welt der sich zur Geltung bringenden Freiheit, die so auf höherer Ebene der fundamentalen Notwendigkeit des Organismus antwortet. Es ist das Hauptmerkmal *tierischer* Evolution im Unterschied vom pflanzlichen Leben, daß der *Raum*, als die Dimension der Abhängigkeit, progressiv in eine Dimension der Freiheit verwandelt wird, und zwar durch die parallele Entwicklung dieser zwei Vermögen: sich umher zu bewegen und auf Entfernung wahrzunehmen. Ja, nur durch diese Vermögen wird der Raum dem Leben wirklich erschlossen. Ähnlich kommt die andere Dimension der »Transzendenz«, die *Zeit*, durch die gleichzeitige Entwicklung eines dritten Vermögens zur Erschließung, nämlich die Emotion, und zwar nach dem gleichen Prinzip: dem der

»Distanz« zwischen dem Selbst und seinem Objekt, nur daß hier die Distanz die der Zeit ist. Versuchen wir, die unlösliche Wechselverbindung der drei animalischen Vermögen, insbesondere die Verkettung zwischen Bewegung und Emotion, aufzuzeigen und ihren Sinn im weiteren Rahmen einer allgemeinen Theorie des Lebens zu deuten.

Ortsbewegung beim Tier ist auf ein Objekt zu oder von ihm weg, d. h. sie ist Verfolgung oder Flucht. Eine länger ausgedehnte Verfolgung, in der das Tier seine Bewegungskräfte mit denen seiner erstrebten Beute mißt, verrät nicht nur entwickelte motorische und sensorische Fähigkeiten, sondern auch ausgesprochene Kräfte des Gefühls. Die bloße Spanne zwischen Start und Erfolg, die eine solche Aktionsreihe darstellt, muß durch ständige emotionale Intention überbrückt werden. Das Auftreten gerichteter Beweglichkeit über lange Strecken (wie die Wirbeltiere sie zeigen) bezeichnet daher den Aufgang emotionalen Lebens. Gier liegt an der Wurzel der Jagd, Furcht an der Wurzel der Flucht. Wenn Verlangen unter dem Sporn der Notdurft die Grundvoraussetzung des Bewegungsvermögens ist, dann ist Verfolgung (d. h. auf das Objekt zugehen) die erste Bewegung. In ihr wird auch der Unterschied von Tier und Pflanze zuerst sichtbar: Er besteht in der Einschaltung von *Abstand* zwischen Trieb und Erfüllung, d. h. in der Möglichkeit eines entfernten Zieles. Fernwahrnehmung ist erfordert, um ein solches Ziel zu erspähen: somit ist die Entwicklung der Sinne im Spiel; kontrollierte Fortbewegung ist erfordert, um es zu erreichen: somit ist die Entwicklung der Bewegungsfähigkeit im Spiel. Um aber das entfernt Wahrgenommene *als* Ziel zu erleben und seine Zielqualität lebendig zu erhalten, so daß die Bewegung über die notwendige Spanne von Anstrengung und Zeit fortgetragen wird, dazu ist das Verlangen erfordert – und somit ist die Entwicklung des Gefühls im Spiel. Noch nicht greifbare Erfüllung ist die wesentliche Bedingung des Verlangens, und Verlangen seinerseits macht hinausgeschobene Erfüllung möglich. Derart repräsentiert das Verlangen den Zeitaspekt der gleichen Situation, deren Raumaspekt die Wahrnehmung darstellt. In beiden Hinsichten wird Abstand erschlossen und überbrückt: Die Wahrnehmung bietet das Objekt als »nicht hier, aber dort drüben« dar; das Verlangen bietet das Ziel als »noch nicht, aber zu erwarten« dar: Das durch Wahrnehmung geleitete und durch Verlangen angetriebene Bewegungsvermögen verwandelt *dort* in *hier* und *noch nicht* in *jetzt*. Ohne die Spannung des Abstands und den durch ihn erzwungenen Aufschub gäbe es keinen Anlaß für Verlangen oder für Emotion überhaupt. Das große Geheimnis tierischen Lebens liegt genau in der Lücke, die es zwischen unmittelbarem Anliegen und mittelbarer Befriedigung offenzuhalten vermag, d. h. in dem Verlust an Unmittelbarkeit, dem der Gewinn an Spielraum entspricht.

Sinnlichkeit, Gefühl und Bewegungsvermögen sind verschiedene Äußerungen dieses *Prinzips der Mittelbarkeit* – also der wesenhaften »Abständigkeit« tierischen Seins. Wenn Gefühl den Abstand zwischen Bedürfnis und Befriedigung in sich schließt, dann hat es seinen Grund in der ursprünglichen Trennung zwischen Subjekt und Objekt und fällt demnach mit der Situation der Wahrnehmung und des Bewegungsvermögens zusammen, die gleichermaßen das Element der Distanz in sich schließen. »Abstand« in all diesen Hinsichten involviert die Subjekt-Objekt-Spaltung. Diese liegt an der Wurzel des ganzen Phänomens der Animalität und ihrer Abzweigung von der vegetativen Lebensform. Versuchen wir, das Wesen dieser Abzweigung zu verstehen. Die evolutionäre Ausgangsbedingung ist eine Umwelt, die an den Organismus angrenzt und mit der die chemischen Austauschvorgänge des Stoffwechsels direkt stattfinden. Diese Situation erlaubt Stetigkeit des Austauschprozesses und damit Unmittelbarkeit der Befriedigung, einhergehend mit dem ständigen organischen Bedarf. In diesem Zustand kontinuierlicher Nährung ist kein Raum für Verlangen. Umwelt und Selbst bilden noch einen selbsttätig funktionierenden Zusammenhang. Erst wenn eine Trennung zwischen beiden eintritt, kann es zu Begehren und Furcht kommen. Das Leben selbst führt diese Trennung herbei: Ein besonderer Zweig von ihm entwickelt die Fähigkeit und die Notwendigkeit, sich mit einer nicht mehr angrenzenden und für seine metabolischen Bedürfnisse unmittelbar verfügbaren Umwelt in Beziehung zu setzen.

Durch die Fähigkeit, anorganische Materie durch Synthese direkt in organische Verbindung umzuwandeln, ist die Pflanze imstande, ihre Nahrung aus dem immer bereitliegenden mineralischen Vorrat des Bodens zu ziehen, während das Tier von der nicht garantierten Anwesenheit hochspezifischer und unbeständiger organischer Körper abhängig ist. Aber eben dies eine Vermögen direkter Synthese, dessen die Pflanze sich erfreut, ist der Grund für das Fehlen all jener anderen Merkmale, welche die Tiere durch ihre prekärere Methode des Metabolismus zu entwickeln gezwungen waren. Das Tier muß zu seiner Erhaltung immer eine Lücke schließen, die für die Pflanze nicht besteht, und dies zu können, ist seine höhere, doch riskantere Freiheit.

Die Schließung der »Lücke« in Raum und Zeit geschieht durch das einzigartig tierische Phänomen mittelbarer Tätigkeit, d. h. vom Zweck selbst unterschiedenen *Handelns*. Die typische Pflanzentätigkeit ist Teil des metabolischen Prozesses selber. In den Bewegungen der Tiere liegt dagegen eine Tätigkeit vor, die mit dem Überschuß aus früherem Metabolismus bestritten wird und seinem späteren Fortgang zugute kommen soll, selbst aber eine von der anhaltenden vegetativen Aktivität abgezweigte und frei verausgabte Leistung ist – und somit »Tätigkeit« in einem völlig neuen Sinn. Es ist äußere Aktion, die der inneren Aktion des vegetativen Systems übergelegt und in bezug auf dieses parasitär ist: Nur ihre Ergebnisse sind bestimmt, jene primären Funktionen weiterhin zu sichern.

Diese Mittelbarkeit vitaler Aktion durch äußere Bewegung ist das unterscheidende Merkmal des Animalischen.

Der Bogen seines *Umweges* ist der Sitz der Freiheit und des Risikos tierischen Lebens. Die nach außen gerichtete Bewegung ist eine Ausgabe, die erst durch den schließlichen Erfolg wiedereingebracht wird. Aber dieser Erfolg ist nicht gesichert. Um möglicherweise erfolgreich zu sein, muß die frei über die Reserven des Ernährungssystems verfügende Außenhandlung auch fehlschlagen können. Die Möglichkeit des Irrtums oder Mißlingens ist korrelativ zu der des Erfolgs unter den Bedingungen mittelbarer Handlung.

Die Mittelbarkeit tierischer Existenz liegt an der Wurzel von Motilität, Wahrnehmung und Gefühl. Sie erzeugt das vereinzelte Individuum, das sich der Welt entgegenstellt. Diese Welt ist zugleich einladend und bedrohend. Sie enthält die Dinge, deren das einsame Tier bedarf, und dieses muß sich aufmachen und danach suchen. Sie enthält ebenso die Gegenstände der Furcht, die es fliehen muß. Überleben wird eine Sache des Verhaltens in Einzelaktionen, anstatt durch organisches Funkionieren an sich gesichert zu sein. Dies erfordert Wachheit und Bemühung, während pflanzliches Leben schlummern kann. Der Lust der Erfüllung entspricht die Pein der Versagung, und die Anfälligkeit für Leiden ist nicht ein Mangel, der von der Fähigkeit zum Genuß etwas wegnimmt, sondern deren notwendiges Komplement. Tierisches Sein ist seinem Wesen nach leidenschaftliches Sein.

Am Maßstab bloßer biologischer Sicherheit gemessen sind die Vorzüge des tierischen Lebens gegenüber dem pflanzlichen höchst fragwürdig und sind in jedem Fall teuer erkauft. Doch der Maßstab des Überlebens selbst ist für die Bewertung von Leben unzureichend. Wenn es nur auf Sicherheit der Dauer ankäme, hätte Leben gar nicht erst beginnen sollen. Es ist seinem Wesen nach prekäres und vergängliches Sein, ein Abenteuer in Sterblichkeit, und in keiner seiner möglichen Formen so seiner Dauer versichert, wie es ein anorganischer Körper sein kann. Nicht Fortdauer als solche, sondern »Fortdauer von was?« ist hier die Frage. Das will heißen, daß solche »Mittel« des Überlebens wie Wahrnehmung und Gefühl nie nur als Mittel zu beurteilen sind, sondern auch als Qualitäten des zu erhaltenden Lebens selbst und deshalb als Aspekte des Zwecks der Erhaltung. Es ist eines der Paradoxe des Lebens, daß es Mittel benutzt, die den Zweck modifizieren und selbst Teile desselben werden. Gefühl, Wahrnehmung, Beweglichkeit sind als Lebensgüter mitgewollt in der Selbsterhaltung, der sie dienen – der Erhaltung eben eines ihrer teilhaftigen »Selbst«; und man kann ebensogut sagen, daß der Metabolismus ihretwegen ist wie daß sie des Metabolismus wegen sind: Ohne diese Vermögen gäbe es viel weniger zu erhalten, und dieses Weniger von dem, was zu erhalten ist, ist das gleiche wie das Weniger, womit es erhalten wird.

Von hier aus sehen wir, worin der wirkliche Fortschritt entwickelter Tierheit liegt. Ihre Mittelbarkeit des Weltbezugs ist eine Steigerung der Mittelbarkeit, die dem organischen Dasein schon auf der untersten (metabolisierenden) Ebene eigentümlich ist, verglichen mit der unmittelbaren Selbstidentität der anorganischen Materie. Diese gesteigerte Mittelbarkeit erwirbt größeren Spielraum, inneren und äußeren, um den Preis größeren Risikos, inneren und äußeren. Ein ausgeprägteres Selbst stellt sich einer augeprägteren Welt gegenüber. Jede weitere Stufe der Absonderung (hier denken wir an uns selbst) zahlt in ihrer eigenen Münze – derselben Münze, in welcher sie auch ihre Erfüllung gewinnt. Die Art der Münze bestimmt den Wert des Wagnisses. Die Kluft zwischen Subjekt und Objekt, die Fernwahrnehmung und weiter Bewegungsradius aufrissen und die sich in der Schärfe von Begierde und Angst, von Befriedigung und Enttäuschung, von Genuß und Schmerz widerspiegelt, sollte sich nie wieder schließen. Aber in ihrer wachsenden Weite fand die Freiheit des Lebens Raum für alle jene Weisen der Beziehung – wahrnehmende, tätige und fühlende –, welche die Kluft im Überspannen rechtfertigen und auf Umwegen die verlorene Einheit wiedergewinnen.

2.
Werkzeug, Bild und Grab

*Vom Transanimalischen
im Menschen*

Daß der Mensch am Animalischen teilhat, ja, physisch zum Tierreich gehört, wurde nicht erst durch die Darwinsche Abstammungslehre dem Denken aufgedrängt, sondern war schon Aristoteles so geläufig wie Linné und versteht sich aus seiner Anatomie von selbst. Ihr gemäß ist er ein Wirbeltier, ein Warmblüter, ein plazentales Säugetier, und die nähere morphologische Vergleichung stellt ihn sogar schon, mit oder ohne Abstammungslehre, in eine bestimmte Tierfamilie, die Primaten, bzw. ihnen am nächsten. Diese Anerkennung des Gemeinsamen hat nie gehindert, den Menschen zugleich von aller bloßen Tierheit zu unterscheiden, also ein Transanimalisches in ihm wahrzunehmen und darin sein eigentliches Wesen zu sehen. Dabei kann offen bleiben, ob dies dem Menschen Eigentümliche – die *differentia specifica* in seiner Definition – eine einzige Eigenschaft ist oder eine Mehrzahl; und unter mehreren kann wieder die eine oder andere zur entscheidenden erhoben werden. Eine berühmte Definierung durch *eine* solche Eigenschaft ist die aristotelische des Menschen als »das Tier, das Sprache (bzw. Vernunft) besitzt«; *zóon lógon échon, homo – animal rationale*. Der biblische Nachdruck lag auf dem Unterscheidungsvermögen zwischen Gut und Böse, worin der Hauptsinn der »imago dei«-Formel erblickt wurde. Das setzt Sprache und Vernunft voraus, fällt aber nicht einfach damit zusammen. Wie auch immer, mit solcher Transzendierung des Animalischen, dem er trotzdem verhaftet blieb, wurde der Mensch als Bürger zweier Welten begriffen, als Mittleres zwischen Tier und Engel usw. – kurz, als ein aus aller Natur, auch der beseelten, herausragendes, zu einem *Teil* supranaturales Wesen.

Warum dann, wenn man immer von seinem Leibe her um die animalische Basis des Menschlichen gewußt hatte, wurde Darwins Lehre von der tierischen *Abstammung* zum Kulturschock? Übergehen wir die vordergründige erste Ursache, die Skandalierung des Schöpfungsglaubens, so bleibt der mehr philosophische Schock, daß mit dieser immanenten Herkunftserklärung nach rein biologischen Spielregeln, die keiner Intervention eines neuen Prinzips bedurften, die letzte irdische Heimstätte aller vormals vermeinten Transzendenz vom allmächtigen Monismus einer absichtslos-mechanischen Natur verschlungen wurde. Die Weise seines Werdens definierte das Gewordene. Diese letzte Entzauberung, nach aller vorangegangenen der übrigen Welt, schien das bisherige Menschenbild von der Wurzel her zu widerlegen.

So schien und scheint es gemäß dem, was man den »genetischen Trugschluß« nennt. Da das evolutionäre Ausleseprinzip ausschließlich im Überlebensvorteil von Verhaltensweisen besteht, so wird der Unterschied des Menschen vom Tier immer pragmatischer in die überlegene Erfolgstüchtigkeit verlegt, sein mentales Dasein rein instrumental als Mittel dazu gedeutet, und der Wert, ja der Sinn des spezifisch Menschlichen danach bestimmt. In der Tat läßt sich an jede menschliche Eigenschaft die Frage richten, was an ihr sie zur natürlichen Auslese, zum Passieren des biologischen Siebes qualifiziert hatte: Da kann denn diese *Erklärung* ihrer Herkunft, d.h. ihrer Zulassung und Herauszüchtung, mit der Erkenntnis ihres Wesens verwechselt werden, die Kriterien der Werdebegünstigung mit dem Gehalt des Gewordenen. Unerklärt bleibt der enorme Überschuß des so Hervorgegangenen über den erklärenden Zweck, der Luxus seiner höchst eigenmächtigen *selbsterzeugten* Zwecke, die gar nicht mehr biologisch sind. Ähnliches gilt übrigens für die genetische Logik in gleichzeitiger Psychologie und Soziologie: Begriffe wie »Sublimierung« und »Überbau« bezeichnen gebietseigene »Abstammungslehren«, die der biologischen weitere Schichten reduktiver Interpretation hinzufügen. Alle, soweit sie wahr sind, haben ihr Recht als Korrektiv des vormaligen Extrems einer absoluten Wesenskluft, die jüdischer Schöpfungsglaube, griechische Vernunftmetaphysik und — beide einbegreifend — christlicher Transzendentalismus zwischen Mensch und Tier, ja zwischen Mensch und Natur überhaupt aufgerissen hatten. Insofern war besonders der Darwinschock ein spezifisch christlich-abendländischer, worin eine lange historische Einseitigkeit sich rächte. Gewiß hatten im Kampf um Darwin die recht, die den Vorwurf einer Beleidigung des Menschen durch die Tierverwandtschaft zurückwiesen und ihrerseits der darin enthaltenen Beleidigung der Tiernatur widersprachen.

Aber wie wir einmal sind, kann *eine* Wahrheit andere verstellen, die Berichtigung eines Extrems leicht ins Gegenextrem ausschlagen und Einseitigkeit mit Einseitigkeit vertauschen. Die neue, monistische bedroht uns mit einem verarmten Selbstverständnis, dem kostbare Einsichten des zu Recht überwundenen Dualismus abhanden kommen. Die zuerst sehendmachende Entzauberung beginnt, uns blind zu machen. Um da zwischen den Einseitigkeiten die rechte Mitte zu finden, ist es an der Zeit, und Aufgabe einer philosophischen Anthropologie, sich auf das wesenhaft Transanimalische im Menschen zu besinnen, ohne sein Animalisches zu verleugnen. Im Gegenteil, jenes alle Tierheit Übertreffende können wir gerade als neue Stufe einer im Tierdasein sich ausbildenden Mittelbarkeit des Weltverhältnisses begreifen, die ihrerseits schon das Mittelbare aller organischen Existenz als solcher überlagert und *auf* der sich die nochmalige, gesteigerte Mittelbarkeit menschlichen Welt- und Selbstverhältnisses aufbaut — aber als ein essentiell, nicht nur graduell Neues. Der Sinn dieser Aussage wird im weiteren klarer werden.

Meine Methode wird sein, einige ausgewählte Merkmale des Menschen auf ihren Sinn zu befragen. Der Merkmale gibt es viele, von den äußeren des Leibes bis zu den inneren des Geistes. Aber vergrößertes Gehirn, Hand, aufrechter

Gang zeigen ihre Bedeutung in dem, was sie leisten; ebenso auch das Innerste, wie Vernunft und Phantasie. So habe ich mich für das Zeugnis sichtbarer Artefakte menschlicher Erzeugung entschieden, und zwar solcher, die früh und weitverbreitet in der Vorzeit auftreten, keinem Tier zugetraut werden können und schon in ihrer primitivsten, einfachsten Form das Wesen der darin wirksamen Eigenschaft des Erzeugers enthüllen. Das seit alters mit Recht als vorzüglichstes anerkannte Merkmal, die Sprache, ist bei dieser Wahl bewußt umgangen, da es philosophisch alles andere als »einfach« ist, seine frühmenschlichen Anfänge uns auch direkt nicht sichtbar sind, während die sichtbaren Artefakte das Sprechen (oder das Vermögen dazu) schon indirekt mitbezeugen: Ihre Hervorbringer müssen sprechende Subjekte gewesen sein. Insofern ist zwar die thematische Analyse dieser Grundeigenschaft umgangen, aber ihre durchgängige Präsenz nicht übergangen. Halten wir uns also an paradigmatische Klassen dessen, was von Menschen seit Urzeiten *hergestellt* wurde, und fragen, was jede davon uns über das dem Menschen qua Menschen Eigentümliche zu sagen hat.

Meine Wahl fiel auf Werkzeug, Bild und Grab, die lange vor den geschichtlichen Kulturen, vor den großen Behausungen der Götter und den Schrifttafeln unter den Überresten der Vergangenheit erscheinen, keinen Zweifel an ihrem menschlichen Ursprung lassen und unterschiedlich Entscheidendes über den Menschen aussagen. Zusammen liefern sie der Auslegung so etwas wie die Grundkoordinaten einer philosophischen Anthropologie. Ich beginne mit dem Werkzeug, das sicher das früheste der drei ist und dem tierischen Vitalzweck noch am nächsten steht.

Was ist ein Werkzeug? Ein Werkzeug ist ein hierfür künstlich hergerichtetes träges Objekt, das vermittelnd, d. h. als Mittel, zwischen das handelnde Leibesorgan (meist die Hand) und den außerleiblichen Gegenstand der Handlung zwischengeschaltet wird. Es ist permanent für den wiederkehrenden Zweck geformt und kann in Bereitschaft für ihn zurückgelegt werden. Also ist der zur Augenblickshilfe aufgeraffte Stock oder Stein noch kein Werkzeug. Zum Bearbeiten gedacht, ist das Werkzeug selbst bearbeitet. Seine Herstellung ist frei und daher verschieden je nach verschiedenem Zweck, wovon es viele, im Anfang typische gibt, aber auch immer neue geben kann. Die Speerspitze ist anders geformt als die Axt, der Schaber, das Messer, der Stampfer; und ihre Herstellung mag ihrerseits weitere Werkzeuge erfordern – schon eine doppelte Vermittlung des Umgangs mit der Welt, die sich immer weiter vermehren läßt: Vermittlung in steigenden Potenzen.

Das Werkzeug ist ein menschliches gerade dadurch, daß es an sich mit dem Menschen nichts zu tun hat, keiner organischen Funktion entspringt und keiner biologischen Programmierung untersteht. Also ist das Spinnennetz, »kunstvoll« wie es ist, kein Werkzeug – nicht wirklich »künstlich«, sondern eben »natürlich« (ebenso wie Vogelnester und Termitenbauten). Die Organfremdheit des künstlichen Mittels ist die Kehrseite der *Freiheit* seiner Erfindung. Soviel dabei ein tastendes Versuchen und glückliches Finden mitspielen mag, sie enthält zuletzt ein eidetisches Element: Die der Einbildung vorschwebende Form wird der Materie aufgezwungen, die im erfolgreichen Vorbild angeschaute wird in seiner Vervielfältigung nachgebildet. Das setzt eidetische Kraft der Vorstellung und eidetische Kontrolle der Hand (und der willkürlichen Motilität überhaupt) voraus. Damit sind wir schon beim Bildvermögen des Menschen, das nicht einfach mit dem »Denken« zusammenfällt, es vielmehr mit seiner spielenden Phantasie unterbaut und ergänzt (etwas, wodurch sich wirkliches Denken leicht von jeder Computerleistung unterscheiden läßt). Bevor wir zu diesem nächsten Thema übergehen, sagen wir noch, daß die Freiheit der Werkzeugschöpfung, transanimalisch wie sie ist, ihrer Motivierung und Bestimmung nach, ihrem ganzen utilitarischen Charakter nach, noch am engsten mit dem Bereich animalischer Notwendigkeit zusammenhängt, deren Bedürfnissen sie auf transanimalische Weise dient, und daß hier am ehesten sich an fließende Übergänge zwischen tierischer und menschlicher Leistung denken läßt.

Nicht so beim Bildmachen, das schon vom ersten Anfang an, noch mit seinem primitivsten und stümperischsten Erzeugnis, nicht einen graduellen, sondern den vollen Wesensunterschied vom Tier offenbart, dem keine spätere Vervollkommnung noch etwas hinzuzufügen hat und bei dem Übergänge nicht einmal denkbar sind. Mit dieser intuitiven Evidenz belehrt uns *homo pictor,* der Bildmacher und -betrachter, darüber, daß *homo faber,* der Werkzeugmacher und -benutzer, allein noch nicht der ganze *homo sapiens* ist.

Warum sind wir überzeugt, wenn wir irgendwo, selbst auf einem andern Planeten, etwa auf Felszeichnungen stoßen, daß nur Menschen sie gemacht haben können, wobei im extraterrestrischen Fall »Mensch« etwas meinen muß, was von jeder morphologischen Ähnlichkeit mit uns frei sein kann? Für unsere spontane Überzeugung, daß kein bloßes Tier ein Bild hervorbringen würde und könnte, genügt zunächst die biologische Nutzlosigkeit jeder bloßen Repräsentation. Tierische Artefakte haben direkte physische Verwendung in der Verfolgung vitaler Zwecke, wie Ernährung, Fortpflanzung, Versteck, Überwinterung. Sie sind selber etwas im Bewirkungszusammenhang von etwas. Die Darstellung von etwas verändert aber weder die Umwelt noch den Zustand des Organismus selbst. Ein bildmachendes Wesen ist daher eines, das entweder dem Herstellen nutzloser Dinge frönt oder Zwecke außer den biologischen hat oder die letzteren noch auf andere Weise verfolgen kann als durch die instrumentale Verwendung von Dingen. Jedenfalls ist in der bildlichen Darstellung der Gegenstand in einer neuen, nichtpraktischen Weise angeeignet, und eben die Tatsache, daß das Interesse an ihm sich an sein Eidos heften kann, bezeugt eine neue Objektbeziehung.

Was für Vermögen und Haltungen sind im Bildmachen (auch im Bilderkennen) am Werk? Zunächst: Was ist ein

»Bild«? Es ist eine absichtlich hergestellte Ähnlichkeit mit der visuellen Erscheinung eines Dinges (in Ruhe oder Aktion) im statischen Medium der Oberfläche eines andern Dinges. Sie soll das Original weder wiederholen noch vortäuschen, sondern es »darstellen«. Dazu genügt die Andeutung durch wenige »repräsentative« Züge: Die Wiedergabe der Erscheinung verlangt Auswahl und erlaubt äußerste Sparsamkeit in Weglassung und Vereinfachung, anderseits Übertreibung, Verzerrung, Stilisierung. Solange die Absicht erkennbar bleibt, ist noch ein Minimum an Ähnlichkeit ein Bild des Dargestellten. Da im Bilde nur die Ansicht, nicht das Ding selbst wiedergegeben wird, kann es von demselben Bilde beliebig viele Wiederholungen (Kopien) geben. Da dasselbe Ding zahllose Ansichten bietet, kann es von ihm beliebig viele verschiedene Bilder geben (obwohl de facto jeweils Vorzugsansichten gewählt werden). Vor allem aber, da Form als solche »allgemein« ist, kann dasselbe Bild beliebig viele Individuen repräsentieren: Die Antilope der Buschmannzeichnungen ist nicht diese oder jene bestimmte, sondern jede Antilope, die erinnert, erwartet, als »eine Antilope« ansprechbar ist, die Figuren der Jäger sind jede jagende Buschmanngruppe in Vergangenheit, Gegenwart oder Zukunft. Die Repräsentation, da sie durch Form geschieht, ist wesentlich allgemein. Im Bilde wird Allgemeinheit sinnfällig, eingeschaltet zwischen die Individualität des Bilddinges und die der abgebildeten Dinge.

Wenn dies die Eigenschaften des Bildes sind, welche Eigenschaften sind in einem Subjekt erfordert für das Machen oder Auffassen von Bildern? Zuerst natürlich die Wahrnehmung von Ähnlichkeit – aber eben als *bloßer* Ähnlichkeit, ohne Verwechslung mit dem, was sie nur repräsentieren soll. Wahrnehmung an sich aber weiß nichts von Repräsentation, sie kennt nur schlichte Präsentation, in der jedes für sich und nichts für ein anderes steht. Sie ist direkte Gebung des Anwesenden in seiner Anwesenheit. Bildlichkeit, die das Abwesende gibt, ist in der Tat eine eigene begriffliche Dimension, in der vertretungsweise alle Grade anschaulicher Ähnlichkeit vorkommen können. Diese Dimension birgt in ihrer Struktur eine dreifache Unterscheidung: Das Bild wird von seinem physischen Träger unterschieden und der abgebildete Gegenstand von beiden. Das zwischen den zwei physischen Realitäten – Bildding und abgebildetem Ding – schwebende Mittelglied, das Eidos als solches, wird zum eigentlichen Objekt der Erfahrung.

Das hier auf der Subjektseite wirksame Prinzip ist die intentionale Trennung von Stoff und Form. Hier haben wir einen spezifisch menschlichen Tatbestand und den Grund, warum wir von Tieren weder Bildmachen noch Bildverstehen erwarten. Das Tier hat es mit dem anwesenden Ding zu tun. Ist es genügend »wie« ein anderes Ding, so ist es ein Ding derselben Art. Nur Wirklichkeit zählt, und Wirklichkeit weiß nichts von Repräsentation. Auch das »Zeichen« der Geruchsspur ist kein Bild des Tieres, das sie hinterließ. So sind wir bei der Suche nach den Bedingungen des Bildmachens von dem sinnlichen Vermögen, visuelle Ähnlichkeit zu erkennen, zu dem nichtsinnlichen verwiesen worden, das Eidos vom Dasein zu trennen, oder die Form vom Stoffe.

Welchen Schritt tut das Bildvermögen im Menschen, wenn er es unternimmt, einen visuellen Aspekt in eine stoffliche Ähnlichkeit zu übersetzen? Wir sehen sofort, daß in diesem Schritt eine neue Stufe der Mittelbarkeit erreicht wird, jenseits der, die schon im Sehen als solchem liegt. Das Bild wird losgelöst vom Gegenstand, d. h. die Anwesenheit des Eidos wird unabhängig gemacht von der des Dinges. Das Sehen bereits enthielt ein Zurücktreten von der Andringlichkeit der Umwelt und verschaffte die Freiheit distanzierten Überblicks.[1] Ein Zurücktreten zweiter Ordnung liegt vor, wenn Erscheinung *als* Erscheinung ergriffen, von der Wirklichkeit unterschieden und, mit freier Verfügung über ihre

1 Vgl. »Der Adel des Sehens. Eine Untersuchung zur Phänomenologie der Sinne«, H. Jonas, *Organismus und Freiheit*, 8. Kapitel, Göttingen 1973, 198–219.

Anwesenheit, interpoliert wird zwischen das Selbst und das Wirkliche, dessen Anwesenheit nicht frei verfügbar ist.

Diese freie Verfügung ist zuerst erreicht in der inneren Ausübung der Einbildungskraft, der Imagination, durch die sich — soviel wir wissen — menschliche Erinnerung von tierischem Gedächtnis unterscheidet. Erinnerung transzendiert bloßes Gedächtnis durch das freie Reproduktionsvermögen der Einbildung, das die Bilder der Dinge in seiner Gewalt hat. Daß es sie nach Willen auch sich anders vorstellen kann, folgt fast notwendig daraus, daß es sie in Loslösung von aktueller Sensation und damit von der widerspenstigen Tatsächlichkeit des Selbstseins der Objekte hat. Imagination trennt das erinnerte Eidos vom Vorkommnis der individuellen Begegnung mit ihm und befreit so seinen Besitz vom Zufall des Raumes und der Zeit. Die so gewonnene Freiheit — den Dingen in der Imagination nachzusinnen — ist eine Freiheit der Distanz und der Herrschaft zugleich.

Die erinnerte Form kann sodann von innerer Einbildung übersetzt werden in äußeres Bild, das wiederum Gegenstand der Wahrnehmung ist: einer Wahrnehmung aber nicht des ursprünglichen Gegenstandes, sondern seiner Repräsentation. Es ist veräußerlichte Erinnerung und nicht Wiederholung der Erfahrung selbst. Es macht bis zu einem gewissen Grade tatsächliche Erfahrungen überflüssig, indem es etwas von ihrem wesentlichen Gehalt ohne sie verfügbar macht.

Die Verfügbarkeit geht über Nachschöpfung zu Neuschöpfung. Als der Nachschöpfer der Dinge »in ihrem Bilde« unterstellt sich der Homo pictor dem Maße der Wahrheit. Ein Bild kann mehr oder weniger wahr, d. h. dem Original treu sein. Der Vorsatz, ein Ding abzubilden, anerkennt es, wie es ist, und akzeptiert das Urteil seines Seins über die Angemessenheit der bildnerischen Huldigung. Die *adaequatio imaginis ad rem,* die der *adaequatio intellectus ad rem* vorangeht, ist die erste Form theoretischer Wahrheit — der Vorläufer verbal beschreibender Wahrheit, die ihrerseits der Vorläufer wissenschaftlicher Wahrheit ist.

Der Nachschöpfer von Dingen ist aber potentiell auch der Schöpfer neuer Dinge, und die eine Macht ist nicht verschieden von den anderen. Die Freiheit, die gewählt hat, eine Ähnlichkeit wiederzugeben, kann ebensogut wählen, von ihr abzuweichen. Die erste vorsätzlich gezogene Linie erschließt jene Dimension der Freiheit, in der auch Treue zum Original oder überhaupt zu einem Modell nur *eine* Entscheidung ist: Diese Dimension transzendiert die aktuelle Wirklichkeit als ganze und bietet ihr Feld unendlicher Variation als ein Reich des *Möglichen* an, das vom Menschen wahrgemacht werden kann nach seiner Wahl. Dasselbe Vermögen ist Macht des Wahren und Macht des Neuen.

Noch eine Freiheit des Menschen bezeugt sich im bildnerischen Tun. Bilder müssen schließlich hergestellt, nicht nur konzipiert werden. Ihr äußeres Dasein als Ergebnis menschlicher Tätigkeit offenbart daher auch einen *physischen* Aspekt der Macht, die im Bildvermögen wirksam ist: die Art Gewalt, die der Mensch über seinen Körper hat. Nur dadurch kann die Vorstellung zur Darstellung fortschreiten, und die hierbei betätigte motorische Freiheit wiederholt die imaginative noch einmal: Der Übergang von der Vorstellung zur Darstellung und wiederum deren Sich-leiten-*Lassen* von jener sind ebenso frei, wie es das Vorstellen selber war. Das geläufigste Beispiel dieser »Übersetzung« eines eidetischen Musters oder Schemas in Bewegung der Gliedmaßen ist das Schreiben; und der Gebrauch der Hand allgemein zeigt diese motorische Umsetzung von imaginierter Form in ihrem weitesten Umfang als die Bedingung alles menschlichen Bildens, also auch aller Technik, wie wir schon bei der Betrachtung des Werkzeugs fanden.

Was wir hier vor uns haben, ist ein transanimalischer, einzigartig menschlicher Tatbestand: eidetische Kontrolle der Motilität, d. h. Muskeltätigkeit, regiert nicht von festen Reiz- und Reaktionsschemata, sondern von frei gewählter, innerlich imaginierter und vorsätzlich projizierter Form. Die eidetische Kontrolle der Motilität, mit ihrer Freiheit äußerer

Ausführung, ergänzt so die eidetische Kontrolle der Imagination, mit ihrer Freiheit inneren Entwerfens. *Homo pictor,* der beide in *einer* unteilbaren Evidenz anschaulich zum Ausdruck bringt, bezeichnet den Punkt, an dem *homo faber* und *homo sapiens* verbunden sind – ja, in dem sie sich als ein und derselbe erweisen.

Noch eins können wir der Evidenz frühester Bilder entnehmen: Die sie schufen, hatten auch Sprache. Was sich beim Werkzeug vermuten ließ, wird beim Bilde gewiß. Denn es tut anschaulich, was der Name unanschaulich tut: den Dingen eine neue Existenz im Symbol verschaffen. Die Bibel erzählt (Gen. 2,19), daß Gott die Tiere des Feldes und die Vögel der Luft schuf, es aber Adam überließ, sie zu benennen. Die Benennung der Geschöpfe ist hier als die erste Tat des neugeschaffenen Menschen angesehen, und als vorzüglich menschlicher Akt. Es ist ein Schritt über die Schöpfung hinaus. Der ihn tat, bewies damit seine Überlegenheit über seine Mitgeschöpfe und kündigte seine künftige Herrschaft über die Natur an. Indem er »jedem lebenden Geschöpf«, das Gott geschaffen hatte, einen Namen gab, schuf der Mensch Artnamen für die Vielfalt, zu der jedes sich vermehren würde. Der Name, derart allgemein werdend, bewahrt die archetypische Ordnung der Schöpfung gegenüber ihrer massenhaften Wiederholung im Individuellen. So ist die symbolische Verdoppelung der Welt durch Namen zugleich ein Ordnen der Welt gemäß ihren generischen Urbildern. Jedes Pferd ist das ursprüngliche Pferd, jeder Hund der ursprüngliche Hund.

Die Allgemeinheit des Namens ist die Allgemeinheit des Bildes. Der vorzeitliche Jäger zeichnete nicht diesen oder jenen Büffel, sondern *den* Büffel – jeder mögliche Büffel war darin beschworen, vorweggenommen, erinnert. Das Zeichnen des Bildes ist analog dem Nennen beim Namen, oder ist vielmehr die ungekürzte Form davon, da es in einer sinnfälligen Gegenwart jenes innere Bild ausdrücklich macht, wovon das phonetische Zeichen die Abbreviatur ist und durch dessen Allgemeinheit allein es sich auf die vielen Individuen beziehen kann. Das Bildmachen wiederholt jedesmal den schöpferischen Akt, der im Residuum des Namens verborgen ist: das symbolische Noch-einmal-Machen der Welt. Es demonstriert, was der Gebrauch der Namen fraglos voraussetzt: die Verfügbarkeit des Eidos jenseits der Einzeldinge für menschliches Erfassen, Imaginieren und Besprechen. Im ideographischen Schriftzeichen treffen sich denn auch diese beiden sichtbar: Bild und Wort.[1]

Als drittem Artefakt, nach Werkzeug und Bild, wenden wir uns dem Grab zu. Wenn biologische Überflüssigkeit oder gar Nutzlosigkeit ein Beweis des Transanimalischen sein sollte, so übertrifft darin das Grab selbst das Bild, das immerhin der Kommunikation, der Belehrung und sogar der Erfindung dienen kann und insofern noch durch das evolutionäre Prämiensystem gedeckt sein könnte, wie es das Werkzeug gewiß ist. Daß das Grab ausschließlich menschlich ist, sagt uns schon empirisch die Tatsache, daß kein Tier seine Toten bestattet oder weiterhin überhaupt beachtet. Nach diesem Kriterium allein hätte es noch nichts vor Werkzeug und Bild voraus. Doch das im Gräberkult und sonstigen sichtbaren Formen perpetuierte Gedenken der Verstorbenen ist einzigartig menschlich in einem über beide vorigen Beispiele noch hinausgehenden Sinn. Denn es ist mit *Glaubens*vorstellungen verbunden, auf deren über die Erde und die Zeiten verschiedenen, teils bekannten, teils vermutbaren Inhalt wir hier nicht einzugehen brauchen. Gemeinsam ist allen, daß sie irgendwie dem Augenschein unserer Endlichkeit Trotz bieten und über alles Sichtbare hinweg ins Unsichtbare, vom Sinnlichen ins Übersinnliche fortschreiten. Eben davon ist das Grab das sichtbare Zeugnis. Als einziges von allen Wesen weiß der Mensch, daß er sterben muß, und

---

1 Ausführlicher ist die Phänomenologie des »Bildes« diskutiert in »Die Freiheit des Bildens: Homo pictor und die differentia des Menschen«, H. Jonas, *Zwischen Nichts und Ewigkeit*, Göttingen 1963, 26–43 [= *Organismus und Freiheit*, ibid. 1973, 226–247].

indem er das Nachher und Dort bedenkt, bedenkt er auch das Jetzt und Hier seines Daseins — d. h. er sinnt über sich selbst nach. An den Gräbern kristallisiert sich die Frage: Wo komm ich her, wo geh ich hin?, und letztlich die: Was bin ich — jenseits dessen, was ich jeweils tue und erfahre? Damit taucht die *Reflexion* als neuer Modus der Vermittlung auf, über Werkzeug und Bild hinaus. Nicht nur das Verhältnis zur Welt ist mittelbar beim Menschen, auch das zu sich selbst. Auch zum eigenen Sein gelangt er nur auf dem Umweg über die Ideen davon. Im Wissen um seine Sterblichkeit kann er als Mensch nicht leben ohne ein Selbstverständnis, das selber keineswegs »selbstverständlich« ist, sondern das schwankende Ergebnis fragender Spekulation. Vom einzelnen Ich erweitert sie sich notwendig ins Seinsganze, in das es sich gestellt sieht. So erhebt sich aus den Gräbern die Metaphysik. Aber auch die Geschichte als Gedenken des Vergangenen, wie zuerst der Ahnenkult deutlich macht. Die bewahrende Bindung an die Vorfahren erweitert das flüchtige Jetzt des eigenen Daseins in die Kontinuität der Geschlechterfolge, und Erinnerung des Zeitlichen wird ebenso überpersönlich wie das Bedenken des Ewigen. In beiden Hinsichten wird das Selbst von sich selbst entfernt, um sich so erst — mit einem letzten Opfer an Unmittelbarkeit — zu entdecken.

In dieser letzten Abstandnahme und ihrer Überbrückung durch die Reflexion, die nie endet, gipfelt das Prinzip der Mittelbarkeit, mit der das Leben begann und deren Anwachsen sich durch die ganze organische Evolution verfolgen läßt. Dies müßten wir jetzt tun, um auch das Transanimalische im Menschen einschließlich jenes Gipfels noch im Zusammenhang des Ganzen zu sehen. Doch dafür muß ich auf meinen vorjährigen Aufsatz über »Evolution und Freiheit« verweisen, der mit der Analyse der Tierheit endete und zu dem der jetzige die Folge ist. Soviel sei immerhin in äußerster Kürze rekapituliert. Das einigende Leitmotiv in der Interpretation äonenlanger Lebensentwicklung ist wachsende Selbstheit und Freiheit um den Preis wachsender Mittelbarkeit, Leidensfähigkeit und Gefahr. Die Sterblichkeit gehört von Anbeginn dazu. Schon der Stoffwechsel selbst — und daher schon das Pflanzendasein — ist durch Tätigkeit vermittelte Identität und Kontinuität und als solche fortlaufend dem Tode abgewonnen. Die gesteigerte Mittelbarkeit und damit Freiheit tierischer Existenz zeigt sich in Bewegung, Wahrnehmung und Emotion, die einen Abstand zur Welt bewältigen müssen, den die Pflanze im direkten chemischen Verkehr mit dem angrenzenden Stoffe nicht kennt. Die nochmalige Überbietung dieser Mittelbarkeit im Menschen war das Thema der vorliegenden Ausführungen. Die neue Mittelbarkeit zentriert geistig in der Zwischenschaltung des abstrahierten und intentional manipulierbaren Eidos zwischen die Wahrnehmung und den aktuellen Gegenstand, und wir sahen, daß es nicht bei äußerer Bildlichkeit bleibt. Der Mensch im vollen Sinne taucht auf, wenn er, der den Büffel und selbst seinen Jäger malte, sich dazu wendet, das nicht malbare Bild seines eigenen Seins und seiner Bestimmung in den Blick zu bekommen. Über die Entfernung dieses sich wundernden, suchenden und vergleichenden Blicks konstituiert sich das neue Wesen »Ich«. Von allen ist dies das größte Wagnis der Mittelbarkeit und Objektivation, und das Wissen um den Tod mag sehr wohl der Anstoß dazu gewesen sein. Hinfort muß, willig oder nicht, der Mensch — jeder von uns — die Idee oder das »Bild« des Menschen leben, an dem ständig weiter gearbeitet wird. Es verläßt ihn nie, so sehr es ihn manchmal nach dem Glück der Tierheit zurückverlangt. Nur über die unermeßliche Distanz des Sichselbst-Gegenstand-Seins kann der Mensch sich »haben«. Aber er hat sich, während kein Tier sich selbst hat. In der Kluft, die in dieser Konfrontation des Selbst mit sich selbst aufgetan wurde, haben die höchsten Erhebungen und tiefsten Niedergeschlagenheiten menschlichen Erlebens ihren Platz. Der Mensch allein ist auch der Verzweiflung offen, er allein kann Selbstmord begehen. *Quaestio mihi factus sum*, »ich bin mir selbst zur Frage geworden«: Religion, Ethik und Metaphysik sind nie vollendete Versuche, dieser Frage im Horizont einer Auslegung des Seinsganzen zu begegnen und eine Antwort zu verschaffen.

Fassen wir zusammen, was die ausgewählten äußeren Kennzeichen des Menschen uns zu sagen hatten. Das *Werkzeug* sagt uns, daß hier ein Wesen, von seiner Notdurft zum Umgang mit der Materie angehalten, dieser Notdurft in künstlich vermittelter, erfindungsbedingter und verbesserungsoffener Weise dient. Das *Bild* sagt uns, daß hier ein Wesen – Werkzeug am Stoff zu unstofflichem Zweck betätigend – den Inhalt seiner Anschauung sich selbst darstellt, variiert und um neue Formen vermehrt – und damit eine neue Objektwelt des Dargestellten jenseits der stofflichen seiner Bedürfnisbefriedigung erzeugt. Das *Grab* sagt uns, daß hier ein Wesen, der Sterblichkeit unterworfen, über Leben und Tod nachsinnt, dem Augenschein Trotz bietet und sein Denken ins Unsichtbare erhebt – Werkzeug und Bild in dessen Dienst stellend. In diesen Grundformen wird das dem Menschen wie aller Tierheit schlechthin Gegebene auf einzig menschliche Weise beantwortet und überboten: im Werkzeug die physische Notwendigkeit durch Erfindung; im Bild die sinnliche Anschauung durch Repräsentation und Imagination; im Grab der unabwendbare Tod durch Glaube und Pietät. Alle drei, als Überbietungen des Unmittelbaren, sind Modi der Mittelbarkeit und Freiheit, die wir Heutigen mit jenen Vormaligen teilen, und somit allzeit gültig als verschiedene, von einem Ursprung ausstrahlende Koordinaten des Vestehens. Wir mögen nicht immer den Zweck eines bestimmten Werkzeugs wissen, aber wir wissen, daß es einen hatte, im Zweck-Mittel-, Ursache-Wirkung-Verhältnis gedacht und aus solchem Denken erzeugt war: In der weiteren Richtung solchen kausalen Denkens liegen Technik und Physik. Wir mögen nicht immer die Bedeutung eines Bildes verstehen, aber wir wissen, daß es ein Bild ist, etwas darstellen sollte und in solcher Darstellung die Wirklichkeit, erhöht und vergültigt, wiedererscheinen ließ: In der Richtung solchen Darstellens liegt die Kunst. Wir mögen die bestimmten Ideen eines Totenkults nicht kennen (und wenn wir sie kennten, äußerst fremdartig finden), aber wir wissen, daß hier Ideen im Spiel waren – die bloße Tatsache des Grabes und Rituals sagt es uns – und daß in ihnen dem Rätsel des Seins und dem Jenseits der Erscheinung nachgesonnen wurde: In der Richtung solchen Sinnens liegt die Metaphysik. Physik, Kunst und Metaphysik, urzeitlich angezeigt durch Werkzeug, Bild und Grab, sind hier genannt nicht als schon Bestehendes oder etwas, wozu es überall kommen muß, sondern als ursprüngliche Dimensionen menschlichen Bezugs zur Welt, deren sich dehnender Horizont sie in seiner Ferne als *Möglichkeiten* einschließt.

So wenig Möglichkeit Vewirklichung garantiert, so wenig besagt diese Aufzählung der Horizonte, daß selbst ihre urtümlichen Anzeigen in jeder Menschengruppe sämtlich zu jeder Zeit angetroffen werden müssen. Sie sind beweiskräftig durch Anwesenheit, nicht ohne weiteres auch durch Abwesenheit. Werkzeuge werden aus begreiflichen Gründen wohl nirgends fehlen. Aber Bild und Grab, beides ein größerer Luxus des mit der Naturnot sich plagenden Menschentums, mögen aus verschiedenen Gründen hier und dort ausbleiben. Die Fähigkeit zu ihnen rechnen wir dennoch zur Fülle des Menschseins, und in keiner *Kultur* fehlen sie ganz. Die unsere legt heute den größten Nachdruck auf das, was im Werkzeug sich ankündigte: Technik und die ihr dienende Naturwissenschaft. Das, was dem biologischen Zweck und seiner Auslesedynamik am nächsten stand, als Zoll an den Naturzwang zuerst erschien, ihm als Behelf entgegengestellt wurde, überstrahlt neuerdings mit seinen nie geahnten und sich immer neu übertreffenden, unser ganzes äußere Dasein beherrschenden Erfolgen alles, was uns sonst unnterscheidet »von allen Wesen, die wir kennen«. Vergessen wir darüber nicht, daß die anderen transanimalischen, fortschrittsfremderen Horizonte – auch die heute verschriene Metaphysik – mit zur Ganzheit des Menschen gehören.

3.
Wandel und Bestand

*Vom Grunde der Verstehbarkeit
des Geschichtlichen*

Achill zürnt im Zelt, betrauert Patroklus, schleift Hektors Leiche um des Freundes Grab, weint bei den Worten des Priamus. Verstehen wir dies? Gewiß, wir verstehen es, ohne selber Achilles zu sein, jemals einen Patroklus geliebt und einen Hektor durch den Staub geschleift zu haben. – Sokrates verbringt ein Leben in Unterredung, prüft Meinungen, fragt, was Tugend und Wissen sei, macht sich dem Gotte gehorchend zur Stechfliege Athens und stirbt darum. Verstehen wir dies? Ja, wir verstehen es, ohne selber eines solchen Lebens und Sterbens fähig zu sein. – Ein wandernder Prediger ruft zwei Fischerleuten zu: Folgt mir nach, ich will euch zu Menschenfischern machen; und sie verlassen ihre Netze, um nie zu ihnen zurückzukehren. Selbst dieses verstehen wir, obwohl keinem von uns dergleichen widerfahren ist und auch wohl keiner von uns einem solchen Rufe folgen würde. So verstehen wir das Nieerlebte aus den Worten alter Schriften. Aber verstehen wir es richtig? Verstehen wir es so, wie Homer selbst es gemeint hatte und wie seine zeitlich nahen Hörer es verstanden? Wie Plato und die Leser, für die er schrieb, die Worte des Sokrates verstanden? Wie der palästinische Jude des ersten Jahrhunderts die Nähe des Gottesreiches und den Ruf zu ihm verstand? Hier zögern wir mit der Antwort. Selbst wer die Möglichkeit bejaht (und mehr als die Möglichkeit adäquaten Verstehens wird kein Verständiger bejahen), muß hinzufügen, daß wir niemals wissen können, ob im gegebenen Fall die Möglichkeit erfüllt ist. Nur der Verneiner kann sich die kategorische Behauptung leisten, daß wir niemals »richtig« verstehen, da dies nach dem Wesen des Geschichtlichen und seiner jemaligen Einmaligkeit eben unmöglich sei. Aber bedenken wir, daß derselben Antwortspanne schon die Frage nach dem Verstehen des Gegenwärtigen, ja des nächsten Nebenmenschen unterliegt, und keineswegs nur die nach dem Verstehen des historisch Fernen. Hierauf werden wir zurückkommen. Das historische Verstehen anlangend, so sind die mit seinem Geschäft Vertrautesten, am meisten um es Bemühten wohl am ehesten geneigt, auf die Frage, ob es erreichbar sei, die Antwort zu geben: »Ja und Nein.« Eine solche Antwort ist kein Unglück und auch keine Ausflucht. Sie bezeichnet das Vorliegen eines Problems, dem nachgegangen werden muß. Eben dies wollen wir versuchen.

I

Mehrere grundsätzliche Positionen stehen sich auf diesem Felde gegenüber. Das Ja zu unserer Frage kann sich am besten sichern durch Berufung auf eine bleibende, unwandelbare Natur, oder ein »Wesen«, *des* Menschen: Der Mensch qua Mensch ist zu allen Zeiten derselbe, sein Hungern und Dürsten, sein Lieben und Hassen, sein Hoffen und Verzweifeln, sein Suchen und Finden, sein Reden und Fabeln, sein Täuschen und Wahrsein – sie alle sind uns vertraut, da wir selber sie, sei es als Erfahrung, sei es als Anlage, in uns tragen. Jeder, nach dieser Ansicht, trägt in sich »die Menschheit«, und so ist nichts Menschliches ihm fremd. Aus dem Fundus des identischen Menschseins kann er die Erfahrung der Vorzeit, selbst das Ungeheure, imaginativ in sich reproduzieren oder die gleichgestimmten Saiten seines Wesens darauf anklingen lassen. Der Grund der Verstehbarkeit des Geschichtlichen wäre demnach das ein für allemal gegebene Menschenwesen. Dieser Theorie vom Grunde des Verstehens entspräche eine Theorie des Verstehens selber, nämlich, daß es eine Erkenntnis des Gleichen durch Gleiches sei, daß wir Liebe durch Liebe erkennen und tödlichen Streit durch Streit. Wir sehen also, daß eine hermeneutische Theorie sich auf eine ontologische stützt, nämlich auf eine bestimmte Vorstellung von der Natur – oder von einer Natur – des Menschen.

Aber wir wissen auch, daß dieser älteren, humanistischontologischen Position heute eine konträre gegenübersteht, die verneint, daß es so etwas wie eine definite und definierbare Essenz des Menschen gebe, die vielmehr behauptet, daß das, *was* der Mensch sei, jeweils das Produkt seines eigenen Existierens und der darin vorgenommenen Entscheidungen sei; und daß der Spielraum solchen Existierens, ja selbst Art und Inhaltlichkeit der darin möglichen Entscheidungen, ihrerseits vorbestimmt seien durch die Faktizität des geschichtlichen Standortes, durch Umstände und Zufall der historischen Situation; und schließlich, daß jede solche Situation einmalig und einzigartig sei. Kurz, die recht eigentlich moderne, und wie alles Moderne hochsuggestive, Behauptung ist, daß der Mensch, weit entfernt, immer derselbe zu sein, jedesmal ein anderer ist. Verstehen demnach, wenn es auf diesem Standpunkt überhaupt für möglich gehalten wird, bestünde gerade nicht in der Erkenntnis des Gleichen durch Gleiches, sondern des Anderen durch Anderes. Ja, der eigentliche Sinn von Verstehen wäre, über sich hinaus und zum Andern zu kommen, und ganz und gar nicht, sich selbst und das schon bekannte Eigene in allem wieder zu erkennen. *Wie* dies Erschließen des Andern möglich ist, ist eine Frage für sich. Die Behauptung ist, daß nur sofern es möglich ist – eine Möglichkeit, die, noch unerklärt, seiner erfahrenen Tatsächlichkeit entnommen wird – es historisches Verstehen, ja Verstehen überhaupt gebe.

Aber der Satz von der unaufhebbaren Einmaligkeit aller Erfahrung und der Immer-Andersheit des Menschen in der Geschichte kann auch zu der radikal skeptischen Folgerung führen, daß »wahres« historisches Verstehen eben a priori unmöglich sei; und daß das, was wir dafür halten, immer ein Übersetzen der fremden Zeichen in unsere eigene Sprache ist, und zwar ein notwendig verfälschendes Übersetzen, das zum täuschenden Schein der Vertrautheit führt, während wir doch in Wirklichkeit nur uns selbst explizieren und uns deshalb im Gewesenen wiederfinden, weil wir uns zuvor hineinprojiziert haben. Überraschenderweise sehen wir also die skeptischste mit der zuversichtlichsten Auffassung von entgegengesetzten ontologischen Fundamenten in dem Punkt zusammentreffen, daß alles Verstehen ein Erkennen des Gleichen sei: nur mit dem Unterschied, daß dies im einen Fall die mögliche Wahrheit, im andern den notwendigen Irrtum des historischen Verstehens bedeutet.

So haben wir denn zwei entgegengesetzte ontologische Positionen betreffend den Menschen, denen zwei alternative Auffassungen vom Verstehen entsprechen – als des Gleichen durch Gleiches oder des Andern durch Anderes; und schließlich als Korollar der ontologischen Homo-mutabilis-These noch eine dritte hermeneutische Auffassung, wonach es nur vermeintliches Verstehen gebe, da Verstehen des Anderen qua Anderen ein Unding sei. Offenbar nennt nur die erste der beiden ontologischen Alternativen einen *Grund* der Verstehbarkeit des Geschichtlichen – eben in der ewigen Gleichartigkeit des Menschen, die solch ein unmittelbarer Grund wäre und das Verstehen selber wohl verständlich machte. Auch sie läßt natürlich Probleme des Verstehens genug übrig: Undeutlichkeit und Vieldeutigkeit der ursprünglichen Ausdrucksmittel, Unsicherheit und Dürftigkeit der Überlieferung. Aber was immer die technischen Schwierigkeiten, grundsätzlich ist das Verstehen für diesen Standpunkt kein Rätsel. Der andere Standpunkt dagegen verneint diesen Grund, auch wenn er das Verstehen selbst nicht verneint. Er mag dann entweder dafür halten, daß das Verstehen eines natürlichen Grundes außerhalb seiner selbst entbehre, d. h. ein unableitbares Urphänomen darstelle, oder er heißt nach einem Grund außer der Wesensidentität suchen.

Sehen wir uns diese verschiedenen Möglichkeiten an, so fühlen wir wohl, daß beide Alternativen – wie es bei formulierten Theorien so leicht geschieht – zu einseitig und in ihrer Ausschließlichkeit falsch sind; aber doch auch, daß an jeder etwas ist, was nicht übersehen werden darf und die andere berichtigen kann. Es zeugt von geringer Nachdenklichkeit, unter dem Druck jüngster existentialistischer Gegenversicherungen die ehrwürdigste, älteste Idee von einer Essenz und Norm »des« Menschen – sei es in der klassischen Form des animal rationale, sei es in der biblischen der Imago Dei – leichthin (oder gar triumphierend) preiszugeben; vielleicht zeugt es auch von mangelnder Nähe zu dem, was da preisgegeben wird, und ist in vieler Hinsicht mehr subjektiv als objektiv bedeutsam. Daß es ein allem, was Menschenantlitz trägt, Gemeinsames gibt, woraufhin wir überhaupt erst vom Menschen und so auch von menschlicher Geschichte reden können, dann auch von Geschichtlichkeit, ja sogar von radikaler Wandelbarkeit des Menschen in der Geschichte – sollte evident sein. Selbst die Verneiner des »Wesens« zehren davon, denn sie sagen ihre Verneinung ja nicht von einem leeren, beliebigen X aus, sondern vom Menschen, als *ihm* einzig und unterschiedlich vom Tier, das je in seinem Wesen gefangen ist, zugehörig – und somit als ein allen Menschen qua Menschen Gemeinsames. Der »Essentialismus« ist weit weniger leicht zu erledigen, als der vulgäre »Existentialismus« es glauben machen möchte. Plato mit Nietzsche als überwunden anzusehen, ist zumindest voreilig.

Dennoch wissen wir, ungleich Plato, zuviel von der Tiefe historischer Veränderung am Menschen, als daß wir noch an *eine* – irgendeine – bestimmte, essentiell bindende Definition des Menschen glauben könnten. Zu mächtig war Nietzsches Botschaft vom »unfertigen Tier« und von der Offenheit des Werdens. Zu sehr widersteht es uns, das Neue in der Geschichte als nicht wirklich neu oder als nur akzidentell und nicht den Kern der Sache betreffend anzusehen. Auch wäre nicht die Armseligkeit, ja Langweiligkeit eines Verstehens zu leugnen, das immer nur das sich selbst Gleiche, schon Bekannte in allem Geschehen findet; für das aller Reichtum der Geschichte sich auf das endlos wiederholende Durchexerzieren eines festen Repertoires reduziert – nicht zu reden von der Ungerechtigkeit, die darin liegt, alles Fremde an der Norm der einen anerkannten Essenz zu messen und nach dem Mehr oder Weniger ihrer Erfüllung zu beurteilen. Wir, die wir erstmals in aller Geschichte aus dem betörenden Becher der Geschichte getrunken haben, sind der Unschuld des werde-enthobenen Wesens nicht mehr teilhaftig.

Aber so ungenügend die alleinige Erkenntnis des Gleichen durch Gleiches für eine Theorie des Verstehens wäre, so unmöglich, ja absurd wäre ihre Formel als Erkenntnis des *schlechthin* anderen. Zwischen schlechthin anderem kann es kein Verstehen geben. Um verstehbar zu sein, muß das andere an dem teilhaben, was der eigenen Imagination und Sympathie den allgemeinen Raum ihrer Möglichkeiten vorgibt, ohne mit ihrer zufälligen Wirklichkeit zusammenzufallen – an jenem Gemeinsamen also, das das andere zu einem menschlich anderen, zu einem anderen innerhalb des Menschlichen macht: Von ihm allein erwarten, ja verlangen wir, daß es verstehbar sei. Noch im Befremden vor dem Sonderbaren, noch in der Ratlosigkeit vor dem völlig Unverständlichen, zollen wir der Voraussetzung, daß dies, da es doch Menschengeschehen ist, verständlich sein *muß*. Eine Lehre vom Verstehen des ganz Anderen, einfach der vom Verstehen des Gleichen alternativ entgegengestellt, wäre eine unhaltbare Übertreibung und ein Spiel mit dem absoluten Paradox. Absolute Paradoxe aber sind verdächtig per se. Wir ahnen schon, daß auch hier, im Verstehen, ›dasselbe *und* das andere‹, und in der Geschichte Wiederholung *und* Neuerung, die Wahrheit sein möchten.

Und wie steht es mit der dritten Möglichkeit, der skeptischen Abart der Ontologie radikaler Veränderlichkeit des Menschen, wonach alles sogenannte historische Verstehen nur ein vermeintliches und wesensmäßig nie wahr sein könne? Wie solche negativen Thesen überhaupt, ist natürlich auch diese nicht widerlegbar, da es der Natur der Sache nach keinen Beweis für einen einzigen Fall adäquaten Verstehens geben kann. Aber sie ist in ihrem extremen Sinn, d. h. in dem, worin sie über die heilsame Warnung vor der in allem historischen Verstehen lauernden Gefahr der Selbsttäuschung und über die Erinnerung an seine immer verbleibende Unfertigkeit hinausgeht — sie ist, sage ich, als radikaler historischer Skeptizismus leicht abzutun durch die Absurdität ihrer Konsequenzen. Denn wie sich zeigen läßt (aber hier nicht in extenso gezeigt werden soll), ist die angebliche Unverstehbarkeit alles Historischen nur zu vertreten im Verein mit der Unverstehbarkeit auch des Gegenwärtigen, und die Unverstehbarkeit ganzer Gesellschaften nur mit der jedes Individuums — da die Gründe der Andersheit und Einzigkeit, die für jene geltend gemacht werden, ebensosehr auf diese zutreffen, d. h. auf alle Existenz überhaupt. Die These kommt also darauf hinaus, daß es überhaupt kein Verstehen des Anderen gibt — geschichtlich oder zeitgenössisch, kollektiv oder individuell. Sie führt also geradewegs in den Solipsismus und in dessen Unsinn. Ihre Vertreter können sie nicht einmal sinnvoll äußern, außer im Selbstgespräch, da sie auf kein Verstehen für sie hoffen können. Man brauchte ihnen also eigentlich nicht zu erwidern.

Aber über diesen formellen Einwand hinaus, der jeden radikalen Skeptizismus trifft, könnte man sie fragen, warum sie sich denn eigentlich mit der Geschichte beschäftigen, ja von ihr überhaupt Kenntnis nehmen. Der vorhin erhobene Vorwurf der Langweiligkeit verschärft sich hier zu dem der völligen Nutzlosigkeit. Der Essentialismus, gegen den jener Vorwurf nur bei recht enger und platter Fassung der Essenz praktisch wird, erklärt die erkennende Kommunikation mit dem Vergangenen nicht nur für möglich, sondern auch für lohnend: Er läßt zu, daß man sich vom Vergangenen etwas sagen, sich davon über das Wesen und seine Weite belehren läßt — da man, so sehr man es in sich trage, doch nur das wenigste davon als aktuelle Wirklichkeit und das meiste nur als unbekannte Möglichkeit in sich allein hat. So ist, selbst wenn es auf Entdeckung des Eigenen mittels des Gleichen hinauskommt, für diese Entdeckung etwas gewonnen, was anders gar nicht gewonnen werden könnte. Jedoch der radikale historische Skeptizismus kann einen solchen Gewinn aus der ewig mißverstandenen Vergangenheit nicht erhoffen und ihr Studium auf keine Weise rechtfertigen: Da wir immer nur uns selbst in sie hineinlesen und sie in ihrem eigenen Sein uns verschlossen bleibt, also nur ein Vorwand für die Selbstdarstellung ist – so sollte es zu dieser und zu dem Wissen um das, was wir sind und haben, einen geraderen, wahreren, authentischeren Weg geben als den über die irrtümliche Spiegelung in der undurchsichtigen Oberfläche der Geschichte. Wir sollten uns nur mit uns selbst beschäftigen, was immer solch ein punktuelles »selbst« heißen mag. Und so haben wir das Paradox, daß die Sprachführer des radikalen Historismus zum Standpunkt völliger Ahistorizität gelangen müssen, zum Bilde vergangenheitsloser und somit zusammenhangloser Jetzt-Existenz – also zur Verneinung der Geschichte und der Geschichtlichkeit. In Wahrheit ist es kein Paradox. Denn nur im Verein mit einem Transhistorischen sind sowohl Geschichte als auch Historie möglich, und so kommt die Leugnung des Transhistorischen der Leugnung des Historischen gleich.

Fügen wir noch hinzu, daß es natürlich nicht den Schatten eines Beweises dafür gibt – und geben kann –, daß der Mensch eine grenzenlose Kapazität für Neuerung hat. Von wie imposanter Seite sie auch vorgebracht werde, die Versicherung, er habe sie, ist eine im buchstäblichen Sinne bodenlose Behauptung. Sie ist Metaphysik im schlechten Sinn.

Soweit die Übersicht über die verschiedenen logischen Möglichkeiten im Bereich unserer Frage. Bei aller Kritik an den drei abstrakten Standpunkten soll nicht vergessen werden, daß diese Kritik jeweils nur die extreme oder ausschließliche Form des Kritisierten trifft und keine der Alternativen ganz verwirft, es sei denn eben als reine Alternative. Jede hat ihr Berechtigtes und für das Ganze des komplexen Tatbestandes Unentbehrliches — selbst die so scharf kritisierte dritte. An der Lehre von dem einen, bleibenden Menschenwesen ist richtig, daß ein unantastbar Gemeinsames noch das Entfernteste in der Geschichte und im endlos zerteilten Spektrum des Menschlichen auf Erden vereint; daß dies selbige alle Mannigfaltigkeit, die unvorhersehbar aus ihm hervorgeht, als sein Grund trägt, zusammenhält und erklärt; und daß nur auf diesem Grunde Geschichte und geschichtliches Verstehen möglich ist. — An der Lehre von der fundamentalen Wandelbarkeit des Menschen, seiner faktischen Veränderung und der Einzigkeit jeder Verwirklichung ist richtig, daß jene Besonderung des Menschlichen in den Kulturen und wiederum im Fortgang jeder Kultur, ja in den einzelnen, echte und unvorhersehbare Andersheit zeitigt; daß demnach die Erkenntnis des Gleichen sich transzendieren muß; und daß — wiewohl auf ihrem Boden oder von ihrem Boden aus — ein Verstehen des Anderen, sogar des sehr Anderen, möglich und anzustreben ist. *Wieso* möglich, das ist die offene Frage. — An der Lehre vom notwendigen Fehlgang alles Verstehens schließlich ist richtig, daß der Verstehende in der Tat sich immer in das Verstandene mit hineinbringt, es unvermeidlich ihm selbst entfremdet und dem Eigenen anähnelt; und auch, daß bei jedem Fortschritt des Verstehens ein Rest des Unverstandenen untilgbar, ja ins Unendliche zurückweichend, bleibt.

II

Nach diesen kritischen Erörterungen wollen wir nun unsererseits versuchen, einen Schritt weiter zu kommen in der Frage nach dem Grunde geschichtlicher Verstehbarkeit — von der wir also voraussetzen, daß es sie gibt, aber doch nicht recht begreifen, wie sie möglich ist. Ein solcher Versuch führt notwendigerweise in die Theorie des Verstehens überhaupt, dessen Geheimnisse im Allgemeinen nicht geringer sind als die des historischen Verstehens im Besonderen. Von vornherein muß ich darauf verzichten, mit der Subtilität zu wetteifern, die diesem Problem, d. h. dem Problem der Hermeneutik, seit über hundert Jahren besonders hier in Deutschland gewidmet worden ist. Zu meinem Trost kann ich mir sagen, daß nach so viel Subtilität die Erinnerung an gewisse elementare Tatbestände vielleicht nicht durchaus unnütz ist.

Beginnen wir denn mit der Frage, die auf Englisch unter dem Titel »knowledge of other minds« geht – der Frage also, wie wir von Fremdseelischem, von irgendwelcher Innerlichkeit außer der eigenen, wissen können: wie wir also von der Inselhaftigkeit unserer privaten Subjektsphäre zu der ebenso inselhaften anderen – wenn es sie überhaupt gibt – hinüberreichen können. Und hier will ich sogleich die übliche und so täuschend plausible Ansicht umkehren, indem ich antworte: *nicht* durch Analogieschluß, offen oder versteckt, von mir auf andere, nicht durch Transferenz und Projektion, wie es die nachkartesianische Bewußtseinslehre anzunehmen beinah genötigt war; sondern, sofern es hier ein Prius und Posterius gibt, ist die Richtung der Genese vielmehr *umgekehrt*. Die Kenntnis anderen Geistes (oder, wenn man dies vorzieht, fremder Subjektivität), ja die Kenntnis von Geist überhaupt, ist primär nicht gewonnen aus der Inspektion unseres eigenen, sondern umgekehrt ist die Kenntnis unseres eigenen Geistes, ja der Besitz eines solchen, die Funktion der Bekanntschaft mit anderem Geist. Wissen um Innerlichkeit überhaupt, sei es die eigene, sei es die anderer, ist gegründet auf der Kommunikation mit einer ganzen menschlichen Umwelt – einer Umwelt und einer Kommunikation, die darüber entscheiden, jedenfalls entscheidend mitbestimmen, was schließlich in der Introspektion einmal gefunden werden wird. Da wir unser Leben als Kinder beginnen (was die Philosophen so leicht vergessen), hineingeboren in eine Welt, die schon mit Erwachsenen bevölkert ist, so ist anfangs das bestimmte Ich weit mehr der Empfänger als der Geber in dieser Kommunikation. In ihrem Verlauf entwickelt sich die rudimentäre Innerlichkeit, die zum Ich werden soll, indem sie aus Mitteilung, Ausdruck und Verhalten anderer schrittweise wahrnimmt, welche inneren Möglichkeiten es gibt, und diese sich zu eigen macht. Wir lernen von anderen, was wir selber sein und wollen und fühlen können. So müssen wir denn fähig sein, andere zu verstehen, bevor wir uns selbst verstehen, damit wir solche Personen werden, die irgendwann dazu kommen mögen, auch sich selbst zu verstehen — ja, die überhaupt etwas zum Verstehen in sich haben. Ein Verstehen anderer Innerlichkeit jenseits und im voraus dessen, was Selbstbeobachtung in der eigenen Innerlichkeit gefunden haben *könnte*, ist eine Vorbedingung für die Entwicklung einer solchen Innerlichkeit.

Die Annahme, daß Selbstbeobachtung (Introspektion) oder Selbsterfahrung unsere einzige oder vorzügliche oder primäre Quelle des Wissens um Innerlichkeit sei, führt zu grotesken Folgerungen. Sie würde all unsere Kenntnis anderer Subjekte zu einer Sache analogischer Übertragung von dem schon in uns Vorhandenen machen. Dies würde, ganz abgesehen von der unmöglichen Voraussetzung, die es für das Problem des Lernens schafft, den besten Teil aller Literatur zur Vergeblichkeit verurteilen. Da ich nicht wohl Aeschylus, Shakespeare und Goethe im voraus in mir haben kann, so wäre ihre Mühe umsonst gewesen; und überflüssig, wenn ich sie bereits in mir hätte.

Laßt uns die Frage auf einer viel primitiveren, präverbalen Ebene angehen. Woher weiß ich, daß ein Lächeln ein Lächeln ist? Daß ein Gesicht mir zugewandt bedeutet: Jemand blickt mich an? Daß ein Gesichtsausdruck ein Ausdruck ist? Nach der Theorie der Introspektion und analogischen Übertragung müßte das drei Monate alte Kind, das die Augen seiner Mutter sucht oder ihrem Lächeln antwortet, eine ganze Serie von Operationen ausgeführt haben, um dazu imstande zu sein – Operationen, die einschließen z. B. die Beobachtung und Erkennung des eigenen Spiegelbildes und seinen nachmaligen Gebrauch zum Interpretieren dessen, was es an anderen wahrnimmt. Man braucht diese Konstruktion nur auszusprechen, um ihre Widerlegung überflüssig zu machen.

Es ist freilich wahr, daß wir, einmal erwachsen, in der Tat von Selbstkenntnis und Analogie Gebrauch machen zum Verstehen und Beurteilen anderer. In dem Maße, da unser Erwachsensein, d. h. Fertigsein, uns unwillig oder unfähig macht, weiterzulernen, mögen wir wirklich, zu unserer eigenen Verarmung, dahin kommen, das Zeugnis anderer Innerlichkeit nur noch durch den Filter der fertigen eigenen zu empfangen. Dann kann dies Zeugnis uns nur sagen, was wir schon wissen, d. h. es kommt gar nicht dazu, wirklich Zeugnis *anderer* Innerlichkeit zu sein, und Erkenntnis ist ersetzt durch »Projektion«. Niemand ist ganz frei von solchem Vorgehen, aber wir würden urteilen, daß einer, der darauf beschränkt ist, weder einen guten Psychologen noch einen guten Gefährten abgäbe. Mindestens in dem Prozeß, in dem jener fertige Stand des Erwachsenseins erreicht wurde, müssen wir andere, unmittelbarere Wege zur Wahrnehmung des Inneren in seinen Äußerungen beschritten haben, denn sonst wären wir niemals erwachsen geworden und in den Besitz jener Innerlichkeit gelangt, von der wir dann zehren können.

Wenn nun das ursprüngliche Verstehen nicht ein durch Schluß oder Projektion vermitteltes ist, worauf ist es dann basiert? Es ist ein Teil von der intuitiven Erkennung des Lebens durch Leben und beginnt demnach mit den Leistungen animalischer Perzeption, die abgestimmt ist auf die Leistungen animalischer Expression. Die Erkennung anderen Lebens ist ein Grundzug der wesenhaften Außenbeziehung des tierischen Organismus. Unter den Gegenständen der Wahrnehmung, die neutral als »Dinge« klassifizierbar sind, heben sich lebende Dinge qua lebend hervor. Ihre Wahrnehmung involviert emotionelle Diskriminierung – als Beute, Feind, Artgenosse, Geschlechtspartner, als vertraut oder unvertraut, beachtlich oder unbeachtlich, harmlos, bedrohlich oder unbestimmt – und ist demnach alles andere als neutral. Solche Wahrnehmung schließt in sich eine instinktive Vertrautheit, gegebenenfalls auch in der Form gefühlter Unvertrautheit, mit dem lebendigen Verhalten, das Antwort erheischt. Die Basis dieser Vertrautheit ist die Gemeinsamkeit tierischer Natur, im Fall der intraspezifischen Beziehungen die Gemeinsamkeit der Art. Eine Kreatur erkennt Gier im Auge der anderen Kreatur (oder in Haltung, Laut, Geruch) und dies weit über die eigene Art hinaus. Sie erkennt, weil sich etwas zu erkennen gibt. Denn der rezeptiven Leistung der Wahrnehmung entspricht, sie ermöglichend, die spontane Leistung des Ausdrucks. Vielleicht ist sie sogar das primäre Phänomen. *Tierisches Leben ist ausdrucksvoll*, ja ausdrucksbeflissen. Es stellt sich dar – es hat seine Mimik, seine Sprache: Es teilt sich mit. Ganze Rituale der Positur und Geste und mimischen Bewegung stehen im Dienst des Signals vor der Handlung – oder anstelle der Handlung, sie ersparend, wenn es sich nämlich um Warnung handelte. Solch spontane, doch streng fixierte Symbolik rechnet auf ihr Verstandenwerden, und ungelehrt verstehen Tiere denn auch die Mimik des Angriffs und Zornes und der geschlechtlichen Werbung.

Es wäre töricht, den Menschen von all dem auszunehmen. Die Katze sieht auf zu meinen Augen, sie sucht meinen Blick, sie will etwas von mir. Niemand hat sie darüber belehrt, daß dies die Körperteile sind, mit denen ich sie bemerke und in denen mein Bemerken oder Nichtbemerken ihr sichtbar wird. Sie »weiß«: Sie kann mich dadurch erreichen. Und auch ich brauche keine Aufklärung durch Physiologie und Neurologie, um hier einen Blick auf mir zu fühlen und die Bitte darin zu lesen; aber intuitive Physiognomik ist im Spiel. Wir blicken uns an, und etwas »passiert« zwischen uns, ohne welches auch kein höheres Verstehen möglich wäre, soweit es immer diese Elementarschicht übersteigt. Tiere wissen unter sich auch zwischen Spiel und Ernst zu unterscheiden — solche Tiere nämlich, die spielen können, und das sind solche mit Brutpflege, besonders mit der behüteten Kindheit des Säugetiers, die noch frei ist vom grimmigen Ernst tierischer Notdurft und doch schon im Genuß der Bewegungskräfte. Darum spielen Delphine — auch erwachsene noch —, doch Haifische nicht. Und wir Menschen, Säugetiere mit der längsten Kindheit, und von dort die paradiesische Freiheit des Spielens ins verantwortliche Leben hinüberrettend, spielende Wesen im höchsten Sinn, verstehen das Spiel der Tiere. Beim Menschen freilich ist all dies Natürliche überhöht durch erfundene, gemachte und frei gehandhabte Systeme des Ausdrucks und Symbols, gipfelnd in der Sprache und im Bild, die ganz neue Dimensionen des Verstehens und Mißverstehens, der Offenheit und Verstellung, der Wahrheit und des Truges eröffnen. Hiervon später.

Es gibt also ein »Erkennen des Gleichen durch Gleiches«. Empedokles hatte recht, wenn er sagte, daß wir Liebe durch Liebe wahrnehmen und Haß durch Haß. Daß dies nicht die ganze Wahrheit ist, macht es nicht unwahr. Wir würden Furcht in andern nicht erkennen, wären wir nicht vertraut mit Furcht in uns selbst. Wir würden die Aussage »Ich bin hungrig« nicht verstehen ohne unsere eigene Erfahrung des Hungers. Aber obwohl im letzteren Falle die Eigenerfahrung tatsächlich dem Verstehen des Phänomens in anderen vorausgeht, so ist dies doch keine universale Bedingung. Die Erkennung des Gleichen durch Gleiches erfordert *nicht* den Gebrauch der Analogie. »Liebe durch Liebe zu wissen« bedeutet nicht, aus meiner eigenen Erfahrung des Gefühls der Liebe zu folgern, was wahrscheinlich in jemand anderm vorgeht. Ich kann sehr wohl zum ersten Mal durch »Romeo und Julia« zu den Möglichkeiten der Liebe erweckt werden, durch die Erzählung von Thermopylae zur Schönheit sich opfernden Heldentums. Solches Hören und Lesen ist selber eine Erfahrung, die mir ungeahnte Möglichkeiten meiner eigenen Seele, oder vielmehr »der Seele«, erschließt — Möglichkeiten, die zu Wirklichkeiten meiner eigenen Erfahrung werden oder auch nicht werden können. Diese Erfahrung des Möglichen, vermittelt durch Symbole, ist genau das, was mit »Verstehen« gemeint ist. Die nie gehörte Kombination bekannter Bedeutungen in den Worten der Mitteilung erzeugt neue Bedeutung im Empfänger, und diese öffnet die Tür zu neuen Innenreichen des Lebens. Erstmalig erschlossen in der Andersheit des Paradigmas, mag das Neue dann unsererseits vermehrt werden durch das, was es in uns selbst in Bewegung gesetzt hat.

Die Kenntnis andern Geistes ruht also auf dem Grunde der gemeinsamen Menschlichkeit der Menschen. Diese aber tut ihr Werk hier nicht im Wege der Analogie, sondern, oft jedenfalls, im Wege des Anrufs und der Evozierung der Möglichkeiten, die der Natur des Menschen entspringen — ihr abzulocken sind. Wir verstehen durch unsere Möglichkeiten, nicht notwendig durch die tatsächlichen Präzedenzen unserer eigenen Erfahrung. Wir verstehen also und antworten mit unserm möglichen Sein weit mehr als mit unserm wirklichen. Um so besser, wenn wir hier und da auch mit der Erinnerung an selbsterfahrene Wirklichkeit antworten können — obwohl gerade dies auch seine begreiflichen Gefahren hat. Das bekannte »Ich weiß genau, wovon du redest, war ich doch selber einmal in der und der Lage« mag dem Verstehen zu seiner Wahrheit verhelfen, mag aber auch den Punkt bezeichnen, wo es sich gegen das Andere abschließt. Unsere »Möglichkeit« aber basiert auf wenigen Konstanten, die durch unsere Organisation vorgezeichnet sind (wie Begehren, Furcht, Liebe, Haß), ist unvorhersehbar und kommt in endloser Neuheit einzig durch die Anrufe und Anforderungen zum Vorschein, die an sie ergehen — meist in der Gegenseitigkeit der Kommunikation, die die wirklichen Überraschungen darüber, was Geist oder Seele ist, in sich birgt.

Von dem Umstand, daß die Natur des Menschen weit

mehr »Möglichkeit« ist als gegebenes Faktum, hängt unser »einfühlendes« Verstehen auch solcher Erfahrungen anderer Seelen ab, tatsächlicher oder fiktiver, die wir vielleicht niemals in uns selbst zu replizieren vermögen: D. h. aber, es hängt von diesem Umstand der Gebrauch der *Sprache* für die Erzeugung psychologischer Neuheit ab. Ohne ihn gäbe es keine Dichtung, und auch, wie wir sehen werden, keine Historie außer der bloßen Ereignischronik. Das Problem »fremden Geistes« ist also eng verbunden mit der Philosophie der Sprache, die nicht ohne eine Theorie der produktiven Imagination auskommt. Es ist also auch eng verbunden mit dem Problem der Kunst. Sokrates' Theorie der »Erinnerung«, worin die Idee der »Möglichkeit« sich andeutet, ist mit all ihren mythologischen Schwächen den Tatbeständen der »Zwiesprache« zwischen Geist und Geist näher als die moderne Theorie von Analogieschluß und Projektion.

III

Soweit haben wir vom Verstehen überhaupt gehandelt. Was ist die Besonderheit des historischen Verstehens? Worin ist es vom gegenwärtigen Verstehen, in dem wir unablässig begriffen sind, verschieden? Viele Antworten drängen sich auf. Da ist die Ferne des Vergangenen an sich und die damit gegebene Verschiedenheit: Umstände und Menschen sind andere geworden; Vorstellungen, Sitten, Sprache und Assoziationen; soziales Gefüge und Einrichtungen. Selbst manche Gefühle und Leidenschaften sind nicht mehr dieselben. Sodann das Fragmentarische, Auswahlhafte der Bekundung, die auf uns gekommen ist, einmal schon vorgefiltert durch die Eigenselektion des Denkwürdigen seitens des Geschichtssubjektes selber, dann nochmals gefiltert durch die Zufälle und Unfälle des materiellen Überdauerns. Die immer lückenhafte Zeugnislage nötigt zum Wagnis versuchender Rekonstruktion, die um so gewagter ist, je fremder das hier sich aussprechende und verschweigende Leben. Ferner ist zeitgenössisches Verstehen fortwährend und obligatorisch, geschichtliches aber wahlfrei und gelegentlich. Wir könnten die Liste verlängern.

All dies ist richtig, aber nicht entscheidend. Auch im Zeitgenössischen gibt es Fremdheit und Verschiedenheit, die sich dem Verstehen in den Weg stellen, und viel Scheinvertrautheit, die es irreführt. Schon der Übergang von einer Gesellschaftsschicht zur anderen hat seine Hindernisse, nicht zu reden vom Überschreiten von Landes-, Volks- und Sprachgrenzen. Und was sollen wir zum Generation gap sagen, der merkwürdigsten aller Zeitgenossenschaften, dieser veritablen Fußangel und Fallgrube des Verstehens und Mißverstehens? Ich bin nicht sicher, daß ich meine Kinder verstehe; aber ganz sicher bin ich, daß sie mich nicht verstehen. Oder sollte ich mich auch hierin täuschen? Verstehen sie mich vielleicht besser, als mir lieb ist? Spätere werden es vielleicht beurteilen können. Hier wäre ein Fall, und nicht der einzige, wo der Abstand der Vergangenheit den Vorzug vor der allzu engagierten Nähe der Gegenwart hätte. *Einen* Vorzug allerdings hat die Gegenwart immer vor der Vergangenheit: daß für sie die Fülle des Zeugnisses beliebig groß und beliebig vermehrbar ist, während dort Kargheit oder festgezogene Grenze des Zeugnisses herrscht. Sollte auf so etwas der ganze Unterschied herauskommen? Auf eine Sache des Weniger oder Mehr? Mehr Ferne und Fremdheit des Seins für das Geschichtliche, mehr Vieldeutigkeit oder Undeutlichkeit des Ausdrucks, weniger Material? Ein quantitativer Unterschied in all diesen Hinsichten? Sollte also das Problem des historischen Verstehens nur eine gesteigerte Form der Probleme des Verstehens überhaupt sein?

Nein. Es bleibt ein qualitativer Unterschied, der unscheinbar aussieht, mich aber entscheidend dünkt. Er besteht nicht im Vergangensein, im zeitlichen Abstand an sich, ist aber damit gegeben: *Gegenwärtiges Verstehen hat die Hilfe von Rede und Gegenrede; historisches Verstehen hat nur die einseitige Rede der Vergangenheit.* Mißverstehen des Mitlebenden kann vom Mißverstandenen selber berichtigt werden, wir können ihn befragen, er kann antworten, und beide sind wir Teile einer größeren, uns mitumfassenden Kommunikation, der allgemeinen Rede, die uns genährt hat und weiternährt und uns fortgehend die Schlüssel unseres gegenseitigen Mitteilens darreicht. Die Vergangenheit aber hat ihr Wort gesagt und nichts hinzuzufügen. Es kommt zu uns, und wir können nicht rückfragen. Wir müssen daraus machen, was wir können. Und was wir können, mag mehr sein, als gut ist. Wie das Vergangene unserem Auslegen nicht zu Hilfe kommen kann, kann es ihm auch nicht wehren. Seine Wehrlosigkeit aber verpflichtet uns doppelt. Gerade weil ausgeliefert an unsere Willkür, ist die nachgelassene Rede unserer behutsamsten Treue anvertraut. Daher ist es dem Geschichtlichen gegenüber doppelt ungehörig, unsere straflose Freiheit zu geistreicher, origineller, interessanter Willkür und zur Eitelkeit des Selbstbespiegelns zu mißbrauchen. Das Mitlebende kann die Sünden unserer Lizenz an uns heimsuchen, unserer Mißdeutung fühlbar auf die Finger klopfen. Beim Historischen haben wir nichts Schlimmeres als den Widerspruch der Kollegenschaft zu befürchten – und mit dem läßt sich bekanntlich gut leben. Manchmal freilich kann auch die Geschichte sich mit einem neuen Quellenfund rächen und die schönste Hypothese blamieren – oder überraschend bestätigen. Aber das ändert nichts an der Grundtatsache, daß die Vergangenheit ihr Wort auf immer gesprochen hat und um keine Selbsterklärung angegangen werden kann.

Das absolut *Monologische* also der geschichtlichen Mitteilung ist es, was die Sonderlage des historischen Verstehens schafft. In diesem Punkt ist es auf gleichem Fuß mit dem des Kunstwerks. Auch im Kunstwerk – sei es Wort-, Ton- oder Bildwerk – stehen wir einem Abgeschlossenen gegenüber, das nichts über das hinaus, was es schon ist, von sich auszusagen hat. Es muß alles durch sich selbst sagen, aber auch alles erwiderungslos über sich sagen lassen. Mit seiner fertigen Schöpfung und Entlassung in die Welt hat es jene stumme Unendlichkeit passiver Deutbarkeit und Neu-Erfahrbarkeit angenommen, die es mit der Vergangenheit teilt. Seine Anrede ist einseitig, monologisch und jeder Aneignung ausgesetzt wie sie. Ja, das Kunstwerk wird, in einem besonderen Sinn, sofort Vergangenheit und damit ewige Gegenwart. Tolstois »Krieg und Frieden« war ein historisches Faktum im Moment seines Erscheinens. Es ist auch nicht wahr, daß wir Tolstoi, Kafka, Flaubert, weil sie uns zeitlich näher sind, leichter und mit größerer Sicherheit verstünden als Shakespeare, Dante und Aristophanes. Das hat nichts damit zu tun, daß wir uns vielleicht bei den einen mehr zu Hause fühlen als bei den anderen. Grundsätzlich, d. h. abgesehen von technischen Fragen wie Verfügbarkeit der Assoziationen, sind wir allen gegenüber gleichgestellt, Lebenden wie Toten. Man wird einwenden, daß wir den lebenden Autor immerhin befragen, ihn sich erklären lassen können. Gott behüte uns davor. Nichts, weder Erfahrung noch Einsicht, spricht dafür, daß der Autor sein eigener bester Interpret ist. Selbst wenn er viel von seiner Absicht zu erzählen weiß, letztlich kommt wenig darauf an, was er sich gedacht, und alles darauf, was er gesagt hat. Die »verfluchte Ipsissimosität« alles Subjektiven, von der Nietzsche fragte, wer ihrer nicht schon einmal bis zum Sterben satt gewesen wäre, kann auch die des Künstlers sein. In jedem Falle ist er bald verstummt, und nur der Monolog des Werkes bleibt. Eben hierin sind Geschichtszeugnis und Kunstwerk (beides kann im selben Objekt zusammenfallen) ähnlich uns anvertraut – mit dem Unterschied allerdings, daß dem Geschichtszeugnis gegenüber das Verstehen, eben als historisches, einem Ziel der Richtigkeit und Wahrheit und mit ihm einer Methode kritischer Verifikation verpflichtet ist, die im Kunstverstehen keinen Platz haben.

Das strikt Monologische des Vergangenen ändert zwar nicht die Natur des Verstehens als solchen, verschärft aber die Frage nach dem Grunde seiner Möglichkeit. Das Vertrauen in ein Gemeinsames ist stärker beansprucht, wo wir nicht rückfragen können; und die Zeitdimension fügt ihm das Problem von Wandel und Bestand hinzu, wo simultanes Verstehen nur das zeitlose Problem des Gleichen und Anderen stellt. Mit dem sich dehnenden Zeithorizont (wie mit der ähnlichen Dehnung des Raumhorizonts) wird die Frage nach einem »Wesen« des Menschen, die von der Frage nach seiner Verstehbarkeit unabtrennbar ist, zu der nicht ganz damit identischen Frage, womit zu allen Zeiten (und an allen Orten) beim Menschen zu rechnen ist. Diese Frage könnte nur eine philosophische Anthropologie beantworten, zu der hier nicht der Ort ist. Um im uns gezogenen Rahmen überhaupt vom Fleck zu kommen, kehren wir die Frage um, und statt das schwer stellbare »Wesen« zu befragen, was ihm zufolge immer zu erwarten sein sollte, fragen wir lieber uns selber, was wir faktisch immer, und ohne uns Rechenschaft zu geben, in aller Begegnung mit Geschichte und Vorgeschichte schon verstanden haben.

IV

Da ist es gut, mit dem Biologischen zu beginnen, das wir als selbstverständlich voraussetzen, das aber, obwohl subhistorisch, alles Historische durchdringt. Man möge deshalb die Banalität der folgenden Aufzählung dessen, was wir immer schon wissen, verzeihen. – Wir wissen immer, auf welche Überreste vergangenen Menschentums wir auch stoßen, daß die, die sie hinterließen, organische Wesen waren, die essen mußten, am Essen sich erfreuten und am Hunger litten. Wenn wir lesen, daß die Achäer die Hände zum lecker bereiteten Mahl erhoben, so läuft noch uns das Wasser im Munde zusammen: Engel hätten hier Schwierigkeiten der Einfühlung. Wir wissen um der Menschen Notdurft und Sterblichkeit. Wir wissen von den frühesten, daß auch sie dem Wechsel von Wachen und Schlaf unterworfen waren, daß dem Ermüdeten der Schlaf notwendig und süß und daß er von Träumen heimgesucht war. Nur ein kartesianischer Tor würde sagen, daß dies unwichtig sei. Wir wissen um die Zweigeschlechtigkeit, um Lust und Leid der Liebe, um das Geheimnis von Zeugung und Geburt, von Säugen und Aufzucht der Jungen, und daß dies zu Familien- und Sippenbildung führt, zu vorausschauender Sorge, Abgrenzungen nach außen, Autoritätsordnung und Ehrfurcht innen, zu Treue, aber auch zu tödlichem Streit. Wir wissen von Jugend und Alter, Krankheit und Tod. Wir wissen ferner, daß die Hersteller der erhaltenen Denkmäler, bis herab zum einfachsten Werkzeug, aufrechte Hand- und Augenwesen waren. Wir teilen mit ihnen den Stolz, die Intimität und die Scham der aufrechten Leiblichkeit. Wenn wir in der Bibel[1] lesen (meist als Androhung), daß die siegende Seite eines bewaffneten Konflikts »jeden, der an die Wand pißt«[2], auf der unterliegenden umbringt, so verstehen wir ohne weiteres, daß alle von männlichem Geschlecht gemeint sind, und auch, warum nur diese gemordet werden. Wir verstehen noch mehr, nämlich warum von so vielen möglichen hier gerade diese Sorte Bezeichnung gewählt ist: Es ist Kriegersprache, und wir kennen bis zum heutigen Tag die Sprachgewohnheiten des Heerlagers, die Vorliebe des Soldaten für derb-geschlechtliche Redeweise — und wir bedauern, daß goldene und silberne Latinität römische Historiker davon abhielt, uns mehr über die Sprache des Legionärs wissen zu lassen. (Ich z. B. wüßte gerne, wie Marius, der sich vom Gemeinen hochgedient hatte, seine Soldaten wirklich angeredet hat.)

Brechen wir hier das Kapitel des Physischen ab. Schon diese Übersicht hielt sich keineswegs im *animalisch* Biologi-

[1] Bücher Samuel und Könige, z. B. 1. Kön. 14, 10; 16, 11.
[2] So der hebräische Text — die Übersetzungen umschreiben den derben Ausdruck fast immer mit der einfachen Nennung von »männlich«.

schen. Wie konnte sie es, da es sich doch um Menschen handelte? Woher aber wissen wir, wann es sich bei irgendwelchen Überresten um menschliche handelt? Wir wissen es, weil wir – lange vor den großen Behausungen der Götter und den Schrifttafeln – diese drei finden: Werkzeug, Bild und Grab. (Man könnte noch den Schmuck hinzufügen.) Es bedürfte nun in der Tat einer philosophischen Anthropologie, um zu begründen, warum diese – jedes für sich und alle zusammen – für den Menschen kennzeichnend sind. Ein Versuch dazu wurde im vorangehenden Aufsatz gemacht, und ich muß hier, um wörtliche Wiederholung zu vermeiden, den Leser besonders auf die Zusammenfassung S. 48 f. hinweisen, die in der These gipfelte, daß Werkzeug, Bild und Grab die urtümlichen Anzeigen der *Möglichkeit* von Physik, Kunst und Metaphysik seien, die zwar nicht überall zur Entfaltung kommen müssen, doch in keiner *Kultur* gänzlich fehlen. Wenn es richtig ist, daß die unsere dabei ist, oder gar schon damit fertig ist, die Metaphysik aus unserem Geisteshaushalt zu verbannen, so wären wir um diese Dimension des Menschseins ärmer. Wir würden nicht aufhören, Menschen zu sein; aber wir würden aufhören, Geschichte noch verstehen zu können, wenn das Totgesagte wirklich ganz in uns erstorben wäre. Ich möchte fast glauben, daß dies unmöglich ist.

Wieder brechen wir hier ab. Wir haben als immer schon Verstandenes zuerst, in der menschlichen Leiblichkeit, das aufrechte Geschlechts-, Hand- und Augenwesen vor uns gestellt; dann, in den Denkmälern seiner Fertigkeit, das Werk-, Bild- und Symbolwesen. Vieles ließe sich hinzufügen, darüber z. B., *was* wir in den Bildern dargestellt finden und daraus erkennen, besonders im vorzüglichsten aller Abbilder, dem des Menschen selbst, in seiner Anmut, Majestät oder Fratze. Indessen, es ist Zeit, daß wir ein in allem bisher Ungenanntes, aber immer Mitgemeintes endlich nennen: die Sprache. Ohne sie könnte keines der anderen Phänomene sein, in jedem war sie vorausgesetzt. Das gilt selbst vom

Organisch-Biologischen. Das menschliche Mahl (allerdings nicht die Defäkation) ist gesellig, wie es schon seine Beschaffung – die Jagd, die Lese usw. – war. Völlig wortlos wäre Liebe der Geschlechter nicht menschlich. Aufzucht der Jungen heißt beim Menschen vor allem sprechen lehren. Sippen- und Autoritätsverhältnisse sind in der Rede bestimmt und tradiert. Noch unsere Träume sind vom Wort durchdrungen. Wie dann erst in den Lebensbezirken, die das Werkzeug, das Bild und das Grab anzeigen – in Planung, Arbeit, Gedächtnis, Verehrung! Wie erst in den Ordnungen des Staates und des Rechts, und wie erst im Umgang mit dem Unsichtbaren, das *nur* im Wort Gestalt gewinnt! Der Mensch ist denn zuvörderst und von Grund auf ein Sprachwesen; und dies eine wissen wir a priori: Wo immer und in welcher Vorzeit, geschichtlich oder vorgeschichtlich, Menschen waren, sie haben miteinander geredet. Die Philosophie der Sprache muß im Zentrum jeder philosophischen Anthropologie stehen. Aber auch ohne sie wissen wir, daß es das Wesen der Sprache ist, über alle Zeitferne hinweg verstehbar und aus aller Formenfremde in die eigene übersetzbar zu sein – sofern wir nur zu dem Gesprochenen auch sonst einen Zugang haben. Diesen aber haben wir im allgemeinen eben als Mitmenschen, die wir auch jenen Fernsten noch sind, und im besonderen durch Sachkenntnis, die wir uns z. T. wiederum durch historische Forschung beschaffen müssen.

Durch hinterlassenes Wort wissen wir denn auch das meiste und Eigentliche von vergangenem Menschentum – ein Wissen, dem die Bauten, Geräte und Bilder dann größere Körperlichkeit verleihen. Die Worte sagen mehr als die Steine, können allerdings von diesen manchmal Lügen gestraft werden. Das Wort ist auch (mit den Kunststilen) das eminent Geschichthafte über dem Unterbau des sich stets Wiederholenden; in ihm macht sich Geschichte, in ihm drückt sie sich aus, auf es bezieht sich historisches Verstehen modo eminentiae. Sein Paradox ist, daß dies Allgemeinste das Medium gerade des Besondersten ist, dies Fundamentum der Selbigkeit alles Menschlichen das Instrument und Gefäß der äußersten Andersheit. Das »Daß« des Wortes gehört zum zeitlosen Wesen; sein »Wie« und »Wovon« wird zum Kind der Zeit und des Ortes und gehört eminent der Geschichte, wo immer der Mensch in die Geschichte tritt.

V

Erst jetzt also, so spät in unseren Erörterungen, komme ich zu dem, was den Philologen unter meinen Lesern besonders angelegen ist: das Verstehen vergangener Rede, das nach Lage der Dinge Interpretation von Texten ist. Ich kann mich nicht vermessen, die hier sich auftuenden, dem Fachmann aus der Arbeit vertrauten Probleme zu diskutieren, ja auch nur zu nennen. Ich beschränke mich darauf, das früher angeschlagene Thema der *Einseitigkeit* historischer Kunde, und was sie im Unterschied zur Gegenseitigkeit simultaner Kommunikation für das Verstehen bedeutet, nun zu seiner eigentlichen Anwendung zu bringen. Denn im Wort natürlich ist es, wo der Unterschied des Monologischen vom Dialogischen seine Stätte hat. Bilder, Bauten, Geräte sind monologisch von Natur; das Wort ist es nicht.

Da ist nun zu allererst auf den Unterschied des geschriebenen vom gesprochenen Wort hinzuweisen. Sprache, bei aller Objektivität des Vokabulars und der Grammatik, ist zunächst persönlich-physische Kundgabe des Sprechers und kommt zum Hörer getragen von allen Modulationen der Stimme, begleitet von Mienenspiel und Geste. Schrift ist vermittelte, denaturierte Rede, die dem Leser alle sinnlichen Hilfen des unmittelbaren Ausdrucks versagt. Nur mit Schriften aber haben wir es bei der Vergangenheit zu tun: Wir können sie nur lesen, niemals hören. Das wird sich für Zukünftige uns Vergangenen gegenüber durch erhaltene Tonfilme usw. ändern. Doch das Monologische bleibt: Nie können wir mit dem Vergangenen in das Verhältnis von Rede und Gegenrede treten.

Nun ist aber nicht zu vergessen, daß auch gegenwärtiges Verstehen, ja das Verstehen der Gegenwart, in überwältigendem Maße durch Lesen zustande kommt; daß wir, Buchmenschen, die wir sind (dies seinerseits ein geschichtliches Faktum), unablässig dem Monolog zeitgenössischer Literatur offen sind, von der wir nicht einmal sagen können, daß sie uns so ohne weiteres offen ist. Allerdings ist dieser Monolog für uns umrankt vom zeitgenössischen Gespräch, einschließlich des Geschwätzes, an dem wir teilhaben und dessen Assoziationen im zeitgenössischen Schreiben mehr oder weniger vorausgesetzt sind – während wir uns doch niemals in Hellas oder Rom, in Persepolis, Memphis oder Jerusalem haben unterhalten können. Jedoch jene Hilfe zeitgenössisch-idiomatischer Vertrautheit, die schon sprachlicher Neuschöpfung gegenüber versagt, ist in jedem Falle flüchtig, und das Bedeutendere in der Literatur kann ihrer entraten, wie die Erfahrung seiner Dauer lehrt. Das Wort hat die Macht, die Umwelt seiner eigenen Erzeugung mitzubeschwören. Auch steht das literarische Wort, wenn es nicht mit Absicht jetzig-konversationell ist, weit mehr in einer formalen Tradition mit ihren eigenen Gültigkeiten als im momentanen Alltagsreden. Die allerjüngste literarische Lage – etwas sehr Einmaliges, jedenfalls Erstmaliges – läßt dies leicht vergessen; aber den klassischen Philologen muß man nicht erinnern, daß die Künstlichkeit schriftlichen Niederlegens, wie schon die der metrischen Mundüberlieferung, von Anfang an eine Kunstsprache erzeugte, die zwar eine weitere Einbuße an Unmittelbarkeit, aber auch Unabhängigkeit der Aussage von den wechselnden Sprachgewohnheiten von Ort und Zeit mit sich führte.

Nun sind historisches Verstehen und Kunstverstehen gewiß nicht dasselbe (obwohl Geschichtsdokumente Kunstwerke sein können und umgekehrt), aber sie teilen das in Nacherleben übergehende Verhältnis zum monologischen

Wort. Es muß vom Leser, eben im Verstehen, zu neuem Leben erweckt werden. Der Dichter, der den Laut dem stummen Buchstaben überantwortet, vertraut darauf, daß der Leser selber zum Sprecher wird und die Musik der Worte für sein eigenes Hören neu erzeugt. Das »Partiturhafte« jedes Schriftwerks, das auf aktive Reproduktion angewiesen ist und die Anweisung dazu gibt (im Drama z. B. vom Schauspieler ausgeführt), eignet auch der Geschichtsquelle, dem Text. Die Medien der Reproduktion sind Sympathie, Imagination und – bei theoretischen Texten in höchstem Maße – der Verstand. Nehmen wir den letzteren in seiner wandellosen Universalität als fraglos, so bleibt *einfühlende Imagination* als die geheimnisvolle Kraft im historischen Verstehen wie im Menschenverstehen überhaupt. Wir haben sie vorher durch die existentielle Kategorie der »Möglichkeit« erklärt, mit der wir auf fremde Wirklichkeiten ansprechen können. Über die Eigenerfahrung hinaus, durch die sie wohl bereichert wird, erstreckt die Möglichkeit sich ins Unerfahrene, aber prinzipiell-menschlich Erfahrbare; und was sie derart indirekt im offenbarten Andern erfahren läßt, bereichert die Fähigkeit eigenen direkten Erfahrens. Es ist dabei allerdings ein Ausbildungsgrad der Geistigkeit und der Lebensumstände vorauszusetzen, der dem des hier zu Verstehenden nicht zu sehr nachsteht; wie denn auch im Übersetzen, das hier eine so große Rolle spielt, die Übersetzungssprache der originalen an Differenzierung gewachsen sein muß. Darum kann der Fortgeschrittene das Primitive verstehen, aber nicht der Primitive das Fortgeschrittene. Indessen, da wir uns ohnehin auf der Höhe der Geschichte fühlen, nehmen wir für uns die Voraussetzung jedem vergangenen und gleichzeitigen Dasein gegenüber in Anspruch. Wir sind geschulte Variierer unseres latenten Regenbogenspiels, bereiter, fremdem Reiz zu entsprechen, und weniger gebunden an *eine* Erlebensformel, als je eine Kultur vorher. Allerdings meine ich, daß wir unsere vollausgebildete, in höchste Empfänglichkeit versammelte Menschlichkeit an die Interpretation des Gewesenen bringen müssen, und nicht irgendeine, wie immer sanktionierte Theorie wissenschaftlicher Psychologie. Diese, z. B. die Psychoanalyse, weiß alles im voraus, und die entsetzliche Langeweile ewiger Wiederholung gähnt uns aus allem Vergänglichen an.

Was aber in Sympathie und Imagination derart hervorgerufen wird, sind (ich wiederhole es) nicht die originalen Erfahrungen und Gefühle selbst — wer könnte sie alle ertragen? —, sondern ihre stellvertretende Realisierung in der gefahrlosen, doch darum nicht gefühllosen Zone der Vorstellung. Es ist ein »Wissen« eigentümlichster Art, in einer Schwebe zwischen Abstraktem und Konkretem, zwischen Gedanke und Erfahrung, der nichts sonst gleicht — außer eben das stellvertretende Miterleben in der Kunst (nicht mit dem Künstler, sondern mit dem Dargestellten), womit das Historische dies gemein hat, daß das nachgefühlte Fühlen nicht schon in uns Vorhandenes oder Erinnertes ist, sondern in der angesprochenen Imagination fiktiv erzeugt wird. Die Lage des Zuschauers der Tragödie und des Lesers der historischen Quellen ist nicht grundsätzlich verschieden. Das dabei verbleibende Geheimnis soll nicht geleugnet werden.

Nur dies wissen wir, daß das selbsttranszendierende Verstehen auf dem Grunde und in den Grenzen jenes im gewissen Sinne immer verfügbaren Allmenschlichen stattfindet, von dem wir einige Züge in einem früheren Teil dieser Erörterungen nachzuzeichnen versuchten. Dieses teilen wir noch mit dem Fernsten in jeder Kultur. Was sich von diesem Grunde erhebt, ist aus ihm nicht abzuleiten und überhaupt unvorhersehbar. Der Grund bestimmt nicht, er ermöglicht nur. Je näher die Dinge diesem Elementaren (doch darum nicht Armen) bleiben, um so einfacher die Aufgabe des Verstehens — obwohl wir Gewitzten uns auch zu dieser Einfachheit erst anhalten müssen. Das Außerhistorische also ist dem historischen Verstehen das Zugänglichste und zugleich die Voraussetzung alles weiteren. Aber dann kommen die Feinheiten in ihrer endlosen Verschiedenheit, und eigentlich um ihretwillen studieren wir die Geschichte, nicht um Bekanntes wiederzufinden. Und hier ist die Sprache das Vehikel der Geschichtlichkeit par excellence, das *seinen eigenen, eben nicht allmenschlichen, sondern jeweils besonderen Grund* erzeugt. Dies Tiefste einerseits und das Höchste anderseits in der Sprache, die Basis und die Spitze, sind das eigentlichst Geschichtliche und schwer Zugängliche: einerseits die fast geheimen Urworte oder Grundbegriffe und Strukturen eines bestimmten Sprachkollektivs, in denen sich das alles übrige tragende Verhältnis zur Welt, die primäre Erschlossenheit des Seins ausspricht, der beseelende, wahrheitseröffnende und -begrenzende Geist einer Sprachwelt — und anderseits die Gipfel der Dichtung und Spekulation, in denen dies Urverhältnis der Worte zur höchsten und doch auch wieder täuschenden Helle symbolischer und begrifflicher Ausprägung kommt. Alles dazwischen — das Erzählende und Schildernde, das Politische und Rechtliche, Weisheitsspruch und Moralgeschichte, das Derbe und Elegante, Lobpreis und Spott, Unterhaltung und Belehrung, und natürlich alles direkt Historiographische — ist leicht verständlich, sofern die Philologie ihr Geschäft gut verrichtet hat und sofern wir nicht immer nur an uns selbst denken. Aber was *areté* (›Tugend‹), *logos* (›Rede‹), *ousia* (›Substanz‹) wirklich bedeutet haben und bedeuten, oder auch Atman und Tao — ob wir dies je ganz verstanden haben, können wir niemals wissen.

Doch was heißt hier »ganz«? Haben die Zeitgenossen es ganz verstanden? War es jemals ganz verstanden? Nur das Flache ist ganz verständlich. Die tiefsten Worte der Denker waren wohl von Anfang an in ein Dunkel des nur allmählich Erschließbaren und nie ganz Ausgeschöpften gehüllt. Zwischen Mißverstehen und Ganzverstehen liegt hier eine unendliche Skala.

VI

Die Erwähnung von Atman und Tao neben ousia führt zu einer letzten Erwägung. Es wird oft gesagt, daß es die »eigene« Geschichte sei, die Bloßlegung der Wurzeln der eigenen Tradition, die das genuine Anliegen der Geschichtswissenschaft sei und auch allein dem Versuch des Verstehens wirklichen Erfolg verspreche. Es ist die Idee einer erweiterten Selbstbiographie sozusagen, die wir uns aus vielen Gründen, von der Neugier bis zum Interesse besseren Selbstverstehens, schuldig sind. Und es ist richtig, daß hier unser erstes Interesse, unsere erste Pflicht und auch unsere erste Belohnung liegt. Ohne Homer, Plato, Bibel usw. wären wir gar nicht die Menschen, die wir sind. Es kann sogar der ungelesene Homer, Plato, Jesaia sein, die uns bestimmen: Denn sie sind eingegangen in das Allgemeine, das uns geformt hat und noch in unserer Rede weiterlebt. Aber besser natürlich ist der gelesene Plato als der ungelesene, um uns über die Antezedentien und Konstituentien unser selbst zu belehren (ich spreche jetzt nicht von seiner philosophischen Gültigkeit), und der historisch recht verstandene besser als der von der Überlieferung entstellte oder von uns zurechtgemachte. Hier haben wir die Lust des Wiedererkennens, des Rückgangs auf die Ursprünge, der Rettung des Verschütteten, der Erneuerung und Vertiefung unseres Seins. Nur so dringen wir durch die unsichtbare Sedimentierung desselben, nur so eignen wir uns selber uns zu. Hierauf passen Goethes berühmte Verse »Wer nicht von dreitausend Jahren/Sich weiß Rechenschaft zu geben,/Bleib' im Dunkeln unerfahren,/Mag von Tag zu Tage leben«. Indem wir uns Rechenschaft geben, sind wir bei uns selbst. Ist dies die Grenze des Interesses und Verstehens?

Der ungelesene Descartes bestimmt uns, ob wir wollen oder nicht. Die Upanischaden können uns ungelesen in der Tat nicht bestimmen. Aber sollten sie es nicht vielleicht? Sollten wir sie nicht eben darum lesen, daß sie uns bestimmen können? Auch fremde Tradition läßt sich verstehen, denn sie kommt vom Menschen, wenn es auch größere Anstrengung kostet. Zwar wird bestritten, daß wir je das Ostasiatische richtig verstehen können und der Ostasiate uns. Aber was damit gemeint ist, ist doch wohl nur, daß der Ostasiate das Unsrige anders versteht als wir und wir das Seinige anders als er. Manche Erfahrungen mit indischen und chinesischen Studenten europäischer Philosophie bestätigen mir dies. Aber anders verstehen ist nicht notwendig falsch verstehen. Vielleicht war auch nur die Anstrengung nicht groß genug.

Warum aber sollen wir sie machen? Nun, einmal, weil wir nichts menschlich Bedeutendes missen sollten. Dann aber auch, weil unser westliches Erbe vielleicht eines Korrektivs nicht durchaus unbedürftig ist. Wir sollten nicht ausschließen, daß es für uns anderswo etwas zu lernen gibt. Zwar meinte Nietzsche, in »Vom Nutzen und Nachteil der Historie für das Leben«, daß zuviel solchen fremden Wissens uns am eigenen irremachen könnte. Aber vielleicht sollen wir uns irremachen lassen. Zu dem irremachenden Nutzen, den die Begegnung mit Außerwestlichem uns bringen kann, könnte z. B. der gehören, daß sie unsere Hochschätzung der Geschichte an sich, den Glauben an ihr unbedingtes Zum-Menschen-Gehören (im Sinne der Unvermeidlichkeit wie der Unentbehrlichkeit) ins richtige Licht stellt. Hierüber einige Worte zum Schluß.

Unsere Überzeugung von der wesenhaften Geschichtlichkeit »des« Menschen ist selber ein geschichtliches Produkt. Das macht sie nicht selbstbeweisend, sondern selbsteinschränkend. In dem Augenblick, da wir dabei sind, alles noch auf Erden übrige Geschichtslose zu zerstören, indem wir seine Träger in die Geschichte zwingen, tun wir gut daran, uns zu erinnern, daß Geschichte nicht das letzte Wort der Menschheit ist. »Nur wer sich wandelt, bleibt mit mir verwandt«: Das ist ein faustisches Bekenntnis, keine ontologische Aussage. Es ist ein Vorurteil, nur bei uns geläufig, daß

Stillstand Rückgang, Beharren Verfall bedeuten muß. Wahr ist dies nur, wo der Fortschritt herrscht, also wahr für uns. Aber nirgends steht geschrieben, daß er herrschen muß. Sollten wir – was keineswegs ausgeschlossen ist – einer neuen Geschichtslosigkeit zusteuern (oder, was dasselbe ist, einer Verlangsamung aller Veränderungen zur Unmerklichkeit), wo die Zuckungen der Geschichte, die uns dahin brachten, nur noch als mythische Erinnerung im Bewußtsein fortleben, wir wären immer noch Menschen. Die an der Geschichte sich laben, mögen es im voraus bedauern, die an ihr leiden, mögen es begrüßen, beide mögen es, wie ich annehme, für eine Chimäre halten. Wie immer – nichts rechtfertigt den Aberglauben, daß der Mensch, um Mensch zu sein, Geschichte haben muß. Fest steht nur, daß er sie gehabt haben muß, sollte er je dazu kommen, ihrer entraten zu können.

Vielleicht ist unsere unersättliche Geschichtsneugierde nur ein höchstes Spiel. Vielleicht ist es nicht wahr, daß wir, um uns selbst zu verstehen, unsere ganze Vorgeschichte wissen müssen, und dazu noch die Geschichte aller sonstigen Menschheit. Oder wenn *das* wahr ist, dann ist vielleicht nicht wahr, daß wir uns in diesem Sinne selbst verstehen müssen, um wahre Menschen zu sein. Vielleicht ist hierzu das Wissen des Zeitlosen wichtiger als das Verstehen des Zeitlichen; und uns selbst im Lichte des einen zu sehen, wesenhafter, als uns von dem anderen her zu deuten. Wer weiß? Doch wir, die uns der Geschichte so verschrieben haben und die sie demnach verdientermaßen so beim Schopfe hat wie niemals Menschen zuvor – wir haben keine Wahl. Wir müssen, solange wir in dieser Bewegung des Geschehens sind, um nicht blind darin zu treiben, Geschichte zu verstehen suchen, unsere eigene und die alles Menschlichen auf Erden. Sonst haben wir kein Recht zu unserer eigenen, ein Recht, das ohnehin problematisch genug ist.

4.
Last und Segen der Sterblichkeit

Seit unvordenklicher Zeit haben Sterbliche ihre Sterblichkeit beklagt, ihr zu entrinnen gesucht, an der Hoffnung auf ewiges Leben gehangen. Mit »Sterbliche« sind natürlich Menschen gemeint. Der Mensch allein unter allen Geschöpfen weiß, daß er sterben muß, er allein betrauert seine Toten, bestattet seine Toten, gedenkt seiner Toten. So sehr wurde Sterblichkeit als Kennzeichen der *conditio humana* angesehen, daß das Attribut »sterblich« beinah für den Menschen monopolisiert wurde: Im homerischen wie späteren griechischen Sprachgebrauch z. B. ist »die Sterblichen« fast synonym mit »die Menschen« gebraucht, im Kontrast zu der beneideten, alterslosen Unsterblichkeit der Götter. »Memento mori« hallt durch die Zeiten als ständige philosophische wie religiöse Mahnung im Dienste eines wahrhaft menschlichen Lebens. »Lehre uns zählen unsere Tage, auf daß wir ein weises Herz gewinnen«, schreibt der Psalmist im 90. Psalm.

Über dieser unheilbar anthropozentrischen Gebanntheit des Blicks wurden nicht viele Gedanken auf die offenkundige Tatsache verwendet, daß wir das Los der Sterblichkeit mit unseren Mitgeschöpfen teilen, daß alles Leben sterblich ist, daß in der Tat Tod und Leben gebietsgleich sind. Ein wenig Nachdenken belehrt uns, daß dies so sein muß, daß man das eine nicht ohne das andere haben kann. Dies soll unser erstes Thema sein: Sterblichkeit als Wesensmerkmal des Lebens an sich; erst danach wenden wir uns den spezifisch menschlichen Aspekten hiervon zu.

Zwei Bedeutungen fließen im Attribut »sterblich« zusammen: Zum einen, daß die so bezeichnete Kreatur sterben *kann* und der permanenten Möglichkeit des Todes ausgesetzt ist; zum zweiten, daß sie irgendwann sterben *muß*, der letztendlichen Notwendigkeit des Todes nicht entrinnen kann. Mit der permanenten Möglichkeit des Todes verknüpfe ich nun die Last der Sterblichkeit, mit seiner letztendlichen Notwendigkeit ihren Segen. Die zweite dieser Verbindungen mag befremden. Erörtern wir beide.

Ich beginne mit der Sterblichkeit als stets präsenter *Möglichkeit* des Todes für alles Lebendige, einhergehend mit dem Lebensprozeß selber. Diese »Möglichkeit« besagt mehr als die Binsenwahrheit der Zerstörbarkeit, die für jede zusammengesetzte materielle Struktur gilt, ob sie nun tot oder lebendig ist. Mit genügender Gewalt läßt sich auch der Diamant zertrümmern, und alles, was da lebt, kann durch zahllose äußere Ursachen getötet werden, worunter andere Lebewesen an prominenter Stelle stehen.

Der innerste Zusammenhang jedoch zwischen Leben und möglichem Tod reicht in größere Tiefe: Er beruht auf der organischen Konstitution als solcher, auf der ihr eigentümlichen Weise »zu sein«. Diese Weise des Seins müssen wir zergliedern, um die Wurzeln des Todes im Leben selbst bloßzulegen. Zu diesem Zweck bitte ich Sie, mich auf einer Wegstrecke ontologischer Prüfung zu begleiten. »Ontologisch« nennen wir die Frage nach der für diese oder jene Klasse von Dingen charakteristischen Weise »zu sein« – in unserem Fall für die Klasse »Organismus«, da dies, soweit wir wissen, die einzige physische Form ist, in welcher Leben existiert. Was ist die Art des Seins eines Organismus?

Unsere erste Beobachtung ist die, daß Organismen Dinge sind, deren Sein ihr eigenes Werk ist. Das will sagen, daß sie nur existieren kraft dessen, was sie tun. Und dies in dem radikalen Sinne, daß das Sein, das sie sich durch dieses ihr Tun erwerben, nicht ein Besitz ist, den sie nun »haben«, abgetrennt von der Tätigkeit, durch die er erzeugt wurde, sondern jenes Sein ist nichts anderes als die Fortsetzung eben dieser Tätigkeit selbst, möglich gemacht durch das, was sie gerade vollbracht hat. Daher bedeutet die Aussage, daß das Sein der Organismen ihr eigenes Werk ist, soviel wie: daß dieses Tun ihres Tuns ihr Sein selber *ist*. Sein besteht für sie im Tun dessen, was sie zu tun haben, damit sie fortfahren zu sein. Daraus folgt direkt, daß ein Aufhören des Tuns auch ein Aufhören des Seins bedeutet; und weil das geforderte Tun in seiner Möglichkeit nicht von ihnen allein abhängt, sondern auch vom Entgegenkommen einer Umwelt, das gewährt oder versagt werden kann, so begleitet die Gefahr des »Aufhörens« die Organismen von Anfang an. Hier ist die fundamentale Verknüpfung von Leben und Tod, der Grund der Sterblichkeit in der Urverfassung des Lebens.

Was wir bisher in den abstrakten Begriffen des Seins und Tuns, also in der Sprache der Ontologie ausgedrückt haben, soll nun bei seinem geläufigen wissenschaftlichen Namen genannt werden: *Metabolismus*. Der ist konkret das Tun, das wir im Auge hatten, als wir eingangs von Wesen sprachen, deren Sein ihr eigenes Werk ist. Metabolismus kann sehr wohl als definierende Eigenschaft des Lebendigen dienen: Alles Lebendige hat ihn, kein Nicht-Lebendiges hat ihn. Was er bezeichnet, ist dies: zu existieren mittels Austausch von Stoff mit der Umwelt, seiner vorübergehenden Einverleibung, Nutzung und Wiederausscheidung. Das deutsche Wort »Stoffwechsel« drückt dies sprechend aus.[1] Machen wir uns klar, wie ungewöhnlich, ja einzigartig dieser Zug im weiten All der Materie ist.

Wie macht es ein gewöhnliches physikalisches Ding – ein Proton, ein Molekül, ein Stein, ein Planet – zu dauern? Nun, einfach dadurch, daß es da ist. Sein Jetztdasein ist der

---

1 Daß der Stoffwechsel zum Zweck der Energiegewinnung stattfindet und daß deren Primärform, die pflanzliche Photosynthese, dem gesamten Lebensgebäude auf Erden zugrunde liegt, braucht hier nicht weiter ausgeführt zu werden. Es sei aber gesagt, daß die folgenden Beschreibungen hauptsächlich auf das Modell des tierischen Stoffwechsels zugeschnitten sind. Nicht alles davon paßt unverändert auf die Pflanze. Die Einseitigkeit sei damit entschuldigt, daß das Phänomen der Sterblichkeit am besten am tierischen Beispiel zu verdeutlichen ist, das auch uns Menschen umschließt.

zureichende Grund dafür, auch später da zu sein, wenn auch vielleicht an einem anderen Ort. Das gilt wegen des Materieerhaltungsgesetzes, eines der grundlegenden Naturgesetze, seitdem – bald nach dem Urknall – das explodierende Chaos sich in diskreten, äußerst dauerhaften Einheiten kondensierte.) In dem Universum, das seitdem evolvierte, ist das einzelne, sture Teilchen, etwa ein Proton, einfach und endgültig, was es ist, identisch mit sich selbst im Ablauf der Zeit und ohne diese Identität durch irgendein Handeln seinerseits aufrechterhalten zu müssen. Seine Erhaltung ist bloßes Verharren, kein Neu-sich-Behaupten im Sein von Augenblick zu Augenblick. Es existiert ein für allemal. Von einem zusammengesetzten, makroskopischen Gegenstand – einem bestimmten Quarz in unserer Steinsammlung – zu sagen, er sei derselbe wie gestern, heißt demnach nichts anderes, als daß er aus denselben Teilen und Teilchen besteht wie zuvor.

Gemäß diesem Kriterium nun würde ein lebender Organismus keine Identität im Flusse der Zeit besitzen. Wiederholte Besichtigungen würden erbringen, daß er weniger und weniger aus den anfänglichen Bestandteilen und mehr und mehr aus neuen derselben Art besteht, die an ihre Stelle treten, bis schließlich zwei verglichene Zustände vielleicht kein einziges Partikel mehr gemein haben. Gleichwohl würde kein Biologe dies dahin deuten, daß er es nicht mehr mit demselben organischen Individuum zu tun habe. Im Gegenteil, jeder andere Befund der genannten Besichtigungen müßte ihm unverträglich erscheinen mit der Selbigkeit eines Lebewesens qua Lebewesen: Wenn es nach einer hinreichend langen Zeitspanne noch dasselbe Inventar von Teilchen aufwiese, würde er daraus schließen, daß der betreffende Körper kurz nach der ersten Inspektion zu leben aufgehört hat und in dieser entscheidenden Hinsicht nun nicht mehr »derselbe« ist, das heißt, nicht mehr ein »Geschöpf«, sondern ein Leichnam. So sehen wir uns denn konfrontiert mit der ontologischen Tatsache einer ganz anders gearteten

Identität als der trägen, physikalischen Identität, obgleich sie auf Vorgängen mit und zwischen Stücken von der Art dieser einfachen Identität beruht. Dieser äußerst erstaunlichen Tatsache müssen wir nachgehen.

Sie hat etwas von einem Paradox an sich. Einerseits ist der lebendige Körper eine Zusammensetzung von Materie, und in jedem Moment fällt seine Realität vollständig mit seinem augenblicklichen »Stoff« zusammen – d. h. mit einer bestimmten Mannigfaltigkeit individueller Bestandteile. Andererseits ist er nicht mit der Stoff-Totalität dieses oder irgendeines Augenblicks identisch, da diese jedesmal im Strom des Wechsels schon flußabwärts im Verschwinden ist; in dieser Hinsicht ist der Körper verschieden von seinem Stoff und nicht die Summe davon. Also haben wir im Organismus den Fall eines substantiell Seienden, das eine Art von *Freiheit* genießt gegenüber seiner eigenen Substanz, eine Unabhängigkeit von demselben Stoffe, aus dem es nichtsdestoweniger gänzlich besteht. Aber obwohl unabhängig von der Selbigkeit dieses Stoffes, ist es abhängig von seinem »Wechsel«, vom andauernden und ausreichenden Fortgang desselben, und in dieser Hinsicht besteht keine Freiheit. So ist die Ausübung der Freiheit, deren sich das Lebewesen erfreut, eher eine strenge *Notwendigkeit*. Diese Notwendigkeit nennen wir »Bedürfnis«, das seinen Platz nur dort hat, wo Existenz ungesichert und ihre eigene ständige Aufgabe ist.

Mit dem Begriff »Bedürfnis« sind wir auf eine Eigenschaft des Organischen gestoßen, die einzig dem Leben zukommt und der ganzen übrigen Wirklichkeit unbekannt ist. Das Atom genügt sich selbst und würde fortdauern, auch wenn die ganze Welt drumherum vernichtet wäre. Im Gegensatz dazu gehört Nicht-Autarkie zum Wesen des Organismus. Seine Macht, die Welt zu benutzen, dieses einzigartige Vorrecht des Lebens, hat ihre genaue Kehrseite in dem Zwang, sie benutzen zu müssen, bei Strafe des Seinsverlustes. Die hier waltende Abhängigkeit ist der Preis, den die Ursubstanz auf sich nahm, als sie sich aus der bloß trägen Beharrung auf die Laufbahn organischer – d. h. selbst-konstituierender – Identität wagte. So geht Bedürfnis von Anbeginn damit einher und kennzeichnet die auf solche Weise gewonnene Existenz als ein Schweben zwischen Sein und Nichtsein. Das »nicht« liegt stets auf der Lauer und muß immer von neuem abgewehrt werden. Mit anderen Worten: Leben trägt den Tod, seine Negation, in sich selbst.

Wenn es aber wahr ist, daß mit stoffwechselnder Existenz das Nichtsein in der Welt auftrat als eine in der Existenz selbst enthaltene Alternative, dann ist es ebenso wahr, daß damit Sein zum ersten Mal einen emphatischen Sinn gewann: In seiner Binnenlogik qualifiziert durch die Drohung seiner Negation muß sich dieses Sein bejahen, und bejahte Existenz heißt Existenz als Interesse. Sein ist zu einer Aufgabe geworden statt eines gegebenen Zustandes, zu einer Möglichkeit, die immer aufs neue zu verwirklichen ist, im Widerstreit mit seinem immer präsenten Gegenteil, dem Nichtsein, das es am Ende doch unentrinnbar verschlingen wird.

Mit dem Fingerzeig auf Unentrinnbarkeit sind wir unserem Gedankengang vorausgeeilt. Soweit bisher entwickelt, erlaubt er uns, die innere Dialektik des Lebens etwa wie folgt zusammenzufassen. Die Rede ist von der lebendigen *Form:* Sich selbst überantwortet und ganz auf die eigene Leistung gestellt, für ihre Vollbringung aber auf Bedingungen angewiesen, deren sie nicht mächtig ist und die sich versagen können; abhängig daher von Gunst und Ungunst äußerer Realität; ausgesetzt der Welt, von der sie sich abgesetzt hat und mittels derer sie sich doch behaupten muß; aus der Identität mit dem Stoffe herausgetreten, doch seiner bedürftig; frei, aber abhängig; vereinzelt, aber in notwendigem Kontakt; Kontakt suchend, aber durch ihn zerstörbar; nicht weniger bedroht andererseits durch seine Entbehrung: gefährdet also nach beiden Seiten, von Übermacht und Sprödigkeit der Welt, und auf dem schmalen Grate dazwischen stehend; in ihrem Prozeß, der nicht aussetzen darf, störbar; in ihrer Zeitlichkeit jeden Augenblick endbar — so führt die lebendige Form ihr vermessenes Sondersein in der Materie — paradox, labil, unsicher, endlich und tief verschwistert dem Tode. Die Todesangst, mit der das Abenteuer dieser Existenz beladen ist, stellt das ursprüngliche Wagnis der Freiheit, das die Substanz im Organischwerden unternahm, in grelles Licht.

Aber lohnt sich der große Aufwand, dürfen wir an diesem Punkt wohl fragen. Wozu die ganze Mühe? Warum überhaupt erst das sichere Ufer selbstgenügsamer Permanenz verlassen für die aufgestörten Wasser der Sterblichkeit? Warum das angstvolle Glücksspiel der Selbsterhaltung wagen? Mit dem nachträglichen Wissen von Jahrmilliarden hinter uns und dem gegenwärtigen Zeugnis unserer Innerlichkeit, welche doch gewiß zum Beweismaterial gehört, sind wir nicht ohne Anhaltspunkte für eine spekulative Vermutung. Wagen wir sie!

Der fundamentale Ansatzpunkt ist, daß das Leben »Ja!« zu sich selber sagt. Indem es an sich hängt, erklärt es, daß es sich werthält. Aber man hängt nur an dem, was auch genommen werden kann. Dem Organismus, der das Sein nicht anders als nur zum Lehen hat, kann es genommen werden und wird es auch, wenn er es sich nicht jeden Augenblick neu zu eigen macht. Der fortgesetzte Stoffwechsel ist solch eine Neuaneignung, die immer wieder den Wert des Seins behauptet gegen seinen Rückfall ins Nichts. In der Tat, »Ja« sagen scheint die Mitanwesenheit der Alternative zu erfordern, zu der »Nein« gesagt wird. Das Leben hat sie im Stachel des Todes, der ständig auf es wartet, den es stets von neuem abwehren muß, und gerade die Herausforderung des »Nein« erweckt und verstärkt das »Ja«. Dürfen wir dann vielleicht sagen, daß Sterblichkeit das enge Tor ist, durch welches allein *Wert* — der Adressat eines »Ja« — in das ansonsten indifferente Universum eintrat? Daß derselbe Spalt in der massiven Gleichgültigkeit der Materie, der

»Wert« einen Einlaß gab, auch die Furcht seines Verlustes einlassen mußte? Wir werden bald etwas zu sagen haben über die Art des Wertes, der zu diesem Preis erkauft wurde. Davor aber erlauben Sie mir noch einen weiteren Schritt in diese Spekulation jenseits der Beweisbarkeit. Ist die Vermutung zu kühn, daß in der, kosmisch gesehen, äußerst seltenen Gelegenheit zu organischer Existenz, als sie endlich auf diesem Planeten durch glückliche Umstände angeboten wurde, das geheime Wesen des Seins, eingesperrt in die Materie, die lange ersehnte Chance ergriff, sich selbst zu bejahen und in ihrer Verfolgung sich mehr und mehr der Bejahung wert zu machen? Die Tatsache und der Verlauf der Evolution deuten in diese Richtung. Dann wären Organismen die Art und Weise, in der das universale Sein »Ja!« zu sich selber sagt. Wir haben gesehen, daß es dies nur tun kann, indem es gleichzeitig das Risiko des Nichtseins eingeht, mit dessen Möglichkeit es von nun an gepaart ist. Nur in der Konfrontation mit dem immer möglichen Nicht-Sein konnte das Sein dazu kommen, sich selbst zu fühlen, sich zu bejahen, sich zum eigenen Zweck zu machen. Durch negiertes Nicht-Sein verwandelt sich Sein in eine ständige Wahl seiner selbst. So ist es nur ein scheinbares Paradox, daß es der Tod sein soll und seine Hinhaltung durch Akte der Selbsterhaltung, was der Selbstbejahung des Seins das Siegel aufdrückt.

Wenn dies die Last ist, die dem Leben von Anfang an auferlegt wurde, worin besteht dann ihr Lohn? Was *ist* der Wert, für den mit der Münze der Sterblichkeit gezahlt wird? *Was* gab es zu bejahen in dem, was dabei herauskam? Wir haben darauf angespielt, als wir sagten, daß im Organismus das Sein dazu kam, sich selbst zu »fühlen«. Fühlen ist die primäre Bedingung dafür, daß etwas »der Mühe wert« sein kann. Das kann ein Etwas nur als Datum für ein Fühlen und als Fühlen eben dieses Datum. Die bloße Anwesenheit eines Fühlens, was immer sein Was oder Wie sei, ist seiner totalen Abwesenheit unendlich überlegen. Daher ist die Fähigkeit zu fühlen, wie sie in Organismen anhub, der Ur-Wert aller

Werte. Mit seinem Auftreten in der organischen Evolution erlangte die Wirklichkeit eine Dimension, derer sie in der Form purer Materie entbehrte und die auch danach auf ihren engen Standplatz in biologischen Gebilden beschränkt bleibt: die Dimension subjektiver Innerlichkeit. Vielleicht angestrebt seit der Schöpfung, fand sie ihre schließliche Wiege in der Ankunft des stoffwechselnden Lebens. Wo genau in dessen Fortschreiten zu höheren Formen diese geheimnisvolle Dimension sich tatsächlich auftat, das können wir nicht wissen. Ich selber neige dazu, ihren infinitesimalen Anfang in den frühesten sich selbst erhaltenden und fortpflanzenden Zellen zu vermuten – eine keimende Innerlichkeit, der leiseste Schimmer diffuser Subjektivität, lange bevor sie sich in Gehirnen als ihren spezialisierten Organen konzentrierte. Das sei wie es mag. Irgendwo im Aufstieg der Evolution, spätestens mit dem Zwillingsauftreten von Wahrnehmung und Beweglichkeit bei Tieren, brach diese unsichtbare innere Dimension hervor und erblühte zu immer bewußterem subjektivem Leben: Innerlichkeit, die nach außen tritt im Verhalten und sich mitteilt in gegenseitiger Verständigung.

Der Gewinn ist zweischneidig wie jeder Charakterzug des Lebens. Fühlen legt das Subjekt bloß für Schmerz so sehr wie für Genuß, sein Schärfegrad ist der gleiche nach beiden Seiten; Lust hat ihr Gegenstück in Qual, Verlangen in Furcht; Zweck wird erreicht oder vereitelt, und die Fähigkeit, sich am einen zu erfreuen, ist dieselbe wie die, am anderen zu leiden. Kurz: Die Gabe der Subjektivität verschärft nur die Ja-Nein-Polarität alles Lebendigen, und jede Seite nährt sich an der Stärke der anderen. Ist dann diese Gabe, wenn man ein Fazit zu ziehen versucht, immer noch ein Gewinn, der die bittere Bürde der Sterblichkeit rechtfertigt, an die das Geschenk geknüpft ist – und die zu tragen es sogar noch erschwert? Das ist eine Frage von der Art, die nicht ohne ein Element persönlicher Entscheidung beantwortet werden kann. Als Teil meines Plädoyers für ein »Ja!« erlauben Sie mir zwei Bemerkungen:

Die erste bezieht sich auf das Verhältnis von Mitteln und Zwecken in der Ausstattung eines Organismus für sein Leben. Biologen pflegen uns zu sagen (und zwar mit ausgezeichneten Gründen), daß dieses oder jenes Organ oder Verhaltensmuster »selektiert« wurde aus den Zufallsmutationen heraus wegen des *Überlebens*-Vorteils, mit dem es seine Besitzer versah. Dementsprechend muß die Evolution des Bewußtseins dessen Nützlichkeit im Kampf ums Dasein verraten. Überleben als solches wäre der Zweck, Bewußtsein ein zusätzliches und der Zunahme fähiges Mittel hierfür. Aber das würde bedeuten, daß Bewußtsein eine kausale Macht über Verhalten besäße, und eine solche Macht kann – gemäß dem Kanon der Naturwissenschaften – nur den physikalischen Vorgängen im Gehirn zugesprochen werden, nicht den subjektiven Phänomenen, welche diese begleiten; und diese physikalischen Vorgänge ihrerseits müßten vollständig als Konsequenz vorheriger physikalischer Vorgänge oder Zustände erklärbar sein. Ursachen müssen, durch die ganze Reihe hindurch, so objektiv sein wie die Wirkungen – das dekretiert ein materialistisches Axiom. Nach Kausalkriterien würde demnach ein nicht-bewußter Robotmechanismus mit gehirngleichem Verhaltensausstoß es ebensogut getan haben und hätte für die natürliche Auslese genügt. Will sagen: Die Evolutionsmechanik, so wie sie von ihren Befürwortern vertreten wird, erklärt vielleicht die Evolution des Gehirns, nicht aber die des Bewußtseins. Der Natur wird damit die Dreingabe einer Überflüssigkeit nachgesagt, die Gratiszugabe des Bewußtseins, das jetzt (per Naturwissenschaft) sich selbst als nutzlos entlarvt und darüber hinaus noch als täuschend in seiner kausalen Prätention.

Es gibt hier nur einen Ausweg aus der Absurdität, und der besteht darin, dem Selbstzeugnis unserer subjektiven Innerlichkeit zu trauen, nämlich daß diese (in gewissem Ausmaß) kausal wirksam ist für unser Verhalten, daher tatsächlich in Frage kam für die natürliche Auslese als weiteres (immer wirksamer sich bewährendes) *Mittel* des Überlebens. Aber mit demselben Akt des Vertrauens haben wir auch dem immanenten Anspruch des Bewußtseins beigepflichtet, daß es über alle instrumentelle Tauglichkeit hinaus um seiner selbst willen und als Zweck an sich selbst existiert. Es gibt hier eine Lektion über das allgemeine Verhältnis von Mitteln und Zwecken bei Organismen zu lernen.

Das Überleben zu sichern, ist in der Tat ein Zweck der organischen Ausstattung eines Lebewesens; aber wenn wir fragen »*wessen* Überleben?«, dann muß oft die Ausstattung selber unter die Güter an sich gezählt werden, die zu erhalten sie behilflich ist. Fähigkeiten aus dem Bereich des Seelischen sprechen hier die deutlichste Sprache.

Solche »Mittel« zum Überleben wie Sinneswahrnehmung und Gefühle, Verstand und Wille, Befehlsgewalt über die Glieder und Wahl zwischen Zielen, dürfen nie nur als Mittel zum Zweck, sondern müssen immer auch als Qualitäten des zu erhaltenden Lebens beurteilt werden und darum als Aspekte des Zweckes selbst. Es liegt in der subtilen Logik des Lebens, daß es Mittel benutzt, die den Zweck modifizieren und selber Teil von ihm werden. Das fühlende Lebewesen ist darauf aus, sich als fühlendes, nicht bloß als stoffwechselndes Geschöpf zu erhalten, das heißt, es strebt die Aktivität des Fühlens als solche fortzusetzen; das wahrnehmende Lebewesen ist darauf aus, sich als wahrnehmendes Geschöpf zu erhalten ... und so weiter. Selbst der Krankeste unter uns, wenn er überhaupt noch leben will, will dies denkend und fühlend, nicht bloß verdauend. Ohne diese subjektiven Vermögen, die in der Tierwelt auftauchen, gäbe es viel weniger zu erhalten, und dieses »weniger« des zu Erhaltenden ist zugleich das »weniger« dessen, wodurch es erhalten wird. Die selbstwertige Erfahrung der betätigten Mittel macht die Erhaltung, der sie dienen, mehr der Mühe wert. Was immer die wechselnden Inhalte, was immer die erprobte Nützlichkeit: Bewußtheit als solche proklamiert ihren eigenen höchsten Wert.

Aber: Müssen wir zustimmen? Diese Frage führt zu meiner zweiten Bemerkung. Was wäre, wenn die Summe der Leiden im Reich des Lebens die Summe der Freuden immer überstiege? Wenn, insbesondere in der Menschenwelt, die Summe des Elends soviel größer wäre als die des Glücks, wie die Kunde der Jahrtausende nahezulegen scheint? Ich bin geneigt, in diesem Punkte dem Urteil der Pessimisten beizupflichten. Es ist nur allzu wahrscheinlich, daß die Bilanz, wenn wir sie wirklich ziehen könnten, traurig aussehen würde. Aber wäre das ein gültiger Grund, den Wert von Bewußtheit zu verneinen und zu sagen, es wäre besser, wenn sie nie in die Welt gekommen wäre? Hier sollte man auf die Stimme ihrer Opfer hören, die Stimme jener, die am wenigsten bestochen sind durch genossene Freuden. Das Votum der Glücklichen kann man beiseite lassen, aber das der Leidenden, Unglücklichen zählt doppelt an Gewicht und Gültigkeit. Und da finden wir, daß fast kein Ausmaß des Elends das »Ja!« zu empfindender Selbstheit verstummen läßt. Selbst das größte Leiden klammert sich noch daran, selten wird der Weg des Selbstmords eingeschlagen, nie wird ein »Überleben« ohne Empfinden gewünscht. Gerade die Leidensgeschichte der Menschheit lehrt uns, daß die Parteinahme der Innerlichkeit für sich selbst unbesieglich der Aufrechnung von Schmerzen und Freuden widersteht und unsere Urteilsversuche nach diesem Maßstab von sich weist.

Wichtiger noch: Etwas in uns protestiert dagegen, ein metaphysisches Urteil auf hedonistische Gründe zu bauen. Die Anwesenheit überhaupt von irgendeinem Sich-Lohnen im Universum – und wir haben gesehen, daß diese an die Existenz von Fühlen geknüpft ist – wiegt unermeßlich jeden Zoll an Leiden auf, den sie dafür erhebt. Da es letzten Endes die Sterblichkeit ist, die diesen Zoll erhebt, aber sie zugleich die Bedingung dafür ist, daß solche existieren, die ihn bezahlen können, und Existenz dieser Art der einzige Sitz von Sinn in der Welt ist, so ist die Last der Sterblichkeit, die auf uns allen liegt, schwer und sinnvoll zugleich.

Bis zu diesem Punkt haben wir Sterblichkeit als die *Mög-*

lichkeit des allezeit in allem Leben lauernden Todes begriffen, der in den Akten der Selbsterhaltung ständig Paroli zu bieten ist. Die letztendliche *Gewißheit* des Todes, die angeborene Zeitgrenze individueller Lebensspannen, ist eine andere Sache, und das ist der Sinn von »Sterblichkeit«, an den wir meistens denken, wenn wir von unserer eigenen sprechen. Wir sprechen dann vom Tod als dem Endpunkt auf der langen Straße des *Alterns*. Dieses Wort ist in unseren Überlegungen bisher nicht vorgekommen; und in der Tat, so vertraut und scheinbar selbstverständlich uns das Phänomen ist, ist Altern – interner organischer Verschleiß durch den Lebensprozeß selber – nicht ein universales Charakteristikum des Lebens, nicht einmal bei ziemlich komplexen Organismen. Man glaubt kaum, wie viele und verschiedene Arten nicht altern, etwa bei Knochenfischen, See-Anemonen, zweischaligen Mollusken. »Verschleiß« findet dort nur durch äußere Todesursachen statt, die aber ausreichen, im Widerspiel mit der Geburtenrate die Populationsziffern auszubalancieren, und im Ergebnis sich zu individueller Todesgewißheit in einem artentypischen Zeitrahmen auswirken. Doch Altern in arttypischem Tempo, das mit Sterben endet, ist die Regel in den höheren biologischen Ordnungen (ausnahmslos z. B. bei warmblütigen Tieren), und es muß Anpassungsvorteile besitzen, sonst hätte die Evolution es nicht aufkommen lassen. Worin diese Vorteile bestehen, darüber spekulieren die Biologen. Im Prinzip können sie entweder direkt in der Eigenschaft selber liegen oder in anderen Eigenschaften, mit denen das Altern genetisch verknüpft ist als ihr notwendiger Preis. Wir wollen uns in diese Debatte nicht einmischen, sondern lieber ein Wort zum allgemeinen evolutionären Aspekt von Tod und Sterben in seiner erbarmungslosen Tatsächlichkeit sagen, gleichviel ob diese von äußerer oder innerer Notwendigkeit stammt. Der Begriff »Evolution« selber enthüllt bereits die schöpferische Rolle individueller Endlichkeit, welche verfügt, daß alles, was lebt, auch sterben *muß*. Denn was sonst ist die natürliche Auslese mit ihrer Überlebensprämie, dies Haupttriebwerk der Evolution, als die Benutzung des Todes für die Beförderung von Neuheit, für die Begünstigung von Verschiedenheit und für die Aussiebung höherer Lebensformen mit dem Erblühen der Subjektivität? Wir sahen, daß hierbei eine Mischung am Werke ist aus Tötung durch äußere Ursachen (meist das gnadenlose Fressen und Gefressenwerden von Lebendigem untereinander) und aus dem organisch programmierten Sterben von Elterngenerationen, die ihrem Nachwuchs Platz machen. Mit Ankunft und Aufstieg des Menschen wird die zweite Art von Sterblichkeit, die mitgeborene Gezähltheit unserer Tage, immer wichtiger in Häufigkeit und Bedeutsamkeit, und von hier ab wird sich unsere Betrachtung auf den menschlichen Bereich allein beschränken und erörtern, in welchem Sinne Sterblichkeit ein Segen spezifisch für unsere Art sein mag.

Ein reifes, hohes Alter zu erreichen und am bloßen Verschleiß des Körpers zu sterben, ist, als verbreitetes Phänomen, weitgehend ein gesellschaftliches Kunstprodukt. Im Naturzustand, so Hobbes, ist das menschliche Leben roh, widerlich und kurz. Das staatliche Gemeinwesen ist nach ihm vor allem zum Schutz gegen gewaltsamen – und das heißt vorzeitigen – Tod gegründet worden. Das ist nun gewiß eine zu enge Ansicht von den Motiven zur Zivilisation, diesem umfassenden Kunstwerk menschlicher Intelligenz, aber eine ihrer Wirkungen ist unbezweifelbar die fortschreitende Zähmung äußerer Todesursachen für die Menschen. Sie hat freilich auch die Kräfte ihrer wechselseitigen Vernichtung gewaltig gesteigert. Aber das Reinergebnis ist doch, wenigstens in technisch fortgeschrittenen Gesellschaften, daß immer mehr Menschen die natürliche Lebensgrenze erreichen.

Die wissenschaftliche Medizin hat großen Anteil an diesem Ergebnis, und sie ist dabei zu versuchen, diese Grenze selber zurückzudrängen. Die theoretische Aussicht darauf scheint jedenfalls nicht mehr verschlossen. Das verlockt dazu, die weitere Verfolgung unseres Themas an die Frage zu knüpfen, ob es richtig ist, nicht nur den vorzeitigen, sondern den Tod überhaupt zu bekämpfen, und das heißt: ob beliebige Lebensverlängerung ein legitimes Ziel der Medizin ist. Wir wollen dies auf zwei Ebenen diskutieren: derjenigen des Gemeinwohls der Menschheit und derjenigen des individuellen Eigenwohls.

Das Allgemeinwohl der Menschheit ist engstens verknüpft mit der Zivilisation, und diese mit all ihren Stärken und Schwächen würde weder entstanden sein noch in Bewegung bleiben ohne die immer wiederholte Ablösung von Generationen durch Generationen. An dieser Stelle läßt es sich nun nicht länger hinausschieben, die Betrachtung des Todes zu ergänzen durch diejenige der Geburt, seines wesentlichen Gegenstücks, dem wir noch keine Aufmerksamkeit geschenkt haben. Natürlich war es stillschweigend in die Betrachtung individueller Sterblichkeit als Vorbedingung biologischer Entwicklung eingeschlossen. In der unvergleichlich schnelleren, nicht-biologischen Art der Evolution, die sich innerhalb der biologischen Identität der menschlichen Art abspielt durch die Generationen übergreifende Weitergabe und Ansammlung erlernten Wissens und Könnens, gewinnt das Zusammenspiel von Tod und Geburt eine ganz neue und vertiefte Relevanz. »Gebürtigkeit« (»natality«, um eine Begriffsprägung meiner lang verschiedenen Freundin Hannah Arendt zu verwenden) ist ein ebenso wesentliches Attribut der *conditio humana* wie es die Sterblichkeit ist. Sie benennt die Tatsache, daß wir alle geboren wurden, und das bedeutet, daß jeder von uns irgendwann anfing, hier zu sein, als andere schon lange da waren, und das stellt sicher, daß es immer solche geben wird, die die Welt zum ersten Male sehen, Dinge mit neuen Augen anschauen, staunen, wo andere durch Gewohnheit abgestumpft sind, starten, wo andere angekommen sind. Jugend mit all ihrer Tolpatschigkeit und Torheit, ihrem Eifer und ihrem Fragen ist die ewige Hoffnung der Menschheit. Ohne ihre immerwährende Ankunft würde die Quelle von Neuheit versiegen, denn die Alt- und Älterwerdenden haben ihre Antworten gefunden und bewegen sich auf eingefahrener Bahn. Das immer neue Anfangen, das nur um den Preis immer wiederholten Endens zu haben ist, ist der Schutz der Menschheit gegen das Versinken in Langeweile und Routine, ihre Chance, die Spontaneität des Lebens beizubehalten. Ein weiterer Gewinn der »Gebürtigkeit« ist, daß jeder der Neuankömmlinge verschieden und einmalig ist. Es liegt in der Natur geschlechtlicher Fortpflanzung, daß keiner der durch sie Erzeugten genetisch die Wiederholung eines Vorgängers ist oder selber eine Wiederholung erfahren wird. (Das ist einer der Gründe, warum Menschen niemals gentechnisch »kloniert« werden dürfen.)

Nun ist es offenkundig, daß ebenso, wie die Sterblichkeit durch Gebürtigkeit kompensiert wird, die Gebürtigkeit ihren Spielraum durch die Sterblichkeit erhält. Das Sterben der Alten schafft Platz für die Jungen. Diese Regel wird um so strenger, je mehr unsere Anzahl die Grenzen der natürlichen Umwelttoleranz bereits erreicht oder gar überschritten hat. Das Gespenst der Überbevölkerung wirft sowieso seinen Schatten über den Zutritt neuen Lebens; und der Anteil von Jugend muß schrumpfen in einer Bevölkerung, die gezwungen ist, statisch zu werden, aber zugleich ihren Altersdurchschnitt anhebt durch den erfolgreichen Kampf gegen vorzeitigen Tod. Sollten wir bei dieser Lage wirklich versuchen, das Leben weiter zu verlängern, indem wir an der natürlich gestellten, biologischen Uhr unserer Sterblichkeit herumbasteln, sie überlisten – und so den Raum für Jugend in unserer alternden Gesellschaft noch mehr verengen? Ich glaube, das Gemeinwohl der Menschheit gebietet uns die Antwort »Nein!«. Die Frage war ziemlich akademisch, da keine ernsthafte Chance in Sicht ist, die bestehende Barriere zu durchbrechen. Aber der Traum davon hat immerhin sein Haupt in unserer technologischen Trunkenheit erhoben. Der wirkliche Gegenstand in meiner Überlegung war der

Zusammenhang von Sterblichkeit und Kreativität in der menschlichen Geschichte. Wer immer also sich an der kulturellen Ernte aller Zeitalter in irgendeiner ihrer vielen Facetten erfreut und nicht ohne sie sein möchte, und ganz gewiß der Lobpreiser und Fürsprecher des Fortschritts, sollte in der Sterblichkeit einen Segen sehen und nicht einen Fluch.

Nun sind aber das Wohl der Menschheit und das des einzelnen nicht notwendig identisch, und manch einer möchte wohl sagen: Zugegeben, daß Sterblichkeit gut für die Menschheit als ganze ist, und auch zugegeben, daß ich dankbar ihren Ertrag annehme, für den andere bezahlt haben – was mich selber anlangt, so wünsche ich gleichwohl brennend, daß ich von dieser Regel ausgenommen sein möge und unbegrenzt fortfahre, ihre Früchte zu genießen, vergangene, gegenwärtige und zukünftige. Natürlich (so stellen wir uns ihn hinzufügend vor) müßte das eine Ausnahme bleiben, aber warum nicht ein paar ausgewählte Gleichbegünstigte als Gefährten in der Unsterblichkeit dazuhaben? Für »unbegrenzt« kann man auch »zwei- oder dreimal das normale Maximum« setzen, und dementsprechend »Unsterblichkeit« abändern. Würde dieser Wunsch wenigstens die Probe vorgestellter Erfüllung bestehen? Mir ist ein Versuch bekannt, diese Frage anzugehen: Jonathan Swifts grausliche Beschreibung der »Struldbrugs« in »Gullivers Reisen«, jener »Unsterblichen«, welche »manchmal, wenn auch sehr selten«, im Königreich Luggnagg geboren werden. Als Gulliver zum ersten Mal von ihnen hört, ist er entzückt vom Gedanken an ihr Glück und das einer Gesellschaft, welche solche Quellen der Erfahrung und Weisheit besitzt. Aber er muß hören, daß ihr Los erbärmlich ist, allgemein bedauert und verabscheut; ihr nicht enden wollendes Leben wird ihnen und den Sterblichen um sie herum zu immer wertloserer Last; sogar die Gesellschaft ihrer eigenen Artgenossen wird unerträglich, so daß z. B. Ehen bei einem bestimmten Alter geschieden werden, »weil das Gesetz dafür hält..., daß diejenigen, die ohne eigene Schuld zu dauerndem Verbleib in der Welt verdammt sind, nicht ihr Elend verdoppelt haben sollen durch die Last eines Weibes« – oder eines Mannes, füge ich eilends hinzu. Und so weiter – es lohnt sich, Gullivers lebhafte Beschreibung zu lesen. Für den Zweck unserer Frage hat Swifts Phantasie einen Haken: Seinen Unsterblichen ist das Sterben versagt, nicht aber Altersschwäche und Senilität erspart – und damit ist natürlich der Ausgang seines Gedankenexperiments stark vorentschieden. Unsere Prüfung einer gedachten Erfüllung muß annehmen, daß diese nicht das Geschenk eines unerklärlichen Zufalls ist, sondern der wissenschaftlichen Kontrolle über die natürlichen Todesursachen und daher schon über die Altersprozesse entspringt, die dazu führen, so daß ein derart verlängertes Leben auch die Körperkräfte beibehält: Wäre *dann* die indefinite Verlängerung für die Subjekte selber erstrebenswert? Laßt uns verzichten auf solche Einwände wie den Hinweis auf das Ressentiment der Vielen gegen die Ausnahme für die Wenigen, wie immer sie erlangt sein möge, oder auf das Unedle schon des Wunsches danach, den Bruch der Solidarität mit dem gemeinsamen sterblichen Los. Urteilen wir nach rein egoistischen Gründen. Eine von Gullivers Beschreibungen gibt uns einen wertvollen Fingerzeig. »Sie erinnern sich an nichts als an das, was sie in ihrer Jugend und ihren mittleren Jahren gelernt und beobachtet haben.« Das rührt an einen Punkt, der von seniler Altersschwäche unabhängig ist: Wir sind endliche Wesen, und selbst wenn unsere Vitalfunktionen unbeeinträchtigt weiterliefen, so gibt es doch Kapazitätsgrenzen unseres Gehirns für das, was es speichern und dem noch hinzufügen kann. Es ist die geistige Seite unserer Existenz, die früher oder später Halt gebieten muß, auch wenn die Hexenmeister der Biotechnologie eines Tages die Tricks entdeckt haben sollten, die Leibesmaschine unbegrenzt weiterlaufen zu lassen. Hohes Alter bedeutet beim Menschen eine lange Vergangenheit, die der Geist in seine Gegenwart mit einbegreifen muß als das Substrat seiner persönlichen Identität. Die Vergangenheit in uns wächst allezeit, mit ihrer Last von Wissen und Meinungen und Gefühlen und Entscheidungen und erworbenem Können und angenommenen Gewohnheiten und, natürlich, von Dingen über Dingen, die entweder erinnert oder, selbst wenn vergessen, doch irgendwie verzeichnet sind. Der Platz für all das ist finit, und die genannten Hexenmeister müßten auch periodisch die alten Inhalte von Bewußtsein und Gedächtnis löschen können (wie bei Computern), um für neue Raum zu schaffen. Dies sind etwas ausschweifende Phantasien; wir bedienen uns ihrer nur, um die Bewußtseinsseite bei der Frage nach der Sterblichkeit und dem individuellen Wohl ins Licht zu stellen. Die schlichte Wahrheit unserer Endlichkeit ist die, daß uns endloses Fortexistieren (durch welche Mittel auch immer) nur möglich wäre um den Preis, entweder die Vergangenheit und damit unsere wahre Identität zu verlieren, oder nur in der Vergangenheit und damit ohne wirkliche Gegenwart zu leben. Ernsthaft können wir weder das eine noch das andere wollen und daher auch nicht ein physisches Fortleben um diesen Preis. Es würde uns in einer Welt gestrandet lassen, die wir nicht einmal als Zuschauer mehr verstünden – wandelnde Anachronismen, die sich selbst überlebt haben. Es ist eine sich ändernde Welt infolge der Neuankömmlinge, die fortwährend eintreffen und uns hinter sich lassen. Mit ihnen Schritt halten zu wollen, ist zu unrühmlichem Scheitern verurteilt, um so mehr, als der »Schritt« sich derartig beschleunigt hat. Wenn wir älter werden, erhalten wir unsere Warnungen, unabhängig von unserem physischen Zustand. Um ein einziges Mal mich selbst als Beispiel zu nehmen: Es hält sich bis in mein Alter, nur wenig gedämpft, eine angeborene Sensibilität für visuelle und poetische Kunst durch; nach wie vor bewegen mich die Werke, die ich zu lieben gelernt habe und mit denen ich alt geworden bin. Aber die Kunst unserer Zeit ist mir fremd, ich verstehe ihre Sprache nicht, und in dieser Hinsicht fühle ich mich schon als Fremdling in der Welt. Die Aussicht, endlos immer mehr und in jeder Hinsicht ein solcher zu werden, wäre erschreckend, und die

Gewißheit, die dies ausschließt, ist beruhigend. So brauchen wir also nicht die Horror-Fiktion der jammervollen Struldbrugs, uns den Wunsch nach irdischer Unsterblichkeit zurückweisen zu lassen: Nicht einmal die Jungbrunnen, die uns die Biotechnologie vielleicht eines Tages anzubieten vermag, um die physischen Strafen für sie zu umgehen, können das Ziel rechtfertigen, der Natur mehr abzuzwingen, als sie unserer Spezies ursprünglich für die Länge unserer Tage zugedacht hat. An diesem Punkt also fallen Privatwohl und öffentliches Wohl zusammen. Und damit beschließe ich mein Plädoyer für die »Sterblichkeit als Segen«.

Es sei gesagt, daß diese Seite der Sterblichkeit, die nur im Denken erkannt, doch in keiner Erfahrung gefühlt wird, nichts von der Last hinwegnimmt, die allem Fleisch durch die immergegenwärtige Möglichkeit des Todes auferlegt ist. Betont sei auch, daß das, was wir hier über einen »Segen« für die Einzelperson gesagt haben, nur auf ein vollständiges Leben, satt an Jahren, zutrifft. Diese Voraussetzung ist weit davon entfernt, als Regel erfüllt zu sein, und in allzu vielen Gesellschaften mit niedriger Lebenserwartung ist sie die seltene Ausnahme. Es ist eine Pflicht der Zivilisation, vorzeitigen Tod unter Menschen weltweit und in allen seinen Ursachen zu bekämpfen – Hunger, Krankheit, Krieg und so fort. Was unsere Sterblichkeit als solche angeht, so kann unser Verstand keinen Streit darüber mit der Schöpfung haben, es sei denn, er verneint das Leben selbst. Was jeden von uns betrifft, so könnte das Wissen, daß wir hier nur kurz weilen und daß unserer zu erwartenden Zeit eine unverhandelbare Grenze gesetzt ist, sogar nötig sein als Antrieb dafür, unsere Tage zu zählen und sie so zu leben, daß sie durch sich selber zählen.

ZWEITER TEIL

Zur Seins- und Sittenlehre

5. Von Kopernikus zu Newton: Aus den Anfängen des neuzeitlichen Weltbildes

Im Jahre 1543 erschien ein Buch, von dem sich rückblickend sagen läßt, daß es die wissenschaftliche Revolution der Neuzeit einleitete: des Kopernikus *De revolutionibus orbium coelestium*, »Über die Umdrehungen der Himmelskreise«. Es war, wie sich bald herausstellte, eine epochale Tat. Ihren direkten astronomischen Inhalt setze ich als in der Hauptsache bekannt voraus: die Ersetzung des geozentrischen durch ein heliozentrisches System mittels der Hypothese einer doppelten Bewegung der Erde – der täglichen um die eigene Achse und der jährlichen um die Sonne – und die damit einhergehende elegante mathematische Vereinfachung gegenüber dem umständlichen »ptolemäischen« (geozentrischen) System, das allerdings dem Augenschein näherstand. Betrachten wir bestimmte logische *Folgen* der neuen Theorie, an die ihr Erfinder selbst schwerlich gedacht hat, die aber unausweichlich zu einer neuen physischen Kosmologie führten, weit über jede bloß mathematische Umdeutung astronomischer Daten hinaus. Ich denke an folgende drei innere Konsequenzen der kopernikanischen Wendung; (1) die Gleichartigkeit der Natur im ganzen Weltall; (2) den Fortfall einer festen Architektur des Kosmos, die seine Bewegungsordnung erklären könnte; (3) die wahrscheinliche Unendlichkeit des Alls, durch die es aufhörte, ein »Ganzes« oder ein »Kosmos« im herkömmlichen Sinne zu sein.

1. Die gänzlich neue Vorstellung, daß die Natur allerorten, sei es Himmel oder Erde, die gleiche ist, folgte aus der nichtgeozentrischen Theorie durch die einfache Tatsache, daß die Erde selber ein »Stern« geworden war, nämlich ein Planet, und nach derselben Logik umgekehrt die Planeten »Erden« geworden waren. Anstatt von edlerer, reinerer, erhabenerer Substanz zu sein, waren sie jetzt zusätzliche Bei-

spiele derselben physischen Realität wie die, mit der wir auf dieser groben, stofflichen, schweren Erde vertraut sind. Mit einem Schlage verschwand so der von den Griechen ererbte Wesensunterschied zwischen der irdischen und den Himmelssphären, zwischen sublunarer und stellarer, vergänglicher und unvergänglicher Natur: Und hiermit verlor die Idee *irgendeiner* natürlichen Rangordnung ihre überzeugendste Stütze im sichtbaren Anblick der Dinge. Wenn nicht einmal das Universum in seiner Majestät eine hierarchische Ordnung ist, wenn die Himmel selbst der Erde angeglichen sind, dann wird wohl die Natur überhaupt kein hierarchisches Prinzip sein und nirgendwo Privilegien der Erhabenheit verleihen. Das neu interpretierte Zeugnis des Alls sprach für seine Gleichartigkeit überall.

Die Gleichartigkeit besagt zuerst, daß das Universum überall aus derselben Art von Stoff, aus derselben Substanz besteht: Daraus wird am Ende auch das weitergehende Postulat folgen, daß es überall denselben Gesetzen unterliegt. Die erstere Ansicht allein hatte tiefsitzende Denkgewohnheiten zu überwinden, denen die enorme Autorität aristotelischer Lehre zur Seite stand. Philosophisch lag die Hauptbedeutung von Galileis teleskopischen Beobachtungen himmlischer Objekte darin, daß sie visuellen Beweis für das Argument der Substanzgleichheit erbrachten und den Widerspruch der Aristoteliker damit zum Schweigen bringen konnten. Wenn es Berge und Täler auf dem Mond gibt und Flecken auf der Sonne und Phasen auf der Venus und Monde um den Jupiter – dann kann das Auge sehen, was die Vernunft aus der kopernikanischen Theorie folgern muß: daß die astronomischen Objekte materielle Körper im Raume sind und von keiner »reineren« Substanz als andere körperliche Dinge. Für uns, die wir seit langem daran gewöhnt sind, uns »Himmels«-körper gar nicht anders zu denken und tatsächlich Menschen auf dem Mond haben herumgehen sehen, ist es nicht leicht, die sensationelle Wirkung zu würdigen, die diese erste optische Darbietung physischer Details zu ihrer Zeit hatte; und das nicht nur betreffs der unmittelbaren Frage, nämlich der stofflichen Natur der Sterne, sondern darüber hinaus als Verifikation der kopernikanischen Hypothese überhaupt, woraus der Substanzaspekt nur am Rande folgte. Fügen wir schon hier die funktionelle Ergänzung zum substanziellen Aspekt der Gleichartigkeit hinzu: Wenn das Weltall überall von gleicher Substanz ist (wie die Gleichheit von Erde und Planeten nahelegt), dann ist die Annahme vernünftig, daß es auch überall denselben Gesetzen gehorcht. Das heißt aber, daß dieselbe Physik für die Himmelsbewegungen gilt wie die hier auf Erden beobachtbare. Mit dieser abstrakten Folgerung war so lange wenig anzufangen, als es die irdische Physik selber noch nicht gab. Aber als erst einmal durch die Kombination von Mathematik und terrestrischem Experiment, die das Genie Galileis in die Wege geleitet hatte, die Bewegungsgesetze entdeckt waren, ergab sich ihre Extrapolation zur Himmelswelt – zu *allem* in der Welt – ganz natürlich aus der dem kopernikanischen Universum eigenen Homogenität. Mit dem triumphalen Erfolg dieser Extrapolation in Newtons Werk wurde die vorerst nur »mathematische« Konstruktion des Kopernikus schließlich zu einer physikalischen Kosmologie erhoben. Die identischen Gesetze, die für das ganze Weltall gelten, stellten sich als die der Mechanik heraus.

2. Soviel über den Gleichheitsaspekt, der in der kopernikanischen Lehre verborgen lag. Die zweite der drei Implikationen, die wir explizieren wollen, ist die Auflösung der festen Architektur, die das ordentliche Arbeiten des aristotelisch-ptolemäischen Universums garantiert hatte. Bewegungsgesetze wurden in der Tat ein notwendiges Desiderat für die Erklärung der Planetenbahnen, wenn diese sich bewegenden Himmelsobjekte nicht mehr als Bestandteile von »Sphären«, d. h. um die Erde rotierenden Hohlkugeln gedacht wurden. Der Fortfall solcher Sphären ergab sich aus einer etwas komplizierteren theoretischen Entwicklung als der soeben erörterten. Zuerst müssen wir die Funktion die-

ser ehrwürdigen Konstrukte früherer Kosmologie in Erinnerung rufen.

Der Begriff himmlischer Sphären ist eng verbunden mit dem Axiom, daß alle kosmische Bewegung kreisförmig ist. Diese Idee, zuerst der Vorstellungskraft eingeprägt durch das allnächtliche Schauspiel des um den Himmelspol kreisenden Sterngewölbes, hatte die Würde eines metaphysischen Prinzips erlangt und war verbunden mit Ideen von Vollkommenheit, die man in den geometrischen Eigenschaften des Kreises verkörpert fand. Solche Vorzüglichkeit allein paßte für den vollkommensten Teil der Körperwelt. Daher hatte jede kosmische Bewegung – im Unterschied zu sublunaren Bewegungen – zwei Kriterien zu genügen: kreisförmige Bahn und gleichförmige Geschwindigkeit. Aber nur die tägliche Bewegung des gesamten Himmels, d. h. die kollektive Umdrehung der Fixsterne, erfüllte diese doppelte Forderung direkt und sichtbar. Sie allein auch bot den unmittelbaren Anblick einer großen Hohlkugel, die um eine unsichtbar durch die Pole verlaufende Achse kreist. Die unregelmäßigen Bewegungen der Planeten, mit ihren »Stillständen« und »Rückläufen«, konnten nur indirekt, durch eine geistreiche Kombination von Zykeln und Epizykeln, mit dem allgemeinen Axiom in Einklang gebracht werden. Kompliziert wie das resultierende System war, es gelang damit im allgemeinen, die scheinbaren Verläufe mit ziemlicher Genauigkeit wiederzugeben. Außer diesem kalkulatorischen hatte das System den wichtigen *physischen* Aspekt, daß es »Kraft« lediglich für die Tatsache, nicht aber für die Form der Bewegung brauchte: Letztere folgte einfach aus der Form der beweglichen *Strukturen*, die eben nur diese eine Bewegungsform zuließen. Was immer auf der Felge eines Rades oder der Oberfläche einer axial rotierenden Kugel befestigt ist, kann eben keine andere als eine Kreisbewegung ausführen. Denkt man sich eine entsprechende Anordnung von Kreisen – größeren konzentrisch um die Erde und kleineren zentriert auf deren Peripherien und wieder kleineren auf den ihren (und so weiter), alle wie starre Körper vorgestellt – und dazu einen einzigen steten Impuls, den der Erste Beweger der äußersten Sphäre erteilt und diese an die inneren weitergibt: So läßt sich mit diesem Denkmodell die beobachtete, noch so komplexe Bahn eines jeden Gestirnes geometrisch erzeugen. Da es nicht die bewegende Kraft ist, sondern die Form der bewegten Strukturen, welche die Form jedweder Bewegung bestimmt, so genügt *eine* wirkende Ursache, um ewig die Bewegung als solche zu liefern: Alles übrige folgt aus dem gleich-ewigen Formalismus differenzierender Strukturen, auf welche die bewegende Ursache wirkt. Nicht eine Dynamik sich kreuzender Kräfte also, lediglich eine Geometrie begrenzender Formen war von der Theorie verlangt. Mit andern Worten, die »Physik« der Himmel ist keine Kinetik, sondern eine Architektonik mit einer ihr allein gebührenden und vorbehaltenen Grundform – dem Kreise.

Diese feste Architektur des Kosmos löste sich auf in der Folge der kopernikanischen Umgestaltung der astralen Mathematik. Kopernikus selbst, noch treu dem Axiom der Kreisförmigkeit, konnte für die Erklärung der astronomischen Fakten noch nicht ganz ohne ein (wenn auch viel sparsameres) System von Zykeln und Epizykeln auskommen. Aber die kompakten, erdartigen, nicht mehr ätherischen Körper, in die sich die Planeten verwandelt hatten, eigneten sich schlecht für eine weitere Verbindung mit durchsichtigen Sphären, die sie herumzutragen hatten. Und die Fixsterne, deren Gesamtbewegung eine bloß scheinbare geworden war, bedurften überhaupt keines Vehikels mehr: Mindestens die äußerste, größte Sphäre, das ursprüngliche Muster aller postulierten Sphären, hatte ihre Raison d'être verloren – welche die aller Sphären war, nämlich als Vehikel für stellare Bewegung zu dienen. Die immobilisierte Große Sphäre war somit die erste, die theoretisch überflüssig wurde – obwohl im geschichtlichen Verlauf das Urteil über sie zuletzt gesprochen wurde. Mit ihr ging die ehrwürdige, poetisch verklärte Idee des Himmelsgewölbes dahin – eines der vielen Opfer, welche die kopernikanische Lehre dem Zeugnis der Sinne abverlangte.

Den Todesstoß empfing der Sphärenbegriff als solcher durch *Keplers* Entdeckung der elliptischen Umlaufbahnen. Es war ein dreifacher Todesstoß: für das Axiom der Kreisförmigkeit, für das Axiom der Gleichförmigkeit und für die Konzeption eines strukturierten Weltraums überhaupt. Das Ende der Kreisförmigkeit folgte aus dem ersten von Keplers Gesetzen der Planetenbewegung, dem Gesetz der Ellipse, und bedarf keiner Erklärung. Die gleichförmige Geschwindigkeit fiel dem zweiten Gesetz zum Opfer, dem »Gesetz der Flächen«, das die Variation der Umlaufgeschwindigkeiten zwischen den Maxima in Sonnennähe und den Minima in Sonnenferne ausdrückte. Beide zusammen zerstörten die Vorstellung einer Weltarchitektur und eines strukturierten Raumes überhaupt: Keine denkbare Kombination gleichförmig rotierender Kugeln konnte für irgendeinen Punkt diese Verbindung von elliptischer Bahn und asymmetrischer Variation der Geschwindigkeiten hervorbringen. Wie immer man es mit der Fixsternsphäre hielt (und Kepler selbst, aus Abneigung gegen Unendlichkeit, hielt an ihr noch fest), für die Planeten war es offenkundig, daß sie an nichts befestigt waren. Unvermeidlich war die Schlußfolgerung, daß sie unabhängige Körper sind, die sich frei im leeren, gesichtslosen Raum bewegen; und die unvermeidliche Frage wurde: Was hält sie dann in ihren Bahnen und bestimmt ihre Geschwindigkeiten?

Schon Kepler fühlte den Druck dieser neuen Frage, die sich aus seinen eigenen Entdeckungen stellte, und tastete nach einer Antwort. Das »Gesetz der Flächen« wies deutlich auf eine zur Sonne hin gerichtete und vom Abstand zu ihr abhängige Kraft hin. Von da an stand die Suche nach *Ursachen* der Bewegung auf der Tagesordnung der Naturphilosophie, d. h. die Suche nach einer *Dynamik*, welche die empirisch gefundenen, rein beschreibenden Gesetze Keplers *erklären*, ihr gemeinsames Warum aufdecken würde, so daß die Sonderbewegung jedes Planeten als kausal notwendig daraus ableitbar wird. Die Suche mußte auf Newton warten, um ihr Ziel zu erreichen.

3. Die dritte von uns zu behandelnde Konsequenz, die in der kopernikanischen Wende versteckt war, nach der physischen Gleichartigkeit des Weltalls und der Strukturlosigkeit des Weltraums, war die Ausdehnung der Welt zur Unendlichkeit. Sie kam in Bewegung fast sofort nach Erscheinen der neuen Theorie, und zwar in Erwiderung auf einen der frühesten Einwände gegen sie. Er lautete: Der angebliche Jahresumlauf der Erde um die Sonne müßte sich spiegeln in einer Parallaxe am Fixsternhimmel (d. h. einer oszillierenden Verschiebung relativer Positionen); keine solche ist entdeckbar; also bewegt sich die Erde nicht. Die Antwort der Kopernikaner hierauf war: Der Abstand der Fixsterne von der Erde ist eben so groß, daß der Parallaxeneffekt der Erdbewegung für uns unmeßbar klein wird. Das klingt zunächst wie eine rein technische Aufwärtsberichtigung kosmischer Größenmaße, ad hoc zur Rettung der eigenen Theorie vorgenommen. Aber hier ist ein Fall, wo Quantität in Qualität umschlägt. Angesichts des enormen Durchmessers des *orbis magnus* (der Erdbahn um die Sonne) nötigte der beharrliche Nullwert jeder Triangulation von dieser wahrhaft kosmischen Basis aus zu einer fast unvorstellbaren Verlängerung des Radius der äußeren Sphäre – in eine Größenordnung, die in keinem Verhältnis mehr zu früheren Vorstellungen von der Größe des Weltalls stand. Gemäß diesen früheren Vorstellungen war der Kosmos ein zwar imposantes, aber doch geschlossenes Ganzes, mit einer wohlproportionierten Verteilung von Zwischenregionen – den sieben Planetensphären – zwischen der Erde hier und der äußeren Grenze – dem Fixsternhimmel – dort oben. Jetzt, mit dem Sprung in Abmaßen, thronte diese äußere Grenze, in sich selbst als zusammenhängendes Gebilde unglaubwürdig geworden durch ihre monströse Vergrößerung, über der immensen Leere einer Höhlung, in deren Mitte das einsame Sonnensystem kauerte.

Und da diese große Sphäre, der Ort der Fixsterne, seine andere und einleuchtendere Rolle, die der täglichen Umdrehung, bereits verloren hatte, so war es kein großer Schritt mehr, ihr auch noch die begrenzende Rolle abzuerkennen, d. h. sie gänzlich abzuschaffen und vom geschlossenen zum offenen Universum überzugehen. Was als Verlegenheit für die Theorie begonnen hatte (die fehlende Parallaxe), führte derart durch seine innere Logik zu einem profunden Wandel der Weltansicht. Es ist der Erwähnung wert, daß die ersten Schritte zur Unendlichkeit hin unter Zwang und ohne Überschwang getan wurden.

Überschwang jedoch bemächtigte sich bald des halbfertigen Gedankens und riß ihn fort zu seinen kühnen Konsequenzen. Wo die Astronomen behutsam zögerten, stürmte die Ungeduld des Visionärs voran und übersetzte mit einem Schlage alle latenten Möglichkeiten der kopernikanischen heliozentrischen Hypothese in eine majestätische, neue, berauschende Sicht des *unendlichen* Weltalls. In ihren wesentlichen Zügen ist sie auch heute noch die unsere. Ich spreche von Giordano Bruno[1], der die Unendlichkeit der materiellen, geschaffenen Welt verkündete – nicht als ein dem Zwang der Theorie zu machendes Zugeständnis, sondern als eine begeisternde und befreiende Offenbarung, die allein dem Wesen der Dinge gerecht wird. Dieser einzige Märtyrer der wissenschaftlichen Revolution, selber kein Wissenschaftler, wurde zum Propheten des »dezentralisierten, unendlichen und unendlich bevölkerten Universums« (Lovejoy). Kurz aufgezählt, artikulierte Bruno die folgenden Implikationen der neuen Astronomie, die niemand sonst in dem halben Jahrhundert seit Kopernikus' Tod so eindeutig gesehen oder ausgesprochen hatte.

a. Wenn wir zum Nachthimmel aufschauen, blicken wir nicht auf ein begrenzendes Gewölbe, sondern in die Tiefe des unendlichen Raumes.

---

[1] Zur Chronologie: Bruno ging Kepler und Galilei um etwa eine Generation voran.

b. Die dort sichtbaren Lichter – die Fixsterne – sind nicht gleich weit entfernt von der Erde, sondern verstreut ad infinitum durch diese Tiefe.

c. Selbst die nächsten davon sind so entfernt (siehe das Parallaxen-Argument), daß ihre bloße Sichtbarkeit und anscheinende Größe uns nötigt, ihnen eine wirkliche Größe zuzuschreiben, die der unserer Sonne vergleichbar ist.

d. Die Sterne sind in der Tat Sonnen und – da ihr Raum derselbe wie der unsere ist und die Bedingungen überall gleich sind – müssen auch sie von Planeten umgeben sein, die nur zu klein und lichtschwach sind, um uns sichtbar zu sein.

e. Das Weltall besteht demnach aus Welten über Welten in endloser Zahl und strotzt von Leben und Schöpferkraft.

f. Das Weltall hat keinen Mittelpunkt. Seine Unendlichkeit ist die gleichrangige Koexistenz all der unendlich zahlreichen Körper, die es enthält. Jeder von diesen ist Mittelpunkt seines eigenen umgebenden Raumes, aber keiner hat eine bevorzugte Stellung im Verhältnis zum Ganzen. (Bruno beendete damit die kurzlebige Zentralität, welche die Sonne soeben durch Kopernikus der Erde abgewonnen hatte und an der auch der große Kepler noch eine Generation später in ausdrücklichem Widerspruch gegen Brunos Vorstoß ins Unendliche festhielt.)

g. Der Weltraum selbst ist eine homogene Leere, aber durchwaltet von unsichtbaren Kräften, die ein universales Band zwischen den verstreuten Welten bilden und ihre Vielheit zu einer Einheit verschmelzen. (Bruno wartete also nicht auf Keplers Planetengesetze, um mit jedem Rest einer strukturellen Architektonik des Weltraums zu brechen: Im Prinzip hatte seine Vision nur eine – erst zu erarbeitende – Dynamik übriggelassen, um den verstreuten Pluralismus der strukturlosen Leere mit einer ordnenden Notwendigkeit zu versehen.)

h. Unendlichkeit steht nicht in Widerspruch zum Wesen der Schöpfung (die für das mittelalterlich-theologische Denken notwendigerweise endlich ist, da Unendlichkeit Gott allein zusteht). Im Gegenteil: Unendlichkeit der Welt ist der notwendige und allein adäquate Ausdruck der Unendlichkeit und Vollkommenheit der schöpferischen Ursache, die sich vollständig in ihrem Erzeugnis ausdrückt, stetig darin wirkt – in der Tat von ihr nicht verschieden ist.

Diese Aufzählung objektiver Lehrelemente gibt nichts von dem hymnischen Ton wieder, von der fast trunkenen Stimmung, womit Bruno ihre Botschaft einem Europa verkündete, das sich auf den längsten Religionskrieg seiner Geschichte zubewegte. Dieser brennende Geist begrüßte die Öffnung des Universums wie den Einsturz von Gefängnismauern als eine äußere Unendlichkeit, die der inneren im Menschen entspricht. Wir müssen hinzusetzen, daß im nächsten Jahrhundert, dem siebzehnten mit seiner frostigeren Luft, eine sehr verschiedene Stimme in Erwiderung auf die (dann schon nicht mehr strittige) Unendlichkeit des physischen Alls erklang. »Die unendliche Riesigkeit der Räume, in die ich geworfen bin, die ich nicht kenne und die von mir nichts wissen, ängstet mich« – so drückte Pascal die entgegengesetzte Stimmung aus, die jene Unendlichkeit erwecken kann: das Gefühl kosmischer Einsamkeit. Bruno, einsam unter den Menschen, begrüßte die kosmische Unendlichkeit als die Offenbarung einer göttlichen Überfülle des Seins und ein ihm selbst Verwandtes. Pascal schrak davor zurück und fühlte die Verlorenheit der Menschheit in einem gleichgültigen Universum. Aber was immer die Antwort war, der Kosmos und des Menschen Platz darin waren bis zur Unkenntlichkeit verändert worden.

Die neue Kosmologie verlangte nach einer neuen Physik, aber lieferte sie nicht bereits. Sie bot ein neues Bild des Universums, aber keine Erklärung davon. Durch eine geniale Kombination von Hypothese, Beobachtung und mathematischer Konstruktion zeigte sie, wie der Makrokosmos »aussieht« und welche Bewegungen seine Körper beschreiben, aber nicht, warum sie es tun – d. h. welche *Ursachen* in diesem Universum am Werke sind. Kopernikus stellte nicht einmal die Frage danach. Kepler warf sie auf, konnte sie aber mangels einer angemessenen Physik noch nicht beantworten. Immerhin hatte er die Idee einer *vis motrix* (bewegenden Kraft) für seine Planeten, die von der Sonne ausging; und er war es, der den neuen Grundsatz aussprach, daß meßbare Quantität das Wesen der Wirklichkeit und daher Messung der Schlüssel zu ihren Geheimnissen sei. Und schon Bruno hielt dafür, daß Bewegung und Wandel, nicht Unwandelbarkeit die Wahrheit des Alls seien und daß Kräfte anstelle von Strukturen das Band für seine zerstreute Vielheit im strukturlosen Raum liefern müssen.

Eines war allen klar: Die aristotelische Physik paßte nicht mehr zum veränderten Schema der Dinge. Bewegungen waren nicht mehr erklärt durch bestehende Formen des Weltbaus, sondern Formen der Bewegung waren zu erklären durch das Wirken von Kräften. Aber über sie schwiegen sich die Himmel aus; ihr Schauspiel verriet nicht ihr Geheimnis. Denn die Himmelskörper können nur betrachtet, nicht in Experimente hineingezogen werden, und Betrachtung allein kann nie das Spiel von Kräften enthüllen. Irdische Mechanik mußte dem himmlischen Schauspiel zu Hilfe kommen. Sie konnte dies tun, weil die neue Homogenität der Natur die Befunde jeder örtlichen Mechanik in den endlosen Raum auszudehnen gestattete. Die tatsächliche Entwicklung einer solchen Mechanik erfolgte völlig unabhängig von der der Astronomie und ist eminent mit dem Namen Galilei verknüpft.

Obwohl die dramatischsten von Galileis zahlreichen Leistungen mit der Vertretung der kopernikanischen Sache und den sie stützenden teleskopischen Entdeckungen zu tun hatten und es darüber zu dem weltberühmten Konflikt mit der Kirche kam, so war doch sein wirklich entscheidender Beitrag zum Aufstieg der modernen Naturwissenschaft seine Grundlegung einer Wissenschaft der Bewegung – einer allgemeinen Kinetik. Dazu gehörte, zusammen mit einer neuen Methode von Analyse und Beweis, eine radikale *Neufassung des Bewegungsbegriffes* selbst, die in ihrem Ergebnis auf lange Sicht nicht weniger revolutionär war als die im Augenblick mehr Aufsehen erregende Reform der Kosmologie. Erinnern wir kurz daran, wie Bewegung vorher verstanden worden war.

Die aristotelische Physik subsumierte Bewegung unter die ontologische Kategorie der *Veränderung*. Das heißt, Locomotion ist eine Unterart der Gattung »Veränderung«, nämlich Ortsveränderung (im Unterschied zu Änderung von Qualität, Quantität und Substanz). »Ort« selber *ist* nach dieser Ansicht ein Etwas, und wenn ein Körper zu einem anderen Ort wechselt, so geht eine Veränderung vor sich, genauer: eine kontinuierliche Folge von Veränderungen – so viele, wie Orte durchlaufen werden: also strenggenommen eine unendliche Anzahl von Veränderungen wegen der unendlichen Teilbarkeit des räumlichen Kontinuums. Jede Veränderung aber verlangt, gemäß dem Grundgesetz der Kausalität, die Tätigkeit einer *Ursache* als des zureichenden Grundes dafür, daß die Veränderung stattfindet, wogegen die Abwesenheit von Veränderung, die Beharrung in einem gegebenen Zustand, keiner Ursache bedarf. Ergo erfordert jeder Prozeß von Bewegung, als Reihenfolge immer neuer Übergänge von Ort zu Ort, während seiner ganzen Dauer die stete Erneuerung der bewegenden Kraft, d. h. die stetige Aktivität einer wirkenden Ursache (modern ausgedrückt: die stete Zufuhr von Energie).

Das Ergänzungsstück zu dieser Auffassung von Bewegung als Veränderung ist die, daß *Ruhe* der natürliche Zustand eines Körpers ist, in dem er verharrt, solange keine aktive Ursache ihn in Bewegung setzt. Dies ist genau das, was die *Trägheit* eines Körpers hier bedeutet: Nur in Ruhe ist der Begriff der Trägheit erfüllt. Auf Bewegung angewandt, bedeutet dies, daß ohne die fortgesetzte Zufuhr bewegender Energie die Bewegung zum Stillstand kommt.

Ich wüßte keinen einfacheren Weg, die mit dem Namen Galilei verbundene begriffliche Revolution in der Kinetik zu beschreiben, als zu sagen, daß er Bewegung aus der Kategorie der Veränderung hinüberversetzte in die Kategorie eines *Zustandes*, der im Hinblick auf Ursache mit dem Ruhezustand äquivalent ist. Geändert wurde nicht das Prinzip der Kausalität oder des zureichenden Grundes an sich, sondern der Gegenstand seiner Anwendung: nicht die Idee, daß jede Veränderung einen zureichenden Grund haben muß, sondern die Idee davon, was als Veränderung zu klassifizieren ist. Die Bedeutung dieses unschuldig aussehenden Verständniswechsels ist so profund, daß sie etwas erörtert werden muß.

Bewegung, so heißt es jetzt, ist ebensosehr der »Zustand« eines Körpers, wie die Ruhe es ist. Ihre Fortdauer ist daher nicht eine sich wiederholende Veränderung, sondern die Beibehaltung eines gegebenen Zustandes und erfordert als solche so wenig eine Ursache wie die Beibehaltung von Ruhe (es sei denn, die Beibehaltung eines Zustandes wird selber unter die »Ursachen« gerechnet, was in der Tat möglich ist, wie wir sehen werden). Erst eine Änderung in der Bewegung erfordert eine Ursache. Was aber ist eine solche Änderung? Dafür muß ich wissen, was die *Selbigkeit* einer Bewegung, ihren unveränderten Zustand, definiert.

Eine Bewegung ist definiert durch Geschwindigkeit und Richtung. Unveränderte (gleichförmige) Geschwindigkeit heißt, daß gleiche Abstände in gleichen Zeiten zurückgelegt werden; unveränderte Richtung heißt Fortgang in einer geraden Linie. Unveränderte Bewegung heißt daher gleichförmig-gradlinige Bewegung. Der neue Lehrsatz nun ist, daß ein bewegter Körper in seiner Bewegung fortfährt, wenn nicht eine Kraft von außen dazwischentritt. Die Elemetargrößen in beiden definierenden Aspekten der Bewegung – in Geschwindigkeit und in Richtung – sind *Raum* und *Zeit*. Beide können in einer geometrisierenden Arithmetik so kombiniert werden, daß eine gegebene Bewegung in einem gegebenen Moment durch eine bestimmte, aus Werten dieser beiden Größen bestehende *Quantität* definiert ist. Demnach ist es eine Veränderung in dieser Quantität, die eine Änderung in der Bewegung darstellt; und die Quantität dieser Veränderung, wieder gemessen in Größen von Raum und Zeit, ist ein Maß der *Kraft*, die sie verursacht hat. Jede Zu- oder Abnahme an Geschwindigkeit also, und jede Änderung der Richtung, verrät die Aktion einer Kraft, die *hinzutritt* zu der Kraft, die den Körper auf seiner gleichförmig-gradlinigen Bahn hält: Aber die anfängliche »Kraft«, zu der die neue hinzutritt, bleibt in dem Produkt mit ihrer unveränderten eigenen Quantität erhalten, d. h. die neue Bewegung ist eine Zusammensetzung von mehreren Bewegungen.

All dies ist alles andere als auf der Hand liegend. Vielmehr ist aller Anschein auf seiten der gegenteiligen, aristotelischen Ansicht. In unserer gewöhnlichen Erfahrung kommen Körper zum Stillstand, wenn die antreibende Kraft zu wirken aufhört: Der Wagen hält, wenn er nicht länger gezogen oder geschoben wird; und das Ziehen oder Schieben, wenn von uns getan, fühlt sich selbst als immer neues Hervorbringen der Bewegung. Es ist auch nichts Offensichtliches daran, daß eine Kreisbewegung kein einfacher, einheitlicher Akt ist. Die galileische Revolution hat dies mit der kopernikanischen gemein, daß sie das Zeugnis der Sinne durch eine Abstraktion ersetzt, die ihm direkt widerspricht, aber es indirekt begründet. Solch eine Abstraktion – und eine höchst künstliche – ist der Begriff einer *Quantität der Bewegung* als eines unsichtbaren Objektes, das man wie eine beharrende Einheit mit andern ihresgleichen vereinen, zu ihnen addieren oder von ihnen subtrahieren kann, ganz wie man es mit statischen, zählbaren Einheiten der Dingwelt tut. Dies führt geradewegs zu dem kardinalen und nicht weniger künstlichen Begriff *zusammengesetzter Bewegungen*, deren letzte Elemente einfache, nämlich gleichförmig-gradlinige Bewegungen sind. Speziell ist eine beschleunigte Bewegung (z. B. im freien Fall) die kumulative Summe stetiger Bewegungszuwächse, erzeugt durch die stetige Wirkung einer Kraft (z. B. der Schwerkraft), die in jedem Moment eine *neue* Ursache ist (wie es für Aristoteles die Kraft war, die die bloße Fortsetzung einer Bewegung verursacht). Ebenso ist jede gekrümmte (z. B. kreisförmige) Bewegung ein Kompositum von mindestens zwei Bewegungen, einer tangentialen und einer radialen, wovon die erste die bloße Beharrung eines Zustandes darstellt und die zweite die ständige Zufuhr einer neuen Kraft – d. h. wieder eine »Beschleunigung« (selbst wenn die resultierende translatorische Geschwindigkeit gleichförmig ist). Ferner, die Wirkung jeder »einzelnen«, d. h. augenblicklichen Zufuhr von Kraft, für sich allein betrachtet, kann dabei wieder nur gradlinig-gleichförmige Bewegung sein, worin der Zuwachs mit der vorigen Quantität verschmolzen ist; aber die Wiederholung der Zufuhr im nächsten Augenblick sorgt für weitere Krümmung; und so kann die ganze (z. B. parabolische) Bahn als das Kompositum einer unendlichen Anzahl infinitesimaler »einfacher« (tangentialer) Bewegungen mit variierenden Werten verstanden werden. Das »Gesetz« der Bahn ist dann das Gesetz der *Variation*, das aus den beteiligten Kräften komputiert werden kann, so wie umgekehrt diese Kräfte aus den geometrischen Eigenschaften der Bahn gefolgert werden können.

Schließlich, in einem letzten Schritt der Abstraktion, reduziert sich die Zweiheit Geschwindigkeit/Richtung, durch die eine Bewegung definiert wird, zu einem einzigen Datum *(v)* gegenüber der Kraft *(f)* und den von ihr bewirkten Veränderungen, die ihrerseits sämtlich unter den einen Begriff der *Beschleunigung (a)* gebracht werden, der sowohl Zunahme wie Abnahme von Geschwindigkeit ebenso wie jede Richtungsänderung einbegreift. Und Geschwindigkeit, die auch »Richtung« in ihren Begriff aufgesogen hat, enthält »Ruhe« unter ihren möglichen Werten einfach als Nullwert relativ zu einem Bezugssystem: Der Begriff der »Trägheit« erstreckt sich gleichmäßig über alle diese Werte. Das Ganze ist gesetzt in einem *neutralen*, homogenen Raumkontinuum, das keine bevorzugten Richtungen und keine spezifischen Plätze kennt, also für die in ihm verteilten Körper eigentlich nur relative Bewegungen zuläßt.

Dies ganze Begriffsschema, dessen Neuheit und Kühnheit nicht genug betont werden können, war in seinem Formalismus eine einzige große Anweisung für die mathematische Analyse und Synthese von Bewegungen (was Galilei die »resolutive« und »kompositive« Methode nannte). Bewegungen, da sie Resultanten sind, können in ihre einfachen Komponenten zerlegt und umgekehrt aus ihnen zusammengesetzt werden. Drei durch diese Begrifflichkeit beförderte Entwicklungen verdienen Erwähnung.

Die erste ist die Geometrisierung der Natur und folglich die Mathematisierung der Physik. Kepler, Galilei, Descartes waren einhellig überzeugt, daß Geometrie die wahre Sprache der Natur ist und daher auch die Methode ihrer Erforschung sein muß, der Schlüssel zur Entzifferung ihrer sinnlichen Mitteilung. Descartes erhob diese wachsende Überzeugung zur Würde eines metaphysischen Prinzips, als er die ganze Wirklichkeit in die zwei einander ausschließenden Bereiche der *res cogitans* und der *res extensa* aufspaltete – die Welt des Geistes und die Welt der Materie: Letztere ist in ihrem Wesen nichts als »Ausdehnung«; daher sind keine anderen als Bestimmungen der Ausdehnung, also Geometrie, benötigt für eine wissenschaftliche Erkenntnis der Außenwelt. (Diese Übertreibung ließ keinen Raum für den Begriff der Energie, der mehr ein »intensiver« als ein »extensiver« Begriff ist: Leibniz und andere unternahmen es, diesen Defekt des kartesianischen Extremismus zu korrigieren.)

Zweitens: Das Programm einer Bewegungsanalyse machte eine neue Mathematik nötig, zu der Descartes' analytische Geometrie den ersten Schritt tat. Die Rückführung zusammengesetzter auf einfache Bewegungen bedeutete, wie wir sahen, ihre Zerlegung in infinitesimale Teilstücke, da jede krummlinige Bewegung aus einer unendlichen Anzahl gradlinig-tangentieller Bewegungen zusammengesetzt ist, die natürlich als unendlich klein gedacht werden müssen. Die Antwort auf die hierdurch gestellte mathematische Aufgabe war die Integralrechnung, die Leibniz und Newton ungefähr gleichzeitig erfanden.

Drittens: Die *begriffliche* Analyse von Bewegungen erlaubte die tatsächliche Sonderung ihrer Komponenten in passend angesetzten *Experimenten*. Die theoretische Zerlegung gebar die messende Experimentalmethode als gänzlich neues Verfahren der Entdeckung und Verifikation. Man muß sich klarmachen, daß das kontrollierte Experiment, in dem eine künstlich vereinfachte Natur dazu veranlaßt wird, das Wirken einzelner Faktoren vorzuführen, grundverschieden ist von der noch so aufmerksamen und hingebungsvollen Beobachtung der »natürlichen« Natur in ihrer unangetasteten Komplexität und auch von einem nicht-analytischen Ausprobieren ihrer Antworten auf unsere sondierenden Eingriffe. Mit einem Wort, »Experiment« ist wesentlich verschieden von »Erfahrung« als solcher. Worauf das Experiment zielt – die Isolierung und Quantifizierung von Faktoren mittels der selektiven Anordnung von Bedingungen –, setzt die von uns beschriebene theoretische Analytik bereits voraus, und das Experiment seinerseits belohnt die Theorie durch seine Ergebnisse. Galileis schiefe Ebene, welche die vertikale Komponente in der Bewegung der hinabrollenden Kugel klar unterscheidbar von der horizontalen machte, ist ein klassisches Beispiel eines solchen analytischen Experiments.

Nur eine letzte Folgerung bleibt noch zu ziehen, damit dieser Bericht der Begriffsrevolution in eine komplette Mechanik der Natur ausläuft. Die galileische Bilanz muß durch die newtonsche vervollständigt werden. Wiederholt trat in unserm Bericht ein Begriff auf, der offenbar zentral, aber nicht geometrisch ist und sich auch nicht in rein geometrische (oder formale) Größen wie Raum und Zeit auflösen läßt: der Begriff der *»Kraft«*. Kraft ist das, was Beschleunigung verursacht, und wird gemessen durch die Größe der

Beschleunigung, die sie einem gegebenen Körper erteilen kann. Dieser aber kann nur dadurch das Maß für die Größe der auf ihn wirkenden Kraft werden, daß er selber der Träger einer widerstehenden Kraft ist, nämlich der Trägheit. Erst das Trägheitsaxiom stempelt die Beschleunigung zum kausalen Ereignis. Für die Größe der Trägheit nun wurde der Begriff der »*Masse*« geprägt, der sich erst langsam entwickelte. Newton sprach noch einfach von »Menge der Materie« (quantitas materiae), aber in ihrer physikalischen Funktion bezeichnet sie eine *dynamische* Größe, die sich als Trägheit bekundet – eine von Volumen, Gestalt, Ort, Bewegung, Temperatur und allen sonstigen, veränderlichen Bestimmungen eines Körpers unabhängige Größe, die ihm zuinnerst eigen ist. Ungleich jenen Bestimmungen drückt »Masse« nicht einen Zustand, sondern das Wesen der Materie selbst, ihre eigentliche Substantialität aus. Gegenüber der primären und ewigen Invarianz ihres Größenwertes nehmen sich alle anderen Körperbestimmungen als zufällig und flüchtig aus. Und erst ihr Hinzutritt zu den Symbolen bloßer Ausdehnungswerte erhebt eine Körperbeschreibung vom geometrischen Phantom zur physikalischen Realität. Der antike Atomismus konnte sich deshalb zu keiner Physik entwickeln, weil ihm im Begriff der Materie als bloß raumfüllenden Volumens dieser dynamische Begriff von Masse als dem Wieviel ihrer Trägheit fehlte.

Nun hat Masse außer Trägheit noch eine andere Kraftbekundung: Gewicht; und schon Galileis Versuche mit freiem Fall hatten die genaue Äquivalenz dieser beiden Eigenschaften eines jeden Körpers gezeigt. Mit der Schwere schien es dabei zunächst eine rein irdische Bewandtnis zu haben: Die im Gewicht zutage tretende *Schwerkraft* war zum Erdmittelpunkt gerichtet, mußte also als ein besonderes Verhältnis hiesiger Körper zur Erde angesehen werden. Doch für eine Mechanik irdischer Vorgänge, womit allein Galileis Versuche zu tun hatten, genügte das vollkommen. Da Trägheit vereint mit Bewegung Momentum ergibt, also kinetische

Energie, so sind Masse, Weg und Zeit – die beiden letzteren vereinigt in den Begriffen von Geschwindigkeit und Beschleunigung – die hinreichenden Termini für eine Mechanik des Stoßes (Beispiel: Billardkugeln); und durch die Gleichung zwischen Masse und Gewicht auch für eine Mechanik der Anziehung, d. h. terrestrischer Bewegungen unter Bedingungen des freien Falles (Beispiel: Kanonenkugeln). Im Spiele sind dabei jedesmal zwei geometrische (formale) Größen, Raum und Zeit, und eine nichtgeometrische Größe, Masse, welche in ihren zwei dynamischen Aspekten (Trägheit und Gewicht) die stoffliche Kernrealität ausdrückt; aber alle drei (Raum, Zeit, Masse) sind eben meßbare, bezifferbare *Größen*, mit denen die Rechenkunst wie mit allen Zahlen verfahren kann.

Was Newton dann vollbrachte, als er den bloß terrestrischen Begriff von »Gewicht« (als einer zum Erdmittelpunkt hin gerichteten Kraft) zum universalen Begriff der »Gravitation« (als einer zwischen allen Körpern in striktem Verhältnis zu Masse und Entfernung wirkenden Kraft) erweiterte, war dies, daß die einheitliche Mechanik von »Masse und Beschleunigung« zu den Enden des Weltalls ausgedehnt wurde, also wirklich die irdische und die Himmelsphysik als ein und dieselbe dastand. Durch die dynamische Doppelbedeutung von »Masse« wurde alle Materie der Sitz von zwei Kräften – Trägheit und Schwerkraft –, deren Zusammenfall und Äquivalenz in jeglicher Masse (so daß die eine für die andere als ihr Größenmaß eintreten kann) das unerklärte Mysterium der newtonschen Physik blieb. Aber obwohl selber unerklärt, war ihre Erklärungskraft unwidersprechlich und brachte die Umläufe von Himmelskörpern und die Flugbahnen irdischer Geschosse unter einen Begriff: Die elliptischen Planetenbahnen, die Kepler nur aus Beobachtungen erkannt und geometrisch beschrieben hatte, waren nun mechanisch erklärt. Astronomie und Ballistik waren zu Zweigen ein und derselben Wissenschaft geworden.

Nach diesem analytischen Resümee des direkten Begriffsgehalts der theoretischen Revolution in der Dynamik ist eine kurze Würdigung ihrer metaphysischen Bedeutung am Platze. Wir bemerkten zuvor, daß es bei der Neuerung zuerst nicht um das Kausalprinzip als solches, sondern um den Begriff der *Veränderung* ging. Aber natürlich mußte der geänderte Begriff von dem, was eine Veränderung – und das heißt: eine *Wirkung* – ausmacht, auf den Begriff von dem zurückwirken, was eine *Ursache* ausmacht. Nun war »Veränderung« neu definiert worden als »Beschleunigung von Masse«, und auf diese ihre Primärform müssen alle anders aussehenden Arten von Veränderung, etwa Änderung der Qualität, zurückgeführt werden. Im Einklang damit wird »Ursache« neu definiert als das, was einer Masse Beschleunigung erteilt – d. h. als *Kraft*, deren einzige Art der Wirkung Beschleunigung (positiv oder negativ) ist und deren Größe genau gemessen ist durch die Größe der Beschleunigung, die sie einer gegebenen Masse erteilt; und auf diese ihre Primärform müssen alle anders aussehenden Arten von Ursachen zurückgeführt werden. Aus dieser simplen Korrelation folgen außerordentliche, und mehr als nur physikalische, Konsequenzen.

Als erste ist zu nennen, daß mit der Quantifizierbarkeit aller *Veränderungen* (qua Beschleunigung) nach Meßwerten von Raum, Zeit und Masse das *Ursache-Wirkung*-Verhältnis ein quantitatives wurde, nämlich das Verhältnis strikter quantitativer Gleichwertigkeit zwischen den beiden. »Zureichender« Grund für einen Vorgang bedeutet: von zureichender Größe für die Größe der Veränderung, die jener Vorgang darstellt, und das heißt: von genau gleicher Größe. Das Aktivwerden einer solchen Kraftgröße, gleichviel aus welcher Quelle, ist daher die alleinige – notwendige wie zureichende – Ursache für den Eintritt der Wirkung. Ihr Vorhergehen ist zu postulieren, wo die Wirkung das Gegebene ist, und umgekehrt die letztere vorherzusagen, wo die Ursache gegeben ist. Also kann jeder physische Zustand als eine Konfiguration von Kräften und Massen beschrieben werden, woraus der nächste Zustand notwendig hervorgeht und woraus er genau zu berechnen ist, wenn alle darin enthaltenen Größen bekannt und gemessen sind.

Dem letztgenannten »Wenn« ist allerdings noch dieses hinzuzufügen: und wenn *nicht* inzwischen neue Größen dieser Art – Kräfte oder Massen – spontan aus dem Nichts entstehen oder vorhandene ins Nichts versinken. Daß dies nicht geschieht, ja nicht geschehen *kann*, folgt in keiner Weise logisch aus dem neuen Begriffssystem als solchem; aber es ist seine notwendige metaphysische Ergänzung, denn ohne sie, d. h. mit der *Möglichkeit*, daß physische Größen unvermittelt auftauchen oder verschwinden, bleibt die Behauptung quantitativer Äquivalenz und entsprechender Berechenbarkeit kraftlos. Die *Konstanz* von Materie und Energie (oder von Materie-plus-Energie) ist daher ein unentbehrliches Axiom der modernen Naturwissenschaft. Nach seinem negativen Sinn bedeutet es die Verneinung der möglichen Intervention einer nichtphysischen, z. B. geistigen Ursache in den Gang der Dinge – also die Verneinung der Möglichkeit von *Wundern*, die ja letztlich eine Schöpfung oder Vernichtung beinhalten. Ein solcher Eingriff widerspricht der neuen Idee von Naturkausalität, die verlangt, daß jedes physische Ereignis erklärbar sein muß durch rein physische, d. h. materielle Antezendentien von der quantitativen Art, die wir beschrieben haben. Der Wille Gottes, der hier die Ursache wäre, ist nicht von dieser Art. Spinoza allein unter den Philosophen des neuen wissenschaftlichen Glaubens hatte den Mut oder die Indiskretion, diese stillschweigend und zumindest methodologisch allgemein geteilte Ausschließung des Wunders als metaphysische Gewißheit auszusprechen.

Aber genau ein solches »Wunder«, nach der gleichen, jetzt axiomatisch werdenden Logik, wäre die alltäglichste Verursachung einer Veränderung in der Außenwelt, wie die Bewegung des eigenen Leibes, durch einen Akt *menschlichen* Willens – nicht weniger als eine durch göttlichen Willen, denn auch sie, die im *Bewußtsein* und nicht in der Körperwelt anhebt, würde nach bloß physischer Rechnung eine neue Kausalreihe »aus dem Nichts« beginnen. Und siehe da, die neue Metaphysik der Naturwissenschaft bewies ihre Entschiedenheit, indem sie nicht zurückschrak vor dem offenen Konflikt mit unserer unmittelbarsten, unablässigsten und überzeugendsten Selbsterfahrung, nämlich Urheber unserer Handlungen aus Vorsatz und Plan zu sein, und griff zu den extravagantesten Mitteln metaphysischer Konstruktion (Occasionalismus, Parallelismus, Epiphänomenalismus), um dies – nie zum Schweigen zu bringende – Grunderlebnis unserer Freiheit ins Reich subjektiven Scheines, also der Täuschung zu verweisen. Physischer, objektiver Determinismus, der keine Wahl offenläßt, mußte das letzte Wort haben. Hier wird offenbar, daß die neue Physik einen neuen Glauben erzeugt, denn beide Behauptungen – die der »subjektiven« Erfahrung und die der »objektiven« Wissenschaft, die sie bestreitet – liegen jenseits von Beweis und Widerlegung.

Also nicht nur die Intervention einer transzendenten, außerweltlichen Ursache, auch jene innerweltliche mentale Kausalität wird ausgeschlossen. Mehr als das: Zusammen mit der Ursächlichkeit menschlicher Absichten haben Endursachen jeder Art, also Teleologie im weitesten Sinne, keinen Platz mehr im stofflichen All. Zielstrebigkeit, wenn auch noch so blinde, hat einen transmateriellen, quasi-mentalen Aspekt an sich. Daß die Natur bar ist jeder, auch der unbewußtesten, Neigung zu Zielen, jeder Bevorzugung eines künftigen Zustandes vor anderen – daß End- wie auch Formursachen aus ihrem Inventar gestrichen wurden und nur noch Wirkursachen übrigblieben, folgt einfach aus dem Prinzip quantitativer Äquivalenz und Konstanz, wodurch sich der Determinismus der modernen Naturwissenschaft von jedem früheren unterscheidet. Er darf also nicht mit vormodernen Begriffen von Schicksal und Vorbestimmung verwechselt werden; er widerspricht ihnen sogar, denn er verneint gerade die im Präfix »vor« angezeigte Zukunftsbeziehung. Der neue, strikt materialistische Determinismus bedeutet, daß jedesmal und einzig das gegebene Jetzt seinen nächsten Nachfolger und einzig diesen bestimmt; daß es keine langfristig vorgreifende Tendenz auf etwas hin gibt, sondern nur den immer wiederholten Transfer der bleibenden Masse-Energie-Summe von Augenblick zu Augenblick und die »Kraft von hinten« *(vis a tergo)*, die ihn antreibt. Kurz: kein Zug der Zukunft, nur der Stoß der Vergangenheit.

Brechen wir hier unsere Analytik der Anfänge des modernen Weltbildes ab. Seine Grundlinien, wie sie damals von den radikalen Neuerern gezeichnet wurden, blieben bestehen in allem, was danach kam. Und es kam viel danach. Die lapidare Einfachheit der grundlegenden Mechanik wurde überlagert von zusätzlichen Wirkformen der Natur, deren Theorie das physikalische Erklärungsschema um raffiniertere Kategorien bereicherte. Zur Mechanik traten Elektrodynamik, Chemie und Kernphysik; zur bloßen Masse traten molekulare, dann atomare und schließlich subatomische Struktur; zur Grundkraft der Masse als solcher, der Schwerkraft, traten die elektromagnetische, die schwache und die starke Kernkraft (bei diesen vier halten wir heute). Die einfache und bei aller Abstraktion immer noch anschauungsnahe Logik der newtonschen Physik, die zwei Jahrhunderte lang alle Proben experimenteller Prüfung bestand, hat seit Beginn unseres – auch wissenschaftlich so ereignisreichen – Jahrhunderts tiefe Umwandlungen durch Relativitätstheorie und Quantenmechanik erfahren, bei schwindender sinnlicher Vorstellbarkeit; und auch im jetzigen Augenblick scheint vieles theoretisch im Fluß. Doch in alledem blieb das Wesentliche der in den Anfängen gelegten Grundlagen erhalten: der eine neutrale Weltstoff; die eine, durch das ganze All waltende Gesetzlichkeit; die eine, quantitative und zielfremde Ursächlichkeit; die Riesigkeit des Alls und die Winzigkeit unseres eigenen Platzes darin; die Meßbarkeit des Wirklichen und die Unwirksamkeit des Nichtmeßbaren; die Heimatlosigkeit der Subjektivität im System des Objektiven, das

Rätsel des Bewußtseins in der Welt. Nur verschärft stellen sich die beiden Fragen, die schon jene Anfänge aufwerfen: Warum hat von allen Zivilisationen der Erde gerade der kleine christlich-europäische Westen diesen Weg der Naturdeutung eingeschlagen, der ihn für mehrere Jahrhunderte zum Herrn der Erde machte? Und wie ist in der so erfolgreich gedeuteten Welt noch die Tatsache ihrer Deutung selbst zu deuten, d. h. daß es eine sich ihr frei gegenüberstellende, sie erlebende, erleidende, befragende, erkennende, sogar beherrschende Innerlichkeit gibt? Daß die aus jenen Anfängen erwachende Wissenschaft von der Bewegung »*richtig*« war, bewies sie durch den rasanten Erfolg ihrer technischen Anwendung. Jeder technologische Fortschritt, jedes Funktionieren einer neuen Erfindung beweist die Wahrheit der dahinterstehenden Theorie. So wurde der europäische Westen zum Herrn der Erde, und nur durch Übernahme seines Denkens war sein Monopol zu brechen. Was ihn zu der Pfadfinderrolle ausersehen hat – auf diese Frage werden immer wieder Antworten versucht, die einander wohl ergänzen, und sie wird ein interessantes Thema historischer Besinnung bleiben. Es ist eine die Vergangenheit betreffende Frage. Doch von bleibender und bedrängender Gegenwärtigkeit ist die andere, wie mit dem so beglaubigten wissenschaftlichen Weltbild unser eigenes, von innen erfahrenes Sein zu vereinen ist. Das Rätsel des Bewußtseins steht ungelöst da wie am ersten Tag. Daß die Ontologie der Naturwissenschaft unvollständig ist, eine nur partielle und einseitige Antwort auf die Seinsfrage, zeigt sie damit, daß sie sich selbst, ihre eigene Tatsache, darin nicht unterbringen kann. Für das Dasein und die Rolle auch nur der geringsten Regung des Fühlens hat ihr Objektschema keinen Platz, geschweige denn für ihr eigenes Dasein im Denken des Physikers. So steht die Seinsfrage weit offen, und desto drängender, je größer und gefährlicher die Macht wird, welche die wissenschaftliche Weltansicht uns verschafft, während sie uns zugleich jede Auskunft darüber versagt, was wir damit tun oder nicht tun dürfen. Denn »Werte« als Quelle eines Sollens haben in ihr keine Stätte. Aber es ist eben eine selektive, reduzierte Seinslehre, wie ihr besonderer Erkenntniszweck sie verlangt. Unser moralischer Sinn sagt uns, daß sie nicht das Ganze sein kann – nicht einmal für das Begreifen der stofflichen, von außen gesehenen Welt selbst, in der doch das Vorkommen von Innerlichkeit oder Subjektivität eine so objektive Tatsache ist wie das von Sonnen und Kristallen. Die Naturwissenschaft, gebunden an Occams Gebot der Sparsamkeit, muß sich an die minimalistische Ontologie halten, die das Geheimnis ihres Erfolges ist. Doch die Philosophie, die einmal Geburtshelfer bei der neuen Wissenschaft war, um dann von ihrem Glanz geblendet zu werden, darf darüber das Ganze nicht aus dem Auge verlieren. Dafür ist es gut, ihr ins Gedächtnis zu rufen, was eigentlich damals geschah, als die Grundlagen des neuen Weltbildes gelegt wurden. Deshalb schien mir die heutige Besinnung auf die Anfänge der Mühe wert. Außerdem, gestehen wir es uns ein, ist es an und für sich eine aufregende Geschichte.

6.
Zur ontologischen Grundlegung einer Zukunftsethik

»Zukunftsethik« bezeichnet nicht eine Ethik *in* der Zukunft – eine zukünftige Ethik, die wir uns jetzt für unsere dereinstigen Nachkommen ausdenken –, sondern eine jetzige Ethik, die sich *um* die Zukunft kümmert, sie *für* unsere Nachkommen vor Folgen unseres jetzigen Handelns schützen will. Dies ist nötig geworden, weil unser jetziges Handeln im Zeichen globaler Technik so zukunftsträchtig geworden ist, und dies im gefährdenden Sinne, daß sittliche Verantwortung gebietet, das Wohl der später davon Betroffenen und Nichtbefragten bei unseren tagtäglichen Entscheidungen in Betracht zu ziehen. Die *Verantwortung* erwächst uns ungewollt aus dem schieren Ausmaß der *Macht*, die wir tagtäglich im Dienste des Nahen ausüben, aber unvorsätzlich ins Ferne wirken lassen: Sie muß ihrer Größe gleichkommen und umfaßt daher *wie diese* die ganze Zukunft des Menschen auf Erden. Nie hat eine Gegenwart solche *Macht* gehabt – die dazu sich ständig und zwangsläufig betätigt –, nie eine solche *Verantwortung* getragen. Nur mit *Wissen* kann diese auch ausgeübt werden.

Das hier benötigte Wissen ist zweifach: objektiv eines von physischen Ursachen, subjektiv eines von menschlichen Zwecken. Die Zukunftsethik, höchst gegenwärtig in ihren Geboten, also nicht selber ein Thema der Futurologie, braucht die Futurologie – die wissenschaftlich unterrichtete Fernprojektion dessen, wozu unser jetziges Tun ursächlich führen *kann*, – um nicht blind, sondern sehend sich der Zukunft annehmen zu können. Futurologie des *Wunschbildes* ist uns bekannt als Utopie; Futurologie der *Warnung* müssen wir erst lernen zur Selbstbeherrschung unseres entfesselten Könnens. Doch warnen kann sie nur solche, die außer der Wissenschaft von den Ursachen und Wirkungen auch ein *Bild vom Menschen* unterhalten, das verpflichtet und als ihrer Obhut anvertraut empfunden wird.

Pflicht braucht Empfindung, um Befolgung zu finden, aber sie besteht auch unempfunden und muß daher ihren eigenen unabhängigen Grund besitzen. Auf diesen zielt der im Titel gebrauchte und nicht ganz geläufige Ausdruck ›ontologisch‹. Zuerst also einige Worte darüber, was mit »ontologischer Begründung« gemeint ist. Als Beispiel zwei Aussagen mit unterschiedlicher Begründungslogik, daher von unterschiedlichem Wahrheitsrang. ›Wir müssen essen‹; ›Für unser Essen müssen wir arbeiten‹. Daß wir essen müssen, hat einen ontologischen Grund, nämlich in unserer Seinsverfassung als stoffwechselnde Wesen: Wir existieren nur kraft fortgehenden Stoffwechsels mit der Außenwelt. Daß wir für unser Essen arbeiten müssen, hat äußere und variable Gründe in den Umständen eben jener Außenwelt (Natur und Gesellschaft), unter denen Nahrung für uns verfügbar wird. Während die ontologische Notwendigkeit des Essenmüssens unbedingt ist und keine Ausnahme duldet, läßt die umstandsbedingte Notwendigkeit des Arbeitenmüssens bekanntlich Ausnahmen zu: Privileg oder Reichtum, generell »arbeitsloses Einkommen« kann davon befreien.

Eine ontologische Begründung (wie die des Essenmüssens in unserem Beispiel) ist der Rekurs auf eine Eigenschaft, die unzertrennlich zum *Sein* der Sache gehört, wie Stoffwechsel zum Organismus, wo sie sogar ausschließlich zu ihr und keiner anderen gehört – also ebensosehr der Satz gilt ›Alle Organismen sind stoffwechselnd‹ wie der ›Alle stoffwechselnden Wesen sind Organismen‹. Der Unterschied läßt sich auch an ein und derselben Eigenschaft illustrieren. Daß Sokrates sterblich ist, weil alle Menschen sterblich sind, ist eine empirische Begründung, deren Gewißheit so weit reicht wie die Vergewisserung über »alle« Menschen in Vergangenheit und Zukunft. Daß Sokrates sterblich ist, weil Sterblichkeit zum Menschsein gehört, ist eine ontologische Begründung, die a priori gilt, wenn das hier zugrundegelegte »Sein des

Menschen« richtig erkannt war. (Der Unterschied fällt nicht zusammen mit dem zwischen synthetischen und analytischen Urteilen.)

Es gibt also ontologisch gegründete Sachverhalte und daher ontologische Begründungen für die Aussage solcher Sachverhalte. Aber ist auch eine Pflicht ein Sachverhalt? Läßt sich ein »du sollst« auf ein »so ist es« zurückführen? Die Geltung eines Gebots auf die Wahrheit eines Wissens? Hat es Sinn, von Wert an sich und seiner Verbindlichkeit zu sprechen? Kurz, gibt es eine ontologische Begründung für den *Begriff* der Verantwortung und für das *Recht* ihrer Forderung an uns? Die Antwort auf diese Fragen, bei denen es letztlich darum geht, ob es logisch eine Brücke vom Sein zum Sollen gibt und damit eine Objektivität der Moral, wird wohl auf immer umstritten bleiben. Doch mit diesem Zugeständnis allein ist schon die Frage zugelassen, ja auferlegt, auf daß der Streit weitergehe und die Sache nicht vorzeitig – d. h. vor dem Ende der Zeit – zu den Akten gelegt wird. So gefeit gegen unvernünftige Erwartung und unvermeidliche Enttäuschung zugleich, betrete ich mit einer gewissen Fröhlichkeit das einsam gewordene Feld, bereit, dort auf die so oft schon totgesagte Metaphysik zu stoßen, von der zu neuer Niederlage sich verleiten lassen besser ist als ihren Gesang gar nicht mehr zu hören. Zur Grundlegung einer Zukunftsethik sei mein metaphysischer Glaube vorab bekannt: Das Sein, wie es sich selbst bezeugt, gibt Kunde nicht nur davon, was es ist, sondern auch davon, was wir ihm schuldig sind. Auch die Ethik hat einen ontologischen Grund. Der Grund ist mehrschichtig: uns zunächst im Sein des Menschen gelegen, weiterhin aber im Grund des Seins überhaupt. Beginnen wir mit uns.

Der Mensch ist das einzige uns bekannte Wesen, das Verantwortung haben kann. Indem er sie haben *kann*, *hat* er sie. Die Fähigkeit zur Verantwortung bedeutet schon das Unterstelltsein unter ihr Gebot: Das Können selbst führt mit sich das Sollen. Die Fähigkeit aber zur Verantwortung – eine *ethische* Fähigkeit – beruht in der *ontologischen* Befähigung des Menschen, zwischen Alternativen des Handelns mit Wissen und Wollen zu wählen. Verantwortung ist also komplementär zur *Freiheit*. Sie ist die Bürde der Freiheit eines Tatsubjekts: Ich bin verantwortlich mit meiner Tat als solcher (ebenso wie mit ihrer Unterlassung), und das gleichviel, ob jemand da ist, der mich – jetzt oder später – zur Verantwortung zieht. Verantwortung besteht also mit oder ohne Gott, und natürlich erst recht mit oder ohne einen irdischen Gerichtshof. Dennoch ist sie, außer *für* etwas, die Verantwortung *vor* etwas – einer verpflichtenden Instanz, der Rechenschaft zu geben ist. Diese Instanz, so sagt man wohl, wenn man an keine göttliche mehr glaubt, ist das Gewissen. Aber damit verschiebt man nur die Frage auf die nächste, woher denn das Gewissen seine Kriterien hat, durch welche Quelle *seine* Entscheide autorisiert sind. Vor wem oder was sind wir dann in unserm Gewissen verantwortlich? Erkunden wir, ob sich vielleicht nicht aus eben dem »Wofür« der Verantwortung auch ihr »Wovor« ableiten läßt.

Wofür ich verantwortlich bin, sind natürlich die Folgen meines Tuns – in dem Maße, wie sie ein Sein affizieren. Also ist wirklicher Gegenstand meiner Verantwortung dies von mir affizierte *Sein* selber. Das hat aber ethischen Sinn nur, wenn dies Sein etwas wert ist: einem wert-indifferenten Sein gegenüber kann ich alles verantworten, und das ist dasselbe wie daß ich nichts zu verantworten brauche. Wenn nun (und wann immer) die Voraussetzung – wiederum eine *ontologische* –, daß Seiendes werthaltig ist, vorliegt, dann wird *dessen* Sein mit einem Anspruch an mich begabt; und da durch dies Besondere die Werthaltigkeit des Seins im Ganzen mich anspricht, so erscheint letztlich dies Ganze als dasjenige nicht nur, *für* das ich jeweils partikular mit meinem Tun verantwortlich *werde*, sondern auch als das, *wovor* ich immer schon mit all meinem Tunkönnen verantwortlich *bin* – weil sein *Wert* ein *Recht* auf mich hat. Damit ist gesagt, daß vom Sein der Dinge selbst – nicht erst vom Willen eines persönlichen Schöpfergottes ihretwegen – ein Gebot ergehen und *mich* meinen kann.

Das »Mich-Meinen« oder das »Recht auf mich« ist zunächst und ganz generell ein Anspruch auf meine Wahrnehmung und dann auf meine Achtung (Respekt). Wir alle sind allem Wert verpflichtet mit unserer Perzeption, d. h. schon als *kontemplative* Subjekte. »Wert« aber – das liegt in seinem Begriff – enthält immanent einen Anspruch auf Wirklichkeit: Er sagt, daß es besser ist, daß er *sei*, als daß er nicht sei. Das liegt einfach im Sinn des »Guten« an sich, und eben die abstrakte *Anerkennung* dieses seines Vorrechtes auf Sein ist das erste, was es mit seiner Wahrnehmung von mir fordert. Konkret aber wird der Anspruch eines werthaltigen Seins gerade an mich als *praktisches* Subjekt, wenn (a) dies Sein ein verwundbares ist, wie es das Lebendige in seiner wesenhaften Hinfälligkeit immer ist; *und* (b) als solches in meinen Tatbereich fällt, meiner Macht ausgesetzt ist – sei es durch Zufall oder, um so verbindlicher, durch meine eigene Wahl. Dann geschieht es, daß der allgemeine Ruf alles vergänglichwerthaften Seins ganz aktuell mich meint und zum Gebot für mich wird. Meiner Macht ausgesetzt, ist es ihr zugleich anvertraut. Dabei untersteht es natürlich der *Stufung* von Werten, sobald *zwischen* Werten (also für und wider) eine Entscheidung zu treffen ist, wie unter den Bedingungen der Wirklichkeit fast immer der Fall. Indem wir handeln, müssen wir auch schuldig werden.

Also nicht nur passiv, als wechselndes Objekt meines Handelns, auch aktiv, als permanentes Subjekt eines Anrufs, der mich in seine Pflicht nimmt, ist es das *Sein*, womit Verantwortung es jeweils und immer zu tun hat. Das Sein von dem oder jenem ist es, *wofür* die einzelne Tat eine Verantwortung eingeht; das Sein des Ganzen in seiner Integrität ist die Instanz, *wovor* sie diese Verantwortung trägt. Die Tat selbst aber setzt Freiheit voraus. Zwischen diesen zwei ontologischen Polen also, der menschlichen Freiheit und der Werthaftigkeit des Seins, steht die Verantwortung als die ethische Vermittlung. Sie ist komplementär zur einen und zur andern und die gemeinsame Funktion beider. Dies ist grundlegend dafür, was Verantwortung, wie ich sie verstehe, ihrem *Wesen* nach ist.

Dem *Umfange* nach aber – in dem, auf was alles sie sich erstreckt – ist sie eine Funktion unserer *Macht* und ist dieser proportional. Denn die Größe unserer Macht bestimmt das Ausmaß, in dem wir die Realität affizieren können und es im Handeln faktisch tun. Daher wächst mit der Macht auch die Verantwortung.

Ausdehnung der Macht ist aber auch Ausdehnung ihrer Wirkungen in die *Zukunft*. Daraus folgt, daß wir die gewachsene Verantwortung, die wir in jedem Fall *haben*, ob wir wollen oder nicht, nur dann auch *ausüben* können, wenn proportional auch unsere Voraussicht der Folgen wächst. Ideal müßte die Länge der Voraussicht der Länge der Folgenkette gleichkommen. Aber ein solches Wissen um die Zukunft ist im menschlichen und im Lebensbereich aus vielen Gründen nicht möglich. Zwar enthält in der Tat schon die vergrößerte Macht an sich auch vergrößertes Wissen, denn sie ist ja selber Frucht und Anwendung eines solchen, und so sind mit ihr auch Methoden, Schärfe und Reichweite des Vorwissens gewachsen. Aber nicht im Gleichschritt mit der *Wirkungs*weite der Macht selbst; und es bleibt immer, wenn es um Projektion in die Zukunft geht, und um so mehr, je weiter voraus, ein Überschuß der Folgenträchtigkeit über das Wißbare und Vorhersehbare. Das war vielleicht immer so, auch bei viel bescheidenerer Macht, und eben wegen ihrer Bescheidenheit konnte man sich das Vermuten und Erraten und aufs Unbekannte Wetten wohl auch leisten. Das ist nicht mehr der Fall. Heute haben menschliche Macht *und ihr Überschuß* über jedes sichere Vorauswissen der Folgen solche Dimensionen angenommen, daß schon die alltägliche Ausübung unseres Könnens, in der ja die moderne Zivilisation routinemäßig besteht und wovon wir alle leben, zum ethischen Problem wird.

Damit kommen wir zur heutigen Situation und den Pflichten einer ihr angemessenen Zukunftsethik, und von hier an wird unser Diskurs konkreter. Die gestiegene Macht, von der im Vorigen die Rede war, meinte natürlich die moderne Technik. Quantitativ und qualitativ übertrifft sie ohne Vergleich alles, was bisher der Mensch mit der Natur und sich selbst tun konnte. Hierüber brauchen wir nicht viele Worte zu machen. Auch nicht darüber, daß die Technik doppelgesichtig ist, zum Guten wie zum Bösen ausschlagen kann –, ja, daß *ihr Gutes selbst* es an sich hat, durch schieres Wachstum ins Schlimme umzuschlagen; und daß eben durch die Größenordnung dies das ganze Menschenlos auf Erden bis weithin in die Zukunft betrifft. All dies ist, zwar noch nicht lange, doch mit steigender Deutlichkeit bewußt. Für die Grundlegung einer Zukunftsethik, wie sie hierdurch nötig geworden ist – einer Ethik, die sich für die menschliche Zukunft verantwortlich macht –, ergeben sich aus dem Vorigen zwei Ansätze oder zwei vorbereitende Aufgaben: 1. das *Wissen* um die Folgen unseres Tuns zu maximieren im Hinblick darauf, wie sie das künftige Menschenlos bestimmen und gefährden können; und 2. im Lichte dieses Wissen, d. h. des präzedenzlos Neuen, das sein *könnte*, ein neues Wissen von dem zu erarbeiten, was sein darf und nicht sein darf, was zuzulassen und was zu vermeiden ist: also letztlich und positiv ein Wissen vom *Guten* – von dem, was der Mensch sein soll: wozu sehr wohl gerade der vorwegnehmende Anblick dessen, was *nicht* sein darf, aber nun erstmalig *möglich* erscheint, verhelfen kann. Das eine ist ein Sachwissen, das andere ein Wertwissen. Wir brauchen beides für einen Kompaß in die Zukunft.

Zum ersten Punkt, dem Gebot maximaler *Information* über voraussichtliche, späte Folgen unseres Kollektivhandelns, darf ich auf öfters von mir dazu Gesagtes verweisen[1] und hebe daraus nur hervor, daß sich hier Wissenschaftlichkeit

---

[1] Siehe z. B. H. Jonas, *Technik, Medizin und Ethik*, Frankfurt am Main 1985, S. 64–66.

der Deduktion mit Lebhaftigkeit der Imagination paaren muß, damit das von ferne Gewußte Kraft über unser Verhalten gewinnt. Zuerst einmal muß überhaupt das Vorwissen der ihm enteilten Reichweite unserer Macht nachzukommen suchen, auf daß wir deren an sich vielleicht unverfänglichen Nahziele der Kritik von den Fernwirkungen her unterwerfen. So wird eine ernsthafte *Futurologie*, wie der Verantwortungszweck sie für sich fordert, ein eigens und fortlaufend zu pflegender Forschungszweig, der die Zusammenarbeit zahlreicher Sachverständiger der verschiedensten Gebiete verlangt. Indem sie unsere Macht mit der Synthese ihrer künftigen Wirkungen konfrontiert, hilft sie, die von sich trunkene zu ernüchtern und vor sich selbst zu schützen. Der Schritt vom Gesehenen zum Bestimmungsgrund des Handelns bedarf der Brücke des Gefühls, das die Vorstellung des Kommenden in uns hervorruft. Zukunftsschau im Dienste der Zukunftsethik hat also eine intellektuelle und eine emotionale Funktion, sie soll den Verstand unterrichten und den Willen bewegen. Das Abzuwendende soll erscheinen, das Erschrecken davor uns erwecken, das Kausalverständnis, das sich in seiner Ableitung geübt hat, seiner Abwendung zugute kommen. Zur Rolle des Gefühls hierbei wird später noch etwas zu sagen sein.

Die andere Vor-Aufgabe fällt mitten in die ontologische Fragestellung, der diese Untersuchung gewidmet ist: eine Lehre vom *Menschen*, die uns sagt, was das menschlich *Gute* ist: was er sein soll, worum es bei ihm geht und was ihm frommt – damit aber auch, was er *nicht* sein darf, was ihn mindert und entstellt. Wir brauchen dies Wissen, um darüber wachen zu können, daß das menschliche Gute – immer schon gefährdet seiner Natur nach – nicht der Hochflut technologischer Entwicklung zum Opfer fällt. Die Gefahren sind neu, aber das Gute ist alt.

Ein Wissen vom menschlich Guten müssen wir dem *Wesen* des Menschen entnehmen. Für dieses haben wir zwei Quellen: die *Geschichte* und die *Metaphysik*. Die Geschichte lehrt uns, was der Mensch sein kann – die Spanne seiner Möglichkeiten: was alles es an ihm zu bewahren und zu verderben gibt. Denn in seiner Geschichte *hat sich »der Mensch« schon gezeigt* – in seinen Höhen und seinen Tiefen, seiner Größe und seiner Erbärmlichkeit, im Erhabenen und im Lächerlichen –, und allen utopistischen Träumen von einem erst zu erwartenden oder zu schaffenden oder zu ermöglichenden oder gar zu erzwingenden »eigentlichen« und »wahren« Menschen – politisch-anthropologischen Endzeitträumen, die uns nur ins Unglück führen können – ist entgegenzuhalten, daß »der Mensch« immer schon da war mit jener ganzen Skala des zu Vermeidenden und des nicht zu Übertreffenden. Hieraus lernen wir, worum es sich beim Menschen lohnt: *daß* es sich also um ihn lohnt und unser Wesen einer Zukunft wert ist – nämlich als einer immer neuen Chance seiner *Möglichkeit* zum Guten (mehr als *sie* zu sichern, können wir nicht versuchen).

Doch über den *Grund* des wahrhaft Humanen und des Sein*sollens* des Menschen belehrt uns erst die Metaphysik mit ihrem ganz anderen, nicht phänomenologischen, sondern *ontologischen* Wissen vom Wesen. Sie ist heute philosophisch in Verruf, aber wir können ihrer nicht entraten und müssen sie wieder wagen. Denn sie allein kann uns sagen, *warum* der Mensch überhaupt sein soll, also nicht sein Verschwinden aus der Welt herbeiführen oder läßlich erlauben darf; und auch, *wie* er sein soll, damit er den Grund, warum er sein soll, ehre und nicht hinfällig mache. Der Grund »warum«, der die Menschheit zur *Existenz* verpflichtet, verbietet als erstes den physischen Selbstmord der Gattung (den uns kein biologischer Imperativ verbietet); derselbe, als Grund des »Wie«, der die Menschheit zu einer bestimmten *Qualität* des Lebens verpflichtet, also das pure Daß mit einem Was füllt, verbietet zugleich damit die seelische Verödung dieser Existenz. Mit beidem aber bedroht uns der blinde Fortschritt der Technik. Daher die neue Notwendigkeit der Metaphysik, die uns durch ihr Sehen gegen die Blindheit wappnen soll.

Doch die Metaphysik *nötig* haben heißt noch nicht, sie auch zu *haben*, und unserem positivistischen Denken liegt sie ferner als je. Unnötig zu sagen, daß auch ich sie nicht besitze. Ein bescheidener Anfang zu ihr wäre immerhin, so scheint mir, dem Satze abzugewinnen, mit dem wir unseren Grundlegungsversuch bei uns selbst begannen. Er lautete: Der Mensch ist das einzige uns bekannte Wesen, das Verantwortung haben *kann*. Unmittelbar erkennen wir dies »Können« als mehr denn einen bloß empirischen Befund. Wir erkennen es als ein unterscheidendes und entscheidendes *Wesens*merkmal des Menschen in seiner Seinsausstattung. Wir haben also in dem Befund einen Satz der philosophischen Anthropologie, d. h. der Ontologie des Wesens »Mensch«, und eben damit schon einen Satz der Metaphysik – zunächst nur der Metaphysik des Menschen. Sehen wir, wie wir von da weiterkommen. Etwa so: Ebenso unmittelbar wie ihre *Wesen*haftigkeit erkennen wir in dieser ontologischen Auszeichnung des Menschen, der Verantwortung fähig zu sein, intuitiv einen *Wert*, dessen Erscheinen in der Welt die schon vorher an Lebenswerten reiche Landschaft *des Seins* nicht einfach um einen weiteren Wert vermehrt, sondern alles Bisherige mit einem es generisch Transzendierenden übertrifft. Es stellt eine qualitative Steigerung der Werthaltigkeit des *Seins überhaupt* dar, von dem wir ja sagten, daß wir letztlich *ihm* mit unserer Verantwortung verpflichtet sind. Damit wird aber Verantwortungsfähigkeit als solche, außer daß ihr Besitz zu ihrer Ausübung von Fall zu Fall mit seinen wechselnden Gegenständen des Handelns verpflichtet, selber auch *ihr eigener Gegenstand*, indem ihr Besitz auf die Fortdauer *ihrer Anwesenheit in der Welt* verpflichtet. Diese Anwesenheit ist an das Dasein derart befähigter Kreaturen gebunden. Also verpflichtet Verantwortungsfähigkeit an sich ihre jeweiligen Träger, das Dasein künftiger Träger zu ermöglichen. Auf daß Verantwortung nicht aus der Welt verschwinde, so sagt ihr immanentes Gebot, sollen auch künftig Menschen sein. So hat denn Verantwortung, hinter all ihren immerfort anderen *kontingenten* Gegenständen, stets sich selbst zum *ontologischen* Gegenstand, wenn dieser auch nur im Falle ontischer Bedrohung aktuell wird. Dann muß sie um ihrer selbst und ihrer eigenen Präsenz im Sein willen die Erhaltung ihrer Repräsentanz in der Welt sich zum eminenten Anliegen machen. Erste Bedingung dieser Repräsentanz ist die physische Existenz von Menschen, d. h. einer Menschheit: woraus als erstes sich eben das Verbot eines physischen Selbstmordes der Menschheit ergibt, oder das Gebot seiner Verhinderung. Aber das ist nur das erste. Denn obwohl die ontologische Fähigkeit zur Verantwortung unverlierbar ist, so ist doch die psychologische Offenheit für sie ein geschichtlich erworbener, anfälliger Besitz, der kollektiv wieder verlorengehen kann, selbst wenn kalkulatorischer Verstand und die ihm entspringende Macht mit dem biologischen Subjekt überleben. Darum schließt die Verantwortung der Verantwortungsfähigkeit für sich selbst und ihr Überleben in der Welt außer dem *Da*sein auch das *So*sein künftiger Menschen ein, derart daß nicht der *Zustand* dieses Daseins die (an die Freiheit des Subjektes gebundene) Fähigkeit zur Verantwortung sich selbst unbekannt werden läßt. Hier träte also das vorher angerufene Prinzip in Kraft, daß das »Wie« der Existenz nicht dem *Grund* der Verpflichtung zu ihr widersprechen darf. Daß dergleichen geschehen könnte, von außen und von innen, illustrieren solche Antiutopien wie A. Huxleys »Schöne neue Welt«, wo der Mensch, seines Adels entkleidet, gar nicht unkomfortabel weiterlebt. B. F. Skinner, in »Jenseits von Freiheit und Würde«, predigt gar eine solche Utopie.

Was wir im Vorigen versucht haben, war die metaphysische Deduktion einer bestimmten Verantwortungspflicht, nämlich der für die Zukunft des Menschen, aus dem Phänomen der Verantwortung selbst – ein scheinbar zirkuläres »ontologisches Argument«, die Herausziehung einer Existenzsetzung aus dem formalen Wesen: aus Verantwortungsfähigkeit Verantwortungspflicht zur Erhaltung von Verantwortungsfähigkeit überhaupt, wobei letztere selbst das ursprüngliche Erfahrungsdatum ist.

Eben diese zugrundeliegende Erfahrungstatsache rettet unser Argument vor dem logischen Zirkeltrug des berühmten »ontologischen Beweises« für das Dasein Gottes: daß aus dem bloßen Gottes*begriff*, worin notwendige (nichtkontingente) Existenz wesentlich einbegriffen ist – aus der begrifflichen ›Essenz‹ also –, die tatsächliche Existenz sich notwendig ergibt. Im Gegensatz dazu ist die Verantwortungsfähigkeit, auf der unser Argument sich aufbaut, zuerst einmal als Tatsache in der Erfahrung *gegeben*; und wenn aus deren Essenz dann Weiteres abgeleitet wird, darunter auch die Pflicht zur Perpetuierung ihrer eigenen Existenz, so ist dies zwar ein Schluß von Essenz zu *geforderter* Existenz, doch kein Zirkelschluß von Essenz zu *gegebener* Existenz. Also ist unser Argument kein leeres.

Aber es ist auch kein *Beweis*. Denn es ist an gewisse unbewiesene, axiomatische Voraussetzungen gebunden: nämlich, daß Verantwortungsfähigkeit an sich ein *Gut* ist, also etwas, dessen Anwesenheit seiner Abwesenheit überlegen ist; und daß es überhaupt »*Werte an sich*« gibt, die im Sein verankert sind – daß letzteres also *objektiv* werthaltig ist.

Besonders für das erstere Axiom berufen wir uns auf unmittelbare Intution. Die Gültigkeit einer solchen Intuition kann aber bestritten, ja, sie selbst von jedem Individuum für sich persönlich geleugnet werden. Und jedem steht es frei, »Werte« *überhaupt* als bloß subjektive, entweder biologisch oder umstandsbedingte Präferenzen anzusehen und im besonderen das Verantwortungsgefühl (wie jede Form des Sollenswahns) als eine von der Evolution begünstigte, dem Gattungsüberleben förderliche Zweckausstattung – die als solche natürlich der Gattung selbst keinen höheren Titel auf Überleben verleiht als irgendeine sonstige Zweckausstattung irgendeiner sonstigen Tierart. Ganz gewiß ist der einzelne dem »Imperativ« einer solchen biologischen Programmierung keinen *Gehorsam schuldig* – dieser so wenig wie dem

Imperativ anderer evolutionärer Gaben, wie etwa dem Sexualtrieb oder dem Aggressionstrieb –, geschweige denn, daß diese Disposition, mit der so viele andere konkurrieren, ihn der *Idee* des immer weiteren Daseins einer Menschheit nach ihm verpflichtet. Es ist halt eine Determinante unter anderen, und die De-facto-Determinationen tun entweder ihr Werk, oder sie tun es nicht. Ein Sollen ist ihnen nicht zu entnehmen.

Diese Kombination von Biologismus und Wertsubjektivismus (mit der sich Geschichtsrelativismus mühelos verbindet) läßt sich nicht eigentlich widerlegen. Es läßt sich ihr nur entgegenhalten, daß auch *sie* auf unbewiesenen, axiomatischen Prämissen beruht, die ich hier nicht aufführen kann. Die meinen sind, glaube ich, etwas besser durchdacht und werden dem vollen Phänomen »Mensch« und dem Sein überhaupt gerechter. Doch letztlich kann mein Argument nicht mehr tun als vernünftig eine *Option* begründen, die es mit ihrer inneren Überredungskraft dem Nachdenklichen zur Wahl stellt. Besseres habe ich leider nicht zu bieten. Vielleicht wird eine künftige Metaphysik es können.

Doch zurück zur Sache. Beide von uns genannten Drohungen – die der physischen Vernichtung und die der existentiellen Verkümmerung – birgt die moderne Großtechnik in ihrem Schoß: die eine durch ihr geradewegs negatives Katastrophenpotential (wie den Atomkrieg), die andere durch ihr positives Manipulationspotential, das z. B. durch Automatisierung aller Arbeit, psychologische und biologische Verhaltenskontrolle, totale Herrschaftsformen, wenn nicht gar durch genetisches Umkonditionieren unserer Natur, zur ethischen Entmündigung führen kann. Was schließlich die *Umwelt*zerstörung durch ganz friedliche, an sich menschendienliche Technik anlangt – statt der jähen nuklearen eine schleichende Apokalypse –, so wird hier physische Bedrohung selber zur existenziellen, wenn am Ende eine globale Not steht, die nur noch den verantwortungsledigen Imperativ des nackten Überlebens bestehen läßt.

Damit sind wir zurück beim anderen Desiderat für die Grundlegung einer Zukunftsethik im Zeichen der Technik, dem kurz besprochenen *sachhaltigen* Wissen der »Futurologie«. Von ihm sagten wir, es müsse das rechte *Gefühl* in uns wachrufen, um uns zum Handeln im Sinne der Verantwortung zu bewegen. Über diese emotionale Seite der sittlich geforderten Zukunftsvision sind einige Worte am Platz.

Denken wir dabei zuerst, wie es sich aufdrängt, an das menschenbedingte Schicksal planetarischer Natur, das uns aus der Zukunft entgegenstarrt, so ist das rechte Gefühl eine Mischung aus Furcht und Schuld: Furcht, weil der Vorblick uns eben Furchtbares zeigt; Schuld, weil wir uns unserer eigenen Ursächlichkeit in seiner Herbeiführung bewußt sind. Kann denn Furchtbares, das gar nicht mehr uns selbst, sondern erst viel Spätere treffen wird, uns fürchten machen? Schon der Anblick der Tragödie auf der Bühne kann es bekanntlich, und der Vergleich fügt der ›Furcht‹ das antizipierende ›Mitleid‹ mit den im voraus verdammten Nachgeborenen hinzu – ohne den Schutz der mitgewußten bloßen Fiktion, den das Bühnenschauspiel gewährt und die Realistik futurologischer Warnung versagt. Vor allem jedoch ihre Anklage, daß jene Künftigen unsere Opfer sind, macht uns die selbstische Distanzierung des Gefühls, die das weit Entfernte sonst wohl erlaubt, moralisch unmöglich. »Das darf nicht sein! Das dürfen wir nicht zulassen! Das dürfen wir nicht anrichten!« schreit uns das Erschrecken vor dem Erschauten in die Ohren. Selbstlose Furcht um das lange nach uns Kommende, ja, vorauseilende Reue seinethalben und Scham unserthalben befallen uns als purer Reflex des Anstands und der Gattungsgemeinschaft auch ohne jede metaphysische Sanktion. Diese ist jedoch in dem Reflex geahnt und findet in jenen spontanen Gefühlen den natürlichen Verbündeten für ihre Forderung. Schon darum soll das finstere Fazit wissenschaftlicher Futurologie weit verbreitet werden. Letztlich ist es dann doch der oben erörterte ›ontologische Imperativ‹ vom Seinsollen des Menschen, ob klar erkannt oder dunkel empfunden, der uns das schon an und für sich verächtliche ›Nach uns die Sintflut‹ absolut untersagt. Unter seiner Geltung (auf die sich auch ohne Begründung wohl viele einigen können) wird die Verantwortung unserer Macht zum zwingenden Gesetz.

Die Rolle der Macht in diesem ganzen Zusammenhang ist verwickelt und zum Teil paradox. Einerseits die Ursache des befürchteten Unheils, ist sie zugleich das einzige Mittel seiner möglichen Verhütung, denn diese erfordert das äußerste Aufgebot eben desselben Wissens, dem die verhängnisvolle Macht entspringt. Indem wir die Wirkung bekämpfen, verstärken wir die Ursache. An die Stelle des natürlichen Hochgefühls, das vordem den Besitz, den Genuß und vor allem das selbsterzeugte Wachstum unserer Macht begleitete, ist die Angst vor ihr getreten: Nicht mehr die Natur, wie einst, sondern gerade unsere Macht über sie ängstigt uns jetzt – um der Natur und um unseretwillen. Aus unserem Diener ist sie unser Meister geworden. Über sie müssen wir eine Kontrolle gewinnen, die wir bis jetzt nicht besitzen, obwohl sie doch gänzlich das Werk unseres Wissens und Willens ist. Das Wissen, der Wille, die Macht sind kollektiv, und so muß es auch ihre Kontrolle sein: Sie kann nur bei den öffentlichen Gewalten liegen, also politisch sein, und das bedarf auf Dauer einer breiten Zustimmung von unten.

Aber was für eine Zustimmung wäre das, und wie wäre sie zu erwirken? Es wäre die Zustimmung zu scharfen Verzichten in unseren ausschweifenden Konsumgewohnheiten, zur Senkung also des gefeierten »westlichen« Lebensstandards jüngster Zeit, dessen Gefräßigkeit samt deren Ausscheidungen ein Hauptschuldiger an der globalen Umweltgefährdung ist; Zustimmung ferner zu der mindestens zeitweiligen wirtschaftlichen Not, die eine solche Kontraktion mit sich brächte; Zustimmung auch zum öffentlichen Eingreifen in die privateste Sphäre, die der Fortpflanzung, zu dem das Populationsproblem zwingen könnte. All das wird unausweichlich, und um so schlimmer, je später, wegen der simplen Wahrheit, daß begrenzte Erde und unbegrenztes Wachstum unverträglich sind und jene das letzte Wort behält. Leicht wie dies einzusehen ist, ist doch noch gänzlich rätselhaft, wie die nötigen Einwilligungen zu den nötigen Bescheidungen zu erlangen und über schwere Zeiten aufrechtzuerhalten sind. Es ist einmal so, daß die Ethik kollektiver Zukunftsverantwortung theoretisch begründen, wie wir versuchten, ungleich leichter ist als Wege zu ihrer Durchführung zu weisen. Immerhin, der Weckruf der Begründung selber und dann die Bewußtseinsbildung und Gefühlserziehung, die von der in ihrem Zeichen betriebenen Futurologie ausgehen können, sind ein erster Schritt.

Bis hierher hatten wir bei dem Gefahrenvektor technischer Macht für die planetarische Zukunft vorwiegend ihre Wirkungen auf die *Umwelt*, auf die äußeren *Bedingungen* künftigen Lebens im Auge – Auswirkungen also, die den Menschen selbst nur mittelbar treffen und katastrophal werden können, wenn sie es global tun. Unmittelbar hat es diese Macht mit nichtmenschlichen *Dingen* zu tun (wie bisher alle Technik außer der Medizin); und in den Schätzungen, wie deren irdischer Gesamtzustand dadurch kritisch verändert werden kann – wo etwa die kritischen Schwellenwerte liegen, wie weit wir hier oder dort noch gehen dürfen –, darin spielen *quantitative* Erwägungen die Hauptrolle, bei denen wir meistenteils noch im Dunkeln tappen. Es gibt aber neuerdings Technologien, die auch *den Menschen direkt* zum Gegenstand haben und das Sein von *Personen* betreffen. Da erheben sich *qualitative* Fragen, für welche Zahlen keine Rolle spielen und deren Entscheid nicht auf so etwas wie die integrale Umweltwissenschaft warten muß, die wir nötig hätten, um die quantitativen Fragen der Ökologie wirklich kompetent beantworten zu können. Wo es sich um unser eigenes Sein handelt, da genügt das jederzeit verfügbare *Wesens*wissen vom Menschen, das uns sagt, was das menschliche *Gute* ist, gewiß, was ihm zuwiderläuft. Wir denken vornehmlich an Entwicklungen auf dem Gebiet der *Human-*

biologie mit ihren ganz neuen praktischen Möglichkeiten, die sie u. a. der Medizin eröffnet. Die »Machbarkeiten«, die hier schon aktuell werden oder erst winken, betreffen den Anfang und das Ende unseres Daseins, unser Geborenwerden, unsere Lebenslänge und unser Sterben, ja, unsere erbliche Konstitution. Sie rühren damit an letzte Fragen unseres Menschseins: an den Begriff des »bonum humanum«, den Sinn von Leben und Tod, die Würde der Person, die Integrität des Menschenbildes (religiös: der Imago Dei). Auf solche Fragen müssen wir im Lichte eines *gültigen* (nicht nur gerade geltenden) Menschenbildes antworten, und dafür brauchen wir wiederum die Metaphysik – diesmal nicht eine nur formale, wie die vorher versuchte, die uns sagt, warum der Mensch überhaupt sein soll und wir dafür die Verantwortung tragen, sondern eine materiale, inhaltliche Metaphysik, die das so zu verantwortende Sein vor ganz konkreten Entstellungen schützt. In ihrem Licht können wir Fragen der Humantechnologie auch *antizipierend* angehen, und zwar kategorisch, frei vom hypothetischen Rätselspiel der Zahlen und der verschlungenen Weltkausalitäten, welche die Wirkung unseres Tuns im Großen beherrschen. Hier, wo schon das einzelne Paradigma seine ganze Wahrheit vom Wesen her zu sagen hat, kann die Begegnung der Zukunftsethik mit der Technik dem aktuellen technischen Vermögen weit voraus stattfinden und zu bindenden Urteilen führen. Die bloße Faustregel der »Heuristik der Furcht«, bei schwankenden Prognosen der warnenden Gehör zu geben, wird hier ersetzt durch das sichere, von *Größen*berechnung der Folgen ganz unabhängige Urteil, daß dies oder jenes – ob in großem oder kleinem Maßstab – schlechterdings nicht stattfinden darf. Wenn z. B. Spielen mit der menschlichen Erbsubstanz als solches ein Frevel ist, dann ist es dies schon beim ersten und einzigen Versuch und nicht erst bei der Massenanwendung, die sonst wohl in der Erwägung technologischer Verwüstungen und auch biologischer Wagnisse maßgebend ist. Dann aber stünde es schon der *Forschung* nicht frei, solche Versuche anzustellen, ja, sich das Ziel genetischer Umschaffung (d. h. schon ihrer Erkundung) beim Menschen überhaupt zu setzen – und die so hochbewertete *Freiheit der Wissenschaft* stieße hier, sowohl vom Ziele wie vom Wege her, auf eine Schranke.

Damit rühren wir an das Schicksal der Freiheit im Vorblick unserer Zukunftsethik. Seine Erörterung, der wir nicht ausweichen dürfen, scheint Mißverständnisse herauszufordern. Die warnende Prognose, daß dem steigenden Druck einer weltweiten ökologischen Krise nicht nur materielle Lebensstandards, sondern auch demokratische Freiheiten zum Opfer fallen würden, bis am Ende nur noch eine zu retten suchende Tyrannei übrigbliebe, hat mir die Anklage eingetragen, daß ich der Diktatur zur Lösung unserer Probleme das Wort rede. Was daran eine Verwechslung von Warnung mit Empfehlung ist, darf ich ignorieren. Doch habe ich in der Tat gesagt, daß eine solche Tyrannei immer noch besser sei als der Untergang, sie also im Falle dieser Alternative ethisch gebilligt, und diesen Standpunkt, zu dem ich mich weiter bekenne, muß ich jetzt vor dem Gerichtshof verteidigen, den ich selber mit dem Hauptargument dieses Aufsatzes errichtet habe.

Denn widersprechen wir mit der Gutheißung physischen Überlebens um den Preis der Freiheit nicht uns selbst? Sagten wir nicht, daß Freiheit die Bedingung der Verantwortungsfähigkeit sei – und diese ein Grund, warum die Menschheit weiterbestehen soll? Verletzen wir mit der Zulassung der Tyrannei als Alternative zur physischen Vernichtung nicht den von uns aufgestellten Grundsatz, daß das Wie der Existenz nicht ihr Warum aufheben darf? Doch wir können das schreckliche Zugeständnis an den Primat des physischen Überlebens machen in der Überzeugung, daß die *ontologische Befähigung* zur Freiheit, unabtrennbar wie sie ist vom Wesen des Menschen, sich nicht wirklich auslöschen, nur zeitweilig sich aus dem öffentlichen Raum verbannen läßt. Die Überzeugung kann sich stützen auf wohlbekannte Erfahrung. Wir haben es erlebt, daß selbst in den totalitärsten Zwangssystemen das Freiheitsvermögen einzelner sich unbesiegbar regt und unsern Glauben an den Menschen neu belebt. In diesem Glauben dürfen wir mit Grund hoffen, daß – solange es *Menschen* sind, die überleben – mit ihnen auch das Ebenbild Gottes weiterlebt und im Verborgenen auf seine neue Stunde wartet. Mit dieser Hoffnung – die hier einmal vor der Furcht den Vorrang hat – dürfen wir um der physischen Rettung willen, wenn es denn sein muß, selbst eine Pause der Freiheit in den äußeren Affären der Menschheit hinnehmen.

Dies war, wohlgemerkt, eine Erwägung des schlimmsten Falles, zu dem es *nicht* kommen zu lassen, den zu verhüten eben die oberste Aufgabe der Verantwortung in diesem welthistorischen Augenblick ist. Es ist in der Tat eine der vornehmsten, selbstbezogenen Pflichten des Prinzips Verantwortung, durch jetziges Tun in Freiheit künftigem Zwang zur Unfreiheit vorzubeugen und so sich selbst den weitesten Spielraum auch bei den Nachkommen offenzulassen. Aber es geht um mehr als das. Es geht um den Fortgang des gesamten irdischen Schöpfungswunders, von dem unser Menschendasein ein Teil ist und vor dem sich Menschenandacht auch ohne »Begründung« neigt. Auch hier also mag der Glaube vorangehen und die Vernunft nachkommen; aber der Glaube verlangt danach (fides quaerens intellectum), und die Vernunft kommt ihm mit Gründen zu Hilfe nach bester Kraft, und ohne zu wissen oder auch nur zu fragen, wieviel dabei für die Bestimmung des Handelns von ihrem Gelingen oder Mißlingen abhängt. Mit diesem Bekenntnis beschließen wir unseren ontologischen Versuch.

7.
Rechte, Recht und Ethik:
Wie erwidern sie auf das Angebot
neuester Fortpflanzungstechniken?

Die Sozialdemokratische Partei Deutschlands ist zu beglückwünschen für die Veranstaltung dieses Kongresses[1], unabhängig davon, ob – wie zu hoffen – am Ende auch der Kongreß zu beglückwünschen ist für seine Ergebnisse. Zu begrüßen ist schon die Einsicht als solche, daß die neuen Reproduktionstechniken den *Gesetzgeber* angehen, daß sie ihn vor ganz neuartige Aufgaben stellen und daß die hier verheißenen oder drohenden Entwicklungen nicht einfach dem Laissez-faire des Individualismus und des freien Marktes überlassen werden dürfen. Die Bundesrepublik, wenn sie bald handelt, würde unter den ersten Staaten sein, die den bio-medizinischen Durchbrüchen des letzten Jahrzehnts auf dem Gebiet menschlicher Fortpflanzung im Wege der Gesetzgebung – und das heißt hier: der Rechtsschöpfung – antwortet. Wesentlich ist, daß wir nicht blind, sondern sehend in die weit offene Zukunft dieser neuen Möglichkeiten gehen. Jeder etwaige Beitrag dieses Kongresses dazu ist ein Gewinn in einer weltweit wichtigen Sache über Staaten und Parteien hinaus. Ich danke den Veranstaltern dafür, daß sie mich mein Scherflein dazu beitragen lassen.

Meine Fragestellung nach der *rechtlichen* Seite ist: Wie weit begründen gewisse persönliche Rechte, wie das auf Nachwuchs, eine öffentliche Pflicht der Beihilfe zu ihrer Erfüllung, speziell durch Bereitstellung gewisser Kunstverfahren bei natürlicher Behinderung? Meine Fragestellung nach der *ethischen* Seite ist: Welche solcher möglichen Wege der Kunst zur Erfüllung jener berechtigten Wünsche sind

1 6. Rechtspolitischer Kongreß der SPD vom 20. bis 22. Juni 1986 in Essen.

sittlich unbedenklich oder bedenklich in einem Sinne, der die Definition öffentlichen Rechts und öffentlicher Pflicht in dieser Sache mitbestimmt? Hiermit — wie schon die bloßen Ausdrücke »Rechte, Recht und Ethik« anzeigen — begibt sich mein Thema klärlich auf das unklare Gebiet des Verhältnisses von Sittlichkeit und Recht. Erlauben Sie mir Nichtjuristen bitte zuerst einige allgemeine Bemerkungen zu den Begriffen »Rechte« und »Recht«, die vielen unter Ihnen sicher längst geläufig sind, mir aber nötig zur Vorklärung dessen, was ich zu sagen habe.

Der unterschiedliche Gebrauch desselben Wortes im Plural und im Singular — besonders wenn letzterer mit dem bestimmten Artikel (»*das* Recht«) einhergeht — zeigt an, daß im Deutschen zwei Begriffe unter dem Namen »Recht« vereinigt sind, die z. B. im Englischen mit den verschiedenen Namen »right« und »law« bezeichnet werden. Wenn wir von »Rechten« sprechen, meinen wir etwas, dessen sich personhafte Subjekte erfreuen: mein Recht *zu* etwas, das mir *Anspruch auf* etwas (ein Rechtsgut) und eventuell *gegen* jemand (ein anderes Rechtssubjekt) gibt — mindestens den auf seine Anerkennung. Sprechen wir andererseits vom »Recht«, so meinen wir die gesetzliche Ordnung, die solche Subjektrechte zuerkennt, definiert, ihr gegenseitiges Verhältnis bestimmt, ihren Genuß durch Sanktionen schützt, aber auch einschränkt und mit komplementären Pflichten gegen andere Rechtssubjekte und die Allgemeinheit verbindet. Es ist offenkundig, daß in der Lebenswirklichkeit zwischen diesen beiden Begriffssphären von »Recht« eine gewisse Spannung bestehen kann, ja eigentlich unvermeidlich ist.

Was ist in beiden Fällen die Quelle — inhaltlich die des spezifischen Rechtsguts, formal die seiner Rechtmäßigkeit? Eine erste Antwort ist, daß es für die geltende Rechtsordnung eben die Gesetzgebung des seinerseits irgendwie rechtmäßigen Staates ist und diese dann durch ihre Satzungen die Quelle für die Einzelrechte der Individuen. Aber diese Antwort, die jedes Recht zu »positivem« Recht machen würde, befriedigt nicht ganz, und das nicht nur wegen der Zirkelhaftigkeit, die in der vorausgesetzten »Rechtmäßigkeit« des Staates selber liegt. Denn gewiß können wir jedem geltenden Recht gegenüber generell die Frage erheben, ob es denn auch »recht« sei; und jedes einzelne Rechtssubjekt kann gegebenenfalls *seine* Rechte, als vom allgemeinen Recht vernachlässigt, diesem entgegenhalten. (Das – mindestens innerliche – Recht dazu ist eine Art Metarecht vor allem bestimmten Recht.) Beidemal wird offenbar ein Recht jenseits des geltenden angerufen, vor dem das geltende sich verantworten muß und worauf die Reklamierung unberücksichtigter Rechte sich gründen kann. Wir möchten da an ein zeitlos (»an sich«) Gültiges glauben, das unabhängig vom Wandel der Macht den Maßstab für deren zeitliche Setzungen liefert – z. B. den Maßstab der »Gerechtigkeit«: Ihm soll »das Recht« nahekommen. Hierin kommt das Bindeglied zwischen Recht und Moral zum Vorschein und damit das Mitspracherecht der *Ethik* in Sachen des Rechts.

Jenes »höhere« Recht nun, an das sich appellieren läßt, geht seit alters (wo es nicht das göttliche genannt wurde) unter dem Namen des *»Naturrechts«*: Von Natur gültig liegt es dem »positiven«, d. h. *gesetzten* Recht voraus. Eben hier hat das Englische zwei Ausdrücke für den einen deutschen: natural right(s) – natural law. Das erstere, besonders im Plural, bezeichnet den Kernbestand an Rechten, die jedes Individuum von sich her, sozusagen vor dem Eintritt in die Gesellschaft, besitzt und in diese mitbringt. Sie sind mit dem *Leben* als solchem gegeben, also angeboren, und werden daher auch »unveräußerlich« (inalienable) genannt. Demgegenüber bezeichnet »das natürliche *Gesetz*« (natural law) den Inbegriff von Normen, die als Sine-qua-non das *Miteinander*leben vieler Subjekte, also das Dasein einer Gesellschaft überhaupt, ermöglichen und die natürlichen Subjekt*rechte* in diesen Rahmen integrieren. In diesem kollektiven Sinne besteht das Naturrecht (als *lex* naturae) gerade nicht in der Reklamierung, sondern in der Zumessung und Abstimmung von Individualrechten und ebenso von Pflichten, ist also vom Subjekt her gesehen eine Auferlegung. Wird das Verhältnis so dargestellt, wie wir es soeben taten, dann liegt die Priorität erkennbar bei den angeborenen Subjekt*rechten*, und die Unterstellung unter das gemeinsame Gesetz ist ein Zugeständnis ihrerseits an das – mehr künstliche als natürliche – Ganze, das aber letztlich doch die, wenn auch eingeschränkte, Befriedigung eben der ursprünglichen Rechte gewährleisten soll. Doch ist auch die umgekehrte Auffassung möglich: Primär sei von Natur die Gemeinschaft (oder Gesellschaft); Rechte und Freiheiten der einzelnen beständen kraft Zugeständnis und Zumessung seitens jener. *Was* hier als primär und was als sekundär angesehen, was wovon abgeleitet wird, macht einen bedeutenden Unterschied in der politischen Philosophie aus – und wir brauchen uns nicht weit in der heutigen Welt umzusehen, um zu wissen: auch einen tiefen Unterschied in der praktischen Politik und Gesetzgebung. Die eine Auffassung tendiert zur Minimalisierung, die andere zur Maximalisierung des Staates (oder der Gruppe, wie z. B. der Familie in China) im Verhältnis zum Individuum.

Es ist ein Wesensmerkmal der westlichen Moderne, daß sie sich für die Priorität der natürlichen *Rechte,* und zwar des Individuums, entschieden hat. Besonders die angelsächsische Rechts- und Staatstheorie hat seit dem 17. Jahrhundert diesen Standpunkt erarbeitet. In der amerikanischen Unabhängigkeitserklärung ist er erstmals zum ausdrücklichen Prinzip einer Staatsgründung, ja Nationsbildung erhoben worden. Die berühmte Präambel spricht vor allem anderen von den »inalienable rights« jedes Menschen – das je angeborene Recht auf Leben, Freiheit und Streben nach Glück – und beruft sich auf die Schöpfungsordnung für die »selbstevidente Wahrheit«, daß alle Menschen *gleich* »geschaffen« wurden – »gleich« natürlich nicht in Begabung, Temperament, Charakter et cetera, sondern mit gleichen Grund*rechten*. Der Mensch als je einzelner ist hier das ursprüngliche Schöpfungsprodukt, der Staat das spätere Kunstprodukt, das sich jenem anpassen muß. Natural right hat über natural law den unstreitigen Vorrang errungen. Die Französische Revolution mit ihrer Erklärung der *droits* de l'homme, der »Menschenrechte«, dann die im 19. Jahrhundert folgende liberale Staatsentwicklung in England und später auf dem Kontinent haben diese Tendenz zum maximalen Freiraum des Individuums und zur minimalen Staatsgewalt besiegelt. Ihr gemäß obliegt es dem Staat (von seiner außenpolitischen Rolle abgesehen), den Bürger vor anderen Bürgern und sogar vor der Obrigkeit zu schützen, aber nicht vor sich selbst. Erst der moderne Wohlfahrtsstaat hat dieser negativen Wahrung von Rechten eine Dimension positiver Fürsorge hinzugefügt, die in unser Problem hineinspielen wird. Aber wir alle im »Westen« sind Erben jener liberal-individualistischen Entwicklung. Würde man einen Bürger der Bundesrepublik fragen: Besitzt du die Grundrechte, weil das Grundgesetz sie dir gewährt, oder ist das Grundgesetz verfaßt worden, wie es ist, weil diese Rechte dir zustehen?, so würde wohl spontan die Antwort fast immer im zweiten Sinne ausfallen. Für den Unterschied übrigens zwischen den Begriffen des »Rechtes« und des »Guten«, zwischen jus und bonum, genügt der Hinweis, daß wir (in der liberalen Gesellschaft) das Recht auf privates Laster anerkennen, ohne seine Ausübung »gut« zu nennen. Das Rechtsgut ist hier auch nicht das Laster, sondern die Freiheit (Selbstbestimmung).

Bevor wir uns von dieser Allgemeinbetrachtung unserem Sonderthema zuwenden, sei noch eine allgemeine Bemerkung zum Begriff der »Rechte« gestattet: Keines von ihnen, nicht einmal die »unveräußerlichen«, ist unbedingt oder unbeschränkt, was seine Durchsetzung in der Wirklichkeit betrifft. Das geht schon aus der Pluralität der Rechte selbst hervor und ebenso aus der Pluralität der Rechtssubjekte. *Eine* wesenseigene Beschränkung *jedes* Rechtes ist die, daß seine Ausübung nicht das*selbe* Recht in anderen verletzen darf: Sogar mein Recht auf Leben – das unveräußerlichste von allen – muß das Recht des Nebenmenschen darauf respektieren. Ebenfalls darf die Ausübung *eines* Rechtes nicht die Befriedigung anderer Rechte sogar desselben Subjekts und erst recht anderer Subjekte *ungehört* der eigenen Befriedigung opfern. Ich betone »nicht ungehört«, also nicht blindlings: Da in der Welt, wo »hart im Raume stoßen sich die Dinge«, etwas gewöhnlich nur auf Kosten von etwas anderem zu verwirklichen ist, sind Entscheidungen unvermeidlich, die mit dem Entscheid für zugleich auch einer gegen etwas Berechtigtes sind; aber die Entscheidung muß dies *gewogen* haben. Selbst das Recht auf Gerechtigkeit rechtfertigt nicht den Fanatismus eines Michael Kohlhaas. Mit anderen Worten, Rechte (im Plural) gehen mit der Bereitschaft und Fähigkeit zu Kompromissen einher.

Wenden wir uns jetzt dem ganz bestimmten Recht auf Nachwuchs zu und fragen, welche Stellung es im öffentlichen Rechtssystem hat. Obwohl es meines Wissens nirgends unter den unveräußerlichen Rechten jedes Menschen genannt wird, darf man es doch unbedenklich dazu zählen, wobei uns freisteht, den Wunsch nach Kindern unter das Glücksstreben zu subsumieren oder ihm ein unabhängiges und ursprüngliches Eigenrecht zuzusprechen. Die erste Frage, die wir an dies allseitig zugestandene Recht richten, ist, ob es zu den starken oder schwachen Rechten gehört. »Stark« nenne ich solche Rechte, die einen Anspruch an andere begründen, z. B. auf deren Beihilfe zur Erlangung des Rechtsgutes. Man kann sie auch »transitive« Rechte nennen. Es entsprechen ihnen positive Pflichten anderer. »Schwach« oder »intransitiv« sind solche Rechte, die von anderen nichts verlangen außer Duldung und Nichtbehinderung – eine bloß negative Pflicht. Oder um das hübsche englische Begriffspaar »commission – omission« zu benutzen: Die einen verpflichten zu Begehungen, die andern nur zu Unterlassungen. Man sieht, die Unterscheidung hat mit der Stärke des Wunsches und auch mit der Rechtswürde seines Objektes nichts zu tun. Hiernach gehört das Recht zum Leben zu den starken Rechten, wie z. B. die Pflicht von Eltern (und gegebenenfalls von anderen) zeigt, Kinder durch die Zeit ihrer Hilflosigkeit durch positive Leistungen zu erhalten. Dagegen hat – um ein etwas frivoles Gegenbeispiel zu nehmen – jeder zwar das gleiche Recht zu einem Ferienaufenthalt an der Costa Brava oder auf Bali, aber niemand die Pflicht, ihm dazu zu verhelfen. Es ist ein bloßes Erlaubnisrecht, kein Anspruchsrecht.

Wozu gehört das Recht auf Nachwuchs? Gewiß ist es an Dignität dem auf die Costa Brava unendlich überlegen. Und offenkundig erfordert seine Wahrnehmung gleich zu Anfang die, wenn auch noch so flüchtige, Mitwirkung eines anderen, des Geschlechtspartners. Aber außer bei schon bestehender Ehe verpflichtet das niemanden, dieser Partner zu sein, und am wenigsten den Staat, ihn zu beschaffen. Der Staat stellt nur mit der rechtlichen Institution der Ehe den Rahmen bei, innerhalb dessen kraft freiwillig eingegangenen Vertrages das Naturrecht auf Fortpflanzung beiderseits »transitiv« wird, d. h. zur komplementären und reziproken Pflicht des exklusiven Partners, aber auch da noch auf Einmütigkeit angewiesen und nicht im Rechtswege erzwingbar. Das einzige, womit das öffentliche Recht diesem transitiven Intimrecht beistehen kann, ist, daß es seine einseitige Versagung (ob aus Unfähigkeit oder Unwilligkeit) als Scheidungsgrund anerkennt – was schwerlich als positive Hilfeleistung zu seiner Befriedigung anzusehen ist. Nun läßt sich vielleicht sagen, daß das öffentliche Recht doch dieser Befriedigung insofern auch positiv beisteht, als es ihren *Folgen* solche Hilfeleistungen zusagt wie arbeitsrechtlichen Schwangerschafts- und Mutterschutz zu Anfang, Steuervergünstigungen auf lange, und mit der *Aussicht* auf derartige Erleichterungen die Realisierung des Kinderwunsches ermutigt. Doch was damit als transitiv im positiv verpflichtenden Sinne anerkannt wird, ist nicht eigentlich das Recht prospektiver Eltern auch Nachwuchs, sondern das Recht schon gezeugter Kinder auf Leben, schon werdender und gewordener Mütter auf Schonung. Die Zeugung selbst bleibt ein Privatissimum zu zweit und das natürliche Recht dazu vom Staate her ein pures Erlaubnisrecht: Dem Wunsch zum Kinde spricht es lediglich Nichtbehinderung zu. Erinnern wir aber daran, daß selbst ein solches Recht, sogar wenn es zu den »unveräußerlichen« gehört, in seinem Genuß nicht unbeschränkt ist, da andere Rechte dabei mitzuberücksichtigen sind; und speziell das auf Nachwuchs, so intim-privat es im Urakt seiner Ausübung ist, geht doch im Erfolg eminent die Gemeinschaft an, der es neue Mitglieder hinzufügt. Da kann es denn wohl eine demographische Krisenlage wie die Überbevölkerungsgefahr dazu bringen, daß der Staat die Ausübung dieses Naturrechts durch Gesetz numerisch beschränkt, wie er es z. Z. in China tut — ein neuartiges Beispiel für die Zweipoligkeit des »Naturrechts« an sich, die Unterwerfung eines natürlichen Individual*rechtes* unter das ebenso natürliche Sozial*gesetz*. In entgegengesetzter demographischer Lage sind umgekehrt (und naturrechtlich ebenso legitim) auch staatliche Antriebsprämien für die Nachwuchswilligkeit, sogar Bußen für die Unwilligkeit denkbar: Das wäre freilich nicht Stärkung eines Rechtes, sondern eher seine Umwandlung in eine ausdrückliche Pflicht (die es ja unausdrücklich immer *auch* ist).

Beide Extreme sind den westlichen Industriegesellschaften gegenwärtig erspart, und dieser Glücksumstand ist ein Grund, warum wir uns in dieser Sache die Politik öffentlicher Neutralität und privater Wahlfreiheit leisten können, die unserem liberalen und individualistischen Begriff von Demokratie am meisten liegt: Nichteinmischung des Staates in die Sexualsphäre überhaupt — in der Ehe, außerhalb der Ehe, zweigeschlechtig, eingeschlechtig, empfängniswillig, empfängnisvermeidend: in alledem vor eingetretener Schwangerschaft, so will es das heute vorherrschende Sitten- und Rechtsgefühl, hat das Gesetz nichts zu suchen (außer bei Minderjährigkeit, Inzest, Nötigung und Prostitution).

Bis jetzt. Und da kommen die neuen Fortpflanzungstechniken daher und ziehen den Staat nolens volens und präzedenzlos in dies intimste und privateste aller Verhältnisse als Mitspieler hinein. Zuerst ist zu zeigen, wieso sie dies tun.

Der offensichtlichste Grund ist, daß diese Kunsthilfen zur Fortpflanzung die Mithilfe des Arztes erfordern und der ärztliche Beruf unter staatlicher, ja monopolistischer Approbation steht. Daher ist für das, was der Arzt tun und nicht tun darf, letztlich der Staat verantwortlich, durch Erlaubnis wie Verbot, auch wenn er die unmittelbare Regelung und Beaufsichtigung der Berufsethik der Standesorganisation (Ärztekammer) überläßt.

Sodann handelt es sich hier der Natur der Sache nach nie um das jeweilige Behandlungs- und Rechtssubjekt allein, sondern andere – Ehegatten, Samen- und Eispender, Leihmütter, Fetusse, vor allem das zu erzeugende Kind – gehören mit ihren Rechten, Pflichten und Immunitäten unzertrennlich mit zum Vorgang, und der laut erstem Grund ohnehin beteiligte Staat kann nicht umhin, die da aufeinandertreffenden Rechtsbelange zu definieren, zu schlichten, in Einklang zu bringen. Auch die Inanspruchnahme des öffentlichen Gesundheitswesens, für die der Steuerzahler aufzukommen hat, muß der Staat nach dem Gewicht persönlicher Rechte und dem Interesse des Gemeinwohls entscheiden.

Drittens aber trifft das, was bei dieser Kunstintervention in das einst Intimste der Zeugungssphäre vorgeht – schon die dabei stattfindende Depersonalisierung derselben –, ins Herz unseres sittlichen Gefühls; und obwohl wir den Staat nicht zum Sittenrichter, nicht einmal zum Sittenwächter machen wollen, so wollen wir ihn doch andererseits nicht zum Komplizen und Schutzherren des Unsittlichen werden lassen. Ja, da er für die hier neuartig auftretenden Wunsch- und Wertkonflikte auf kein vergangenes Recht rekurrieren kann, so bleibt dem Staat einmal nichts anderes übrig als der Rekurs auf die Instanz der Sittlichkeit, um in dieser Sache rechtsschöpferisch zu sein, will er nicht einfach mit der Strömung augenblicklicher Majoritätswünsche treiben. Es liegt also der seltene Fall vor, wo das Gesetz sich direkt an die Ethik als Schiedsrichter seiner Willensbildung wenden muß. Als das allermindeste muß es vermeiden (um diesen peripheren Punkt noch einmal zu berühren), daß öffentlich finanziert wird, was das sittliche Gefühl beleidigt.

Kurz, durch kein Alibi, wie etwa durch Freigabe der ganzen Sache an den privaten Sektor und die persönliche Wahl, kann sich der Staat aus einer Verantwortung für das hier Geschehene herausziehen.

Schauen wir uns nun der Reihe nach die hauptsächlichen Angebote neuer, technisch-medizinisch-kollaborativer Fortpflanzungshilfen auf ihr Verhältnis zu Rechten, Recht und Ethik hin an. Beginnen wir mit dem problemlosesten Fall und schreiten zu immer problematischeren Arten fort.

1. X (Mann oder Frau) ist an der Fortpflanzungsfunktion durch einen physiologischen Mangel gehindert, der operativ behoben werden kann. Kein rechtliches oder ethisches Problem erhebt sich; es braucht nicht einmal das besondere Recht auf Nachwuchs bemüht zu werden: Die allgemeinen Begriffe von Gesundheit, Störung und Heilung genügen, um den Fall z. B. unter die normale Krankenversicherung zu subsumieren, und es ist dafür gleichgültig, welchen Gebrauch Patient oder Patientin fernerhin vom Erfolg der Behandlung machen wird.

2. Die verehelichten X und Y, beide an sich nicht steril, können nicht auf dem Wege des Geschlechtsverkehrs zum gewünschten Kinde kommen, entweder weil der Mann ihn nicht ausführen oder die Frau dabei nicht konzipieren kann. Das eine wie das andere Hindernis läßt sich mit Assistenz des Arztes auf gleiche Weise umgehen: Entnahme von Samen beim Mann und kunstgerechte Injektion bei der Frau. Wiederum entsteht kein Problem, doch immerhin die Frage: Wie oft? Ist der fünfte Kinderwunsch dem ersten gleich zu behandeln? Der einer Wohlfahrtsfamilie gleich dem einer unabhängigen? Fragen nicht für den Arzt (außer hinsichtlich gesundheitlicher Bedenken), aber vielleicht für die Krankenkasse – um so legitimer, als das »Recht auf Nachwuchs«, ohnehin ein »schwaches« im gekennzeichneten Sinn, hier schon befriedigt wurde.

3. Die *unverehelichten* X und Y kommen mit der gleichen Schwierigkeit und dem gleichen Wunsch. Da taucht ein sittliches Problem auf. Zwar steht kein Gesetz dem unehelichen Geschlechtsverhältnis und der unehelichen Mutterschaft im Wege, und der Arzt braucht nicht moralischer zu sein als der Staat. Dennoch besteht ein Unterschied zwischen Zulassung und Beförderung; und wissentlich das Instrument zur Erzielung einer Kindheit ohne Vater zu sein, hat ethische Bedenken, die hier die Rolle des Arztes belasten und durch ihn den erlaubenden Staat. Wollen wir das? Die Frage verschärft sich, je mehr wir zu den neuen Techniken kommen.

4. Das Hindernis beim weiblichen Ehepartner ist von der Art, daß es sich nur durch extrakorporale Befruchtung mit nachheriger Wiedereinpflanzung des Eies umgehen läßt. Das scheint dem unter (2) als ethisch einwandfrei befundenen Fall nur eine technische Komplikation hinzuzufügen. Aber eben diese schafft, in der bisher befolgten Praxis, mit der Produktion überzähliger Fetusse ein gänzlich neues, abgründiges und sittlich so vexierendes Problem, daß man es fast um jeden Preis vermeiden soll, auch wenn es der des Verzichtes auf die Prozedur überhaupt und damit auf das ersehnte Kind ist. Aber er braucht das nicht zu sein. Denn die Überzähligkeit wird bewußt (durch Multiovulation mittels Hormongaben und simultane Befruchtung) herbeigeführt, um bei der niedrigen Erfolgsquote des Verfahrens einen Gefriervorrat befruchteter Ova, d. h. anfänglicher Embryos zu haben, der die wiederholte Extraktion eines jeweils neuen Ovums zu erneutem Versuch erspart. Es ist eine Sache der Konvenienz für Arzt, Labor und Patientin, vor allem für diese. Da ermöglicht nun der (wie wir sahen) bedingte Charakter des Rechtes auf Nachwuchs – daß es mehr ein Erlaubnis- als ein Anspruchsrecht ist – dem Gesetzgeber den Entscheid, daß die derart von der Natur Benachteiligte ent-

weder die Wiederholung des lästigen Eingriffs bis zum Erfolg auf sich nimmt oder das unverschuldete Los der Kinderlosigkeit trägt. Als Ethiker möchte ich diesen Entscheid empfehlen. Die Strategie der »Embryos auf Vorrat«, obwohl den Zweck erleichternd, ist abzulehnen, die entsprechend größeren Lasten sind der kindverlangenden Frau zuzumuten, aber die Kosten kaum der Allgemeinheit.

Bedenklich erscheint mir auch die in manchen Frauenkliniken befolgte Alternative, *sämtliche* erfolgreich befruchteten Eier der Mutter wieder einzupflanzen und auf diese Weise bewußt Zwillings-, Drillings-, Vierlingsgeburten zu veranlassen. Es entzieht sich meinem Urteil, ob dieser aus Achtung vor dem Lebensrecht anfänglicher Fetusse eingegebene Entscheid *medizinisch* richtig ist. Ethisch jedoch will mir scheinen, daß man das – manchmal von der Natur verhängte – Familienschicksal der Mehrfachgeburten nicht künstlich verursachen sollte, also nicht auf *diese* Weise das allerdings noch widrigere Problem der *eingefrorenen* Embryos vermeiden soll.

5. Das Zeugungshindernis beim Ehemann ist Sterilität, der Kinderwunsch einmütig; seine Befriedigung durch episodischen Ehebruch der Frau ist beiden Teilen oder einem unannehmbar, während Adoption den Verzicht auf jede genetische Fortsetzung im Kinde bedeutet – ein Verlust auch in den Augen des liebenden Mannes. Da bietet sich die Befruchtung durch gespendeten Samen von »Bekannt« oder »Unbekannt« an, wobei »Unbekannt« heute z. B. in Amerika schon Standardpraxis ist. In beiden Fällen, besonders dem letzteren, erhebt sich ein wahrer Schwarm von Problemen, rechtlichen und ethischen, die wir ins Auge fassen müssen.

Lassen wir die Frage beiseite, wie weit es sich hier um vereinbarten Ehebruch handelt, und beginnen beim Arzt. Ihm fällt eine in der Geschichte der Medizin unerhörte Rolle zu. Außer wenn das Paar den Samenspender beibringt, muß er ihn bzw. den Samen beschaffen. Das weist ihm, unschön gesagt, die Rolle des Kupplers zu. Außerdem übernimmt er damit die Verantwortung für die genetische Wohlbeschaffenheit des Samens. Sich deren nicht zu versichern, wäre ebenso ärztliche Fahrlässigkeit wie das Analoge bei einer Bluttransfusion. Aber es selbst zu tun, hat er gar nicht die Mittel. Also wendet er sich (wie im Vergleichsfall der Blutbank) an eine approbierte Samenbank, die infolge öffentlicher Aufsicht eine gewisse Gewähr für die Güte ihrer Ware bietet. Da hätten wir schon das zweite Glied in der Kette, durch das der *Staat* indirekt an dem ganzen Vorgang beteiligt ist: erst durch Lizensierung des Doktors, dann durch Lizensierung und Beaufsichtigung der Samenbank, sei sie kommerziell oder gemeinnützig. Diese wiederum muß ihren Lieferanten Anonymität und Immunität gegen etwaige Ansprüche ihrer natürlichen Kinder zusichern können, wogegen jene Spender auf jedes Recht verzichten müssen, von ihnen zu wissen, sich ihnen bekanntzugeben, ja eine Identifizierung jemals zu versuchen. Aber zu solchen vor Anfechtungen sicheren Dispensationen und Bindungen hat der Vermittler gar nicht das Recht, und ich bezweifle, daß selbst der Gesetzgeber es ihm gültig erteilen kann, denn sie betreffen Naturrechte, die unaufhebbar sind. Ähnliche Fragen sind ja schon aus dem Adoptionsrecht bekannt. Wie dem auch rechtlich sei, *ethisch* jedenfalls ist es unvertretbar, dem Nachkommen in spe das natürliche Recht zu nehmen, um seine Herkunft zu wissen und notfalls, etwa wenn der gesetzliche Vater frühzeitig stirbt, den natürlichen zur Unterhaltsleistung zu belangen. Und auch die Mutter, glaube ich, kann nicht eigentlich auf *ihr* Recht verzichten, mindestens die Identität des Vaters ihres Kindes zu kennen. Ganz gewiß sind *Nachforschungen* danach, wie entsprechende der Erzeuger par distance, nicht verbietbar. Die vermittelnde Agentur muß also beiden Seiten mehr versprechen, als sie de jure halten kann.

Aber nun gibt es einen diabolischen Schachzug, mit dem das ganze Rechtsproblem durch De-facto-Verunmöglichung jeglicher Identifizierung umgangen wird: der sogenannte »Samen-Cocktail« vielfältiger Herkunft, der zur Insemination geliefert wird. Da wird das alte »pater semper incertus« zur bewußten Veranstaltung gemacht; und die schandbare »exceptio plurum«, deren Arrangierung in meiner fernen Studentenzeit den geängstigten Sündern einer unvorsichtigen Nacht zynisch von Freunden aus der juristischen Fakultät angeraten wurde – zur Verhütung jeder Haftpflicht für etwaige Folgen und zur gänzlichen Entrechtung des Mädchens und etwaigen Kindes – wird hier zum offiziellen Modus operandi einer gesellschaftlichen Einrichtung erhoben. Über die tiefe Unsittlichkeit der Sache ist kein Wort zu verlieren, und daß gar der Staat sie in seine Regie nehmen soll, ist ein unerträglicher Gedanke. Nach meinem Dafürhalten gehört sie nicht einmal ins Zivilrecht, sondern geradewegs ins Strafgesetzbuch. Daß sie in Amerika bereits unangefochten praktiziert wird, macht mich für meine Wahlheimat erröten.

Da ich schon einmal persönlich werde, bekenne ich auch, daß meinem Gefühl der altmodische Weg eines entweder heimlichen oder einverständlichen Ehebruchs der Frau mit dieser Absicht akzeptabler ist als jener gänzlich depersonalisierte, begegnungs- und gesichtslose Weg, auf dem ein neues Menschenwesen in die Welt gebracht werden soll. Doch darüber können die Meinungen weit auseinandergehen.

Es sei noch bemerkt, daß die Samenbank auf spezifische Kundenwünsche gefaßt sein muß: weiß oder schwarz, mediterran oder nordisch, europäisch oder asiatisch und dergleichen. Solche Wünsche sind persönlich so legitim wie bei der normalen Gatten- (und Liebes-)wahl, aber ihre formelle Katalogisierung hat ihre offensichtlichen Bedenklichkeiten. (Von der idiotischen Nobelpreisträger-Samenbank in Kalifornien, die nur den Schluß von wissenschaftlicher Höchstleistung auf sonstige Seelenqualität widerlegt, schweigt man am besten.) Die Frage übrigens einer Entlohnung der Samenspender war für unsere Diskussion nebensächlich. Findet sie statt, wie fast unvermeidlich (wie sonst soll die Samenbank ihren Lagervorrat beschaffen?), so liegt der Tatbestand amtlich und handelsrechtlich anerkannter männlicher Prostitution vor. Das mag manchen peinlich sein, wird aber andere nicht schrecken und braucht die Gesamthaltung in dieser Sache nicht zu beeinflussen. Schließlich wird ja auch weibliche Prostitution geduldet.

Das Ergebnis der Prüfung scheint mir zu sein, daß die extramaritale künstliche Befruchtung ernstesten sittlichen und rechtlichen Bedenken unterliegt, höchstens unter Freunden oder sonstwie beiderseits eindeutig identifizierbaren Partnern statthaft ist und keinesfalls vom Gesetzgeber durch besondere Immunitäten vom Allgemeingesetz exiimiert werden sollte (z. B. daß der Samenspender späterhin keinerlei Verantwortungen eines »natürlichen Vaters« haben soll).

6. Wenn wir nun mit den Fortschritten reproduktiver Technologien zum Thema der Surrogatschwangerschaft übergehen, so ist manches vorher Gesagte darauf übertragbar. Es kann sich bei der Technik darum handeln, daß eine der Empfängnis nicht fähige Frau sich das von ihrem (oder sonst einem) Mann befruchtete Ovum einer anderen einpflanzen läßt, um es als eigenes Kind auszutragen; oder daß umgekehrt eine empfängnisfähige Frau, die aus irgendwelchen Gründen eine eigene Schwangerschaft scheut, ihr befruchtetes Ei zwecks Austragung in eine Stellvertreterin verpflanzen läßt, um es am Ende als ihr eigenes Kind zurückzuerhalten. Beschränken wir uns auf diesen Fall, wo man von »Mietschwangerschaft« und »Schwangerschaftsamme« sprechen kann. Die Rechts- und Sittenprobleme, die hier entstehen, liegen auf der Hand. Wieder sind wir im Gebiet natürlicher und unveräußerlicher Rechte. *Kann* das Recht der Gebärerin auf das von ihr geborene Kind, als dessen Mutter sie sich am Ende allzu natürlich fühlt, überhaupt rechtskräftig von ihr im vorhinein veräußert werden? (Etwa durch Unterzeichnung von Adoptionspapieren?) Ist ein solcher Verzicht wirklich unwiderruflich? Kann sie, wenn es soweit ist, zur Hergabe gezwungen werden? Durch Richterspruch und Po-

lizeigewalt? Gelten da überhaupt Verträge und Versprechen? Etwa die vorherige Geldannahme? Dessen Rückerstattung bei Vertragsbruch, vielleicht noch mit einer Konventionalstrafe, scheint mir hier das einzig Erzwingbare zu sein, sofern der Vertrag nicht einfach wegen Verstoßes gegen die guten Sitten beiseite gesetzt wird. Und kann umgekehrt die Eispenderin zur Annahme des Kindes gezwungen werden, wenn sie es nicht mehr will, etwa weil inzwischen ihre Umstände – gesundheitlich, ökonomisch, ehemäßig – sich einschneidend verändert haben? Oder weil das Kind während der Austragung, vielleicht durch Verschulden der Schwangeren (Trinken, Rauchen), Schaden erlitten hat, verkrüppelt oder schwachsinnig zur Welt kommt? Wie, wenn nach einer pränatalen Diagnose die Auftaggeberin Abtreibung verlangt, die Ausführende sie aber verweigert? Oder schon, wenn jene eine Frühdiagnose, etwa durch Amniozentese, verlangt und die Schwangere diese verweigert? Und was, wenn das auftraggebende Ehepaar während der neun Monate in einem Unfall umgekommen ist? Schließlich das Kind selbst: Wem wird es sich mehr verbunden fühlen – der »Surrogat«-Mutter, die es getragen und geboren, oder der biologischen, die nur das Ei beigesteuert hat? Und kann jemals hinfort eine der beiden Teilmütter von Verantwortung für das Kind wirklich frei sein? Für frei erklärt werden?

Angesichts so schwieriger, fast unlösbarer Fragen für die Beteiligten und den Gesetzgeber kommt alles auf die *Gründe* an, die für den Schwangerschaftstransfer angeführt werden können, will man ihn überhaupt der *Erwägung* für würdig halten. Von vornherein scheidet der bloße Wunsch aus, sich die Beschwerden der Schwangerschaft zu ersparen, sei es der Bequemlichkeit, dem Lebensgenuß oder dem Beruf zuliebe. Reichtum, der sich sonst wohl diese Dinge kaufen kann, darf hier nicht mitsprechen. Einzig als Grund vertretbar wäre die nachgewiesene Gefährlichkeit einer Schwangerschaft für Mutter und/oder Kind (etwa hohes

Risiko spontanen Aborts oder debilitierender Frühgeburt), bekräftigt durch Vorgeschichte und medizinische Gutachten.

Der Gesetzgeber also, wenn er die Technik überhaupt erlauben will (wozu weder Naturrecht noch Grundgesetz noch Ethik ihn nötigt, aber Barmherzigkeit ihm raten kann), sollte ihren Gebrauch auf exzeptionelle Härtefälle beschränken. Selbst dann dürfte sie nicht einem unpersönlichen Geschäftsverhältnis, sondern nur einem nahen Personenverhältnis wie zwischen Schwestern oder Freundinnen zur Verfügung stehen, wo sich auf selbstlosen, ja liebenden Hilfswillen bauen läßt. Darin läge eine gewisse (wenn auch nicht absolute) Gewähr gegen das Eintreten oder wenigstens die Unversöhnlichkeit obiger Gefühls- und Rechtskonflikte, die jede schlichtensollende Behörde in eine fast unmögliche Lage bringen. Wie bemerkt, sind Abmachungen, die hier geschlossen wurden, per se fragwürdig, und ihre Gesetzeskraft ist zu bezweifeln. Nur mit der besonderen Härtequalifikation wäre auch ein öffentlicher Kostenbeitrag vertretbar, der zugleich ein odioses Reichtumsprivileg vermeiden würde. Völlig einwandfrei wäre aber auch, vom rechtlichen wie sittlichen Standpunkt (übrigens auch dem der Wissenschaftsfreiheit), das schlichte Verbot des ganzen Verfahrens. Nicht jede natürliche Behinderung besitzt einen Anspruch auf Behebung, dem jedes andere Gut weichen müßte, und das Recht auf Nachwuchs, als Naturrecht, ist an die natürliche Befähigung dazu gebunden. Bei deren Abwesenheit (in allen hier besprochenen Fällen) bleibt eigentlich nur das Recht auf Wunscherfüllung überhaupt, und das ist hinsichtlich seiner Bindung anderer ein sehr schwaches Recht: Es kann von ihnen nichts weiter als Nichtverwehrung der normalen Chancen dazu verlangen. Die hier erörterten Chancen sind alles andere als normal, und ihre extreme Künstlichkeit stellt sie außerhalb jedes Naturrechts. Da ist die Gesellschaft frei, sie zu gewähren oder zu versagen nach Normen des allgemeinen Rechts und der Sittlichkeit.

Soviel von den neuen Techniken im Zusammenhang des »Rechtes auf Nachwuchs«. Über dieses hinaus wird heute auch ein vermeintliches Recht auf wunschgemäßen, in erster Linie biologisch fehlerfreien Nachwuchs plädiert, dem eigene Techniken dienen können, wie pränatale Diagnose mit der Option selektiver Abtreibung je nach Ausfall; und (z. Z. noch mehr futuristisch) direkte Korrekturen oder gar Neuerungen am Genom. Dazu wäre viel zu sagen, aber meine Zeit läuft ab. Klar ist nur von vornherein, daß bei solchen Elternwünschen (subjektiv verständlich, wie sie seien) von einem Naturrecht schlechterdings nicht die Rede sein kann und das bloße Angebot der Möglichkeiten mit ihrer Versuchung zu einer Rechtsschöpfung zwingt, die der letzten Quellen sittlicher Einsicht bedarf.

Die eben erwähnten, sozusagen futuristischen Möglichkeiten, denen wir hier nicht weiter nachgehen können, geben aber doch Anlaß, zu den bisherigen Fragen nach dem *Gebrauch* wissenschaftlicher Erkenntnisse auch noch die Frage der *Freiheit der Wissenschaft* selbst kurz anzuschneiden. Diese hochgeschätzte (und im Grundgesetz verankerte) Freiheit, die die unschuldigste von allen scheint, wird nämlich zur Frage, wenn die Wissenschaft sich in den Dienst gewisser praktischer Ziele stellt, die selber fragwürdig sind, und wenn sie im Verfolg des *Wissens* darum das Gesuchte »versuchsweise« bereits in die *Tat* umsetzt. Letzteres gehört zwangsläufig zur Erzielung eben des praktikablen Wissens. Das Postulat der Forschungsfreiheit war aber wesentlich gegründet auf der klaren *Unterscheidbarkeit* zwischen Erkennen und Tun, Erwerb und Gebrauch der Wahrheit, reinem und angewandtem Wissen, kurz: Theorie und Praxis. Wie jeder weiß, der etwas vom Verfahren moderner Wissenschaft weiß, ist diese Unterscheidung längst auf weiten Strecken zusammengebrochen. Und zwar in zweifacher Hinsicht. Erstens ist häufig das Ziel gar nicht mehr, wie in den Unschuldszeiten reinen Erkenntnisstrebens, herauszukriegen, wie die Dinge *sind*, sondern was sich mit ihnen *machen* läßt, wie man sie *verändern* kann – oder noch bestimmter und typischer: ob sich wohl dies oder jenes *Erwünschte* mit ihnen machen läßt. Da wir nun aber die Unwiderstehlichkeit, mit der die gefundene Machbarkeit in tatsächliches Machen übergeht, reichlich erfahren haben, so ist zu fragen, ob nicht schon der Erwerb mancher Machbarkeiten lieber von vornherein unterbleiben sollte. Die Frage verschärft sich, wenn wir – zweitens – bedenken, daß die Machbarkeit ja nur *durch* das *Schon-Machen* erworben wird, das Können durch das Tun, die »Theorie« also nicht nur der Zielsetzung, sondern schon dem Verfahren nach mit Praxis durchsetzt ist. Um herauszufinden, ob und wie etwa Klonierung von Erwachsenen, Umgestaltungen im menschlichen Genom, mensch-tierische Zwitterbildungen *möglich* sind, muß man all dies schon im *Versuch* ausführen, also die *Taten bereits begehen*. Falls aber, wie ich glaube, ein späterer Gebrauch des so erworbenen Könnens verbrecherisch wäre, dann ist er es auch schon als Versuch, und das eine Mal so sehr wie vielmals, und der Unterschied zwischen »probeweise« und »im Ernst« schwindet dahin.

Demnach erhebt sich sowohl vom Ziele wie vom Wege der längst nicht mehr unschuldigen Forschung die Frage an den Gesetzgeber – zugegebenermaßen eine schwierige Frage –, ob er nicht die generell zugesagte »Freiheit der Wissenschaft« differenzieren muß und gewisse Forschungen, ja Forschungsrichtungen untersagen soll, dann natürlich mit strafrechtlicher Ahndung. Kehren wir von dieser Abschweifung (zu der mich Frau Dr. Däubler-Gmelin angestiftet hat) am Ende noch einmal zu den nicht mehr hypothetischen »Machbarkeiten« zurück, die wir besprochen haben, jenen Fortpflanzungstechniken, die sozusagen schon auf dem Markte sind. Es ist klar, daß »das Recht« sich ihrer anzunehmen hat.

Wie eingangs bemerkt, könnte die Bundesrepublik unter den ersten Staaten sein, die auf die große neuartige Herausforderung gesetzgeberisch antworten. Der erste wäre sie nicht. Diese Ehre gehört dem australischen Staat Victoria, und nicht zufällig, denn in seiner Hauptstadt Melbourne fanden die ersten Pioniertaten — die erste erfolgreiche Invitro-Fertilisation mit nachheriger Austragung und Geburt, die erste Geburt eines Babys vom verpflanzten Ovum einer anderen Frau, die erste Geburt von einem tiefgefrorenen Embryo — statt. Mit vorbildlicher Promptheit und Zusammenarbeit beider Parteien verabschiedeten Parlament und Regierung die »Infertility (Medical Procedures) Act« von 1984, die das ganze Gebiet unter feste, durch Sanktionen bewehrte Kontrolle der Regierung stellt. Ich habe die Bestimmungen dieser Akte erst nach Abschluß meiner Überlegungen studiert, um deren Gang unbeeinflußt und nur meiner eigenen ethischen Intuition gehorchend zu halten. Ein Anhang zum Vortragstext gibt einen Auszug der Hauptpunkte, um den Vergleich mit meinen Schlußfolgerungen zu erlauben.

Zu diesen selbst noch ein letztes Wort. An dem darin hervortretenden Standpunkt ist eine restriktive Tendenz nicht zu verkennen, und vielleicht wird man ihm Illiberalität und Härte vorwerfen — mangelnden Respekt für freie Selbstbestimmung oder mangelndes Mitleid mit dem Schmerz der Kinderlosigkeit. Ich gebe aber zu bedenken, daß menschliche Kunst einschließlich der Medizin nicht dazu da ist, jedes Hemmnis der Natur zu beseitigen, jedes Schicksal abzuwenden; und daß, soweit nicht Menschenwerk schuld ist, manches Ungemach auch hinzunehmen ist. In diese Zone fällt das Geheimnis unserer Fortpflanzung — ein unbekanntes Wagnis in jedem Falle, wo hinzunehmen ist, was es auch im Erfolg beschert. Wohl kann Kunst der Natur da zu Hilfe kommen. Aber zu kostbare Güter des Rechts und der Sittlichkeit stehen auf dem Spiel, als daß wir dabei Wünsche allein walten lassen dürfen. Ein Nein kann nötig sein. Das Glück vernichten wir damit nicht. Auch die kinderlose Ehe (aus Fügung oder Wahl) kann sinnvoll und glücklich sein. Und Adoption steht offen. Ganz allgemein schließlich gilt: Mit allem Fortschritt der Wissenschaft und dem von ihr bescherten Können bleiben wir sterblich, bleiben wir unvollkommen. Wir dürfen unsere Macht dagegen einsetzen, doch nicht um jeden Preis. Weit besser ist's, die Last der Kreatürlichkeit zu tragen, der Erfüllung mancher Sehnsucht zu entsagen, als solcher möglichen Erfüllung Heiliges zu opfern, womit außer mit ihrer Macht die Menschenart das Natursein übersteigt.

ANHANG

»The Infertility (Medical Procedures) Act«
State of Victoria, Commonwealth of Australia

Vorgeschichte und Zusammenfassung[1]

Die medizinisch-technischen Pioniertaten in Melbourne (s. o. S. 166) veranlaßten lebhafte öffentliche Debatten über ihre ethischen Aspekte. Die Regierung (Arbeiterpartei) setzte eine Untersuchungskommission ein, die nach zwei Jahren ihren Bericht veröffentlichte. Binnen Wochen handelten beide Häuser des Parlaments und verabschiedeten das Gesetz (November 1984).

Das Gesetz stellt extrakorporale menschliche Befruchtung (IVF) und Experimente an menschlichen Embryos unter strikte Regierungskontrolle. Umgehungen und Zuwiderhandlungen sind mit beträchtlichen Geldbußen und Gefängnis bis zu vier Jahren bedroht. Es folgt eine Zusammenfassung der Hauptbestimmungen (Numerierung von mir).

1. Nur Hospitäler, die speziell und widerruflich vom Gesundheitsministerium dafür approbiert sind, dürfen IVF und verwandte Prozeduren ausführen.

---

[1] Diesem Bericht liegt zugrunde: Peter Singer, »Making Laws on Making Babies«, *The Hastings Center Report* 15/4 (August 1985), 5–6.

2. Nur Ehepaare dürfen in das Programm aufgenommen werden.
3. Patienten müssen mindestens 12 Monate für Unfruchtbarkeit behandelt worden sein, bevor IVF — und zwar von einem anderen Arzt — versucht wird, d. h. als die einzig verbliebene Aussicht auf eine Schwangerschaft.
4. Ebenso ist Samen-, Eier- oder Embryospende nur erlaubt, wenn entweder keine andere Aussicht auf Schwangerschaft besteht oder nur die auf wahrscheinlich erbkranken Nachwuchs.
5. Kein Handel mit menschlichem Fortpflanzungsmaterial ist erlaubt: keine Bezahlung für Samen, Eier oder Embryos, außer Ersatz für Reise- und Arztkosten des Spenders.
6. Einfierung von Embryos ist nur erlaubt mit dem Ziel späterer Einpflanzung in eine Frau. Ist die Frau, von der das Ei stammte, zum Empfang des Embryos unfähig, so können sie und der durch seinen Samen beteiligte Mann der Donierung an eine andere Frau zustimmen. Ist eine solche Zustimmung nicht erlangbar (z. B. wenn das Paar tot oder unauffindbar ist), kann das Gesundheitsministerium das Hospital anweisen, den Embryo für Donierung verfügbar zu machen.
7. Hinsichtlich Verwendung von Embryos in Experimenten setzt die Regierung ein »Ständiges Aufsichts- und Beratungskomitee« ein, das aus Ärzten und Laien verschiedener Qualifikation besteht (darunter »a person holding a qualification in the study philosophy«). Jede Versuchsart, die es billigt, muß dem Ministerium vorgelegt werden. Für die Billigung sollen zwei Prinzipien gelten:
    a) Ziel des Versuchs ist, dem Kinderwunsch kinderloser Ehepaare zur Erfüllung zu verhelfen, und
    b) menschliches Leben muß dabei stets erhalten und respektiert werden. Wann »menschliches Leben« beginnt, läßt das Gesetz offen. (Die vorerwähnte Unter-

suchungskommission hatte vorgeschlagen, Experimente bis zu 14 Tagen nach Konzeption zu erlauben.)
8. »Surrogatschwangerschaft«: Jede kommerzielle Form ist verboten. Annahme wie Leistung von Zahlungen für die Rolle im Surrogatverhältnis ist strafbar; ebenso Veröffentlichung von Angebot- und Suchannoncen für seine Herbeiführung. Verträge betreffend Surrogatschwangerschaft sind nichtig. Doch rein altruistische Surrogatdienste sind nicht untersagt.
9. Vorwegnehmend erklärt sich das Gesetz strikt gegen alle Versuche zu menschlicher Klonierung und mensch-tierischer Zwitterbildung.

DRITTER TEIL

Dem Fragenden unverwehrbar: Gedanken über Gott

8.
Vergangenheit und Wahrheit

*Ein später Nachtrag zu den sogenannten
Gottesbeweisen*

Den sämtlich gescheiterten Gottesbeweisen, mit denen das Leichenfeld der Philosophiegeschichte bestreut ist, noch einen hinzufügen zu wollen, wissend, daß auch er daselbst enden muß (weil es der transzendenten Natur des Gegenstandes gemäß hier Beweis so wenig wie Gegenbeweis geben kann), mag als müßiges Spiel erscheinen – zu schweigen von der Unklugheit, sich in so kompromittierter Gesellschaft sehen zu lassen. Aber selbst in müßigem Spiel kann Interessantes zum Vorschein kommen, und wäre es nur der Umstand, daß sich auf diesem Felde vorentschiedener Vergeblichkeit nach so langer Zeit überhaupt noch etwas findet, woran keiner der früheren Spieler gedacht zu haben scheint und was nun nachträglich noch in die Liste aufzunehmen ist. Also eine Leiche mehr? Eine unnötige Verlängerung der Verlustliste? So weit braucht der Vollständigkeitstrieb nicht zu gehen, und der Philosophie soll es ernst mit ihren Themen sein. Aber Leichen auf jenem Felde sind doch nur die logischen Prätentionen jener »Beweise«, eben Beweise zu sein, während sie, oder manche von ihnen, auch nach der pauschalen Widerlegung dieses Scheines sehr wohl den Wert behalten können, daß sie Vernunftgründe artikulieren, die bei der Erwägung des Daseins Gottes Gehör verdienen, seine Annahme sozusagen empfehlen, ohne es zu beweisen. Vor allem sagen sie etwas aus über gewisse offene Stellen in unserm System des Wissens und Wißbaren, wo irgendeine unbeweisbare metaphysische Annahme nötig wird. Die kann ebensowohl ein Ja wie ein Nein zur Existenz Gottes sein – beides übersteigt das, was Kant die »Grenzen möglicher Erfahrung« nennt, aber erfüllt ein Bedürfnis der Vernunft und nicht des bloßen Gefühls. So wollen auch die folgenden Ausführungen verstanden sein, und um jedem anderen Anschein vorzubeugen, sei an ihrem Eingang eindeutig erklärt, daß Kants Urteil über die Hinfälligkeit a priori eines jeden Gottes*beweises*, vergangenen oder zukünftigen, mir als unumstößlich gilt. Wenn ich trotzdem jetzt, zu später Stunde, ein langjähriges Schweigen über einen wiederkehrenden Gedankengang breche, der unvorsätzlich in die verpönte Nähe jener ohnmächtigen Argumente führt, so weiß ich mich von jedem Hauch einer Beweisillusion frei. Aber zu hartnäckig hat er sich bei mir gehalten, zu nachdrücklich auf seinem Recht bestanden, gehört zu werden, als daß ich ihn einfach mit meiner Person aus der Welt verschwinden lassen will. So sei er denn, vielleicht nur als intellektuelles Kuriosum, mitgeteilt und zur Debatte gestellt.

Im Grübeln über eine ganz andere Frage bin ich nämlich auf einen Weg gestolpert, auf dem der Gottesgedanke sich als Lösung eines mir anders nicht lösbaren Sinnproblems darbot. Er ist logisch nicht besser gestellt und gewiß nicht beweiskräftiger als die altbekannten Argumente für das Dasein Gottes, aber eben anders, mit einer immerhin neuen Frage und einem neuen Horizont der Antwort, der sich zu bedenken verlohnte. Dazu kam es auf folgende Weise, wie gesagt, völlig absichtslos und zunächst ohne irgendwelche metaphysischen oder theologischen Hintergedanken.

Ich habe mich von Zeit zu Zeit gefragt, welchen Sinn es eigentlich haben kann, von irgend etwas Vergangenem – Zustand oder Vorgang – zu sagen: So ist es gewesen, und daran das Urteil zu knüpfen: Dieser Satz ist wahr. Unausdrücklich enthält dies schon die Unterscheidung zwischen dem einen wahren und etwaigen anderen, unwahren Sätzen über dieselbe Sache – als einfachsten Fall die kontradiktorische Alternative Ja/Nein, wovon eines richtig sein *muß*. Zum Beispiel: Cäsar hat den Rubikon überschritten; nein, Cäsar hat den Rubikon nicht überschritten. Nur eine der beiden Aussagen kann wahr sein, und eine muß wahr sein.

Aber es sind Aussagen über etwas, das nicht ist, denn Vergangensein heißt Nichtmehrsein: Wie kann einem Nichtseienden, einem Nichts, noch irgend etwas mit dem Unterschied von richtig und falsch zu- oder abgesprochen werden? Wie »hat« es die Eigenschaften, deren Prädizierung wahrheitsgemäß sein soll, und die eine nichtzutreffende falsifizieren können? Kurz, welchen Sinn hat es überhaupt, an Aussagen über Nichtseiendes die Unterscheidung von richtig und unrichtig anzubringen? Aussagen zu machen, steht uns frei, die Phantasie kann spielen, wie sie will. Aber was bedeutet da die Unterscheidung zwischen einer richtigen und einer unrichtigen Aussage? Haben Engel Genitalien oder haben sie keine? Aber wenn wir wissen, daß Engel nicht existieren, hat es gar keinen Sinn, die Frage zu stellen, und von einer richtigen oder falschen Antwort darauf kann nicht die Rede sein. Auch der den Rubikon überschreitende Cäsar ist nichtexistent, und dennoch lassen wir uns nicht nehmen, beim Lesen eines Geschichtswerkes die Frage zu stellen: War es wirklich so? Wie richtig ist der Bericht? Oder war es ganz anders? Vielleicht hat es so etwas überhaupt nicht gegeben und ist eine Legende.

Kein Nichtmehrsein der Sache kann uns die Gewißheit nehmen, daß solche Fragen und die darin gebrauchten Unterscheidungen von wahr und unwahr, richtig und falsch absolut sinnvoll sind, obwohl wir in Schwierigkeiten geraten, wenn wir angeben sollen, was das eigentlich heißt, richtig und unrichtig mit Bezug auf etwas Nichtseiendes. Daß das Gewesene nicht ist, darüber sind wir uns einig. Oder sind wir uns vielleicht nicht einig darüber? Vielleicht gibt es eine Präsenz des Gewesenen, irgendwo. Doch davon später. Klar ist schon jetzt, daß »Präsenz« ein Schlüsselbegriff in unserer Sinnfrage ist. Bei Aussagen über Gleichzeitiges, jetzt Existentes ist die Sachlage klar. »Dieser Anzug von mir hängt oben im Kleiderschrank.« Richtig oder falsch? Ich gehe hin, öffne, schaue nach, und da hängt er. Also war die Aussage richtig. D. h. bei gegenwärtigen Dingen, die in unserer Gegenwart fortdauern, eine gewisse Persistenz des Daseins haben, wo Aussage und Gegenstand denselben Raum der Existenz teilen, ist der Sinn von Richtigkeit und Unrichtigkeit einer Aussage und die Angemessenheit der Unterscheidung nicht fraglich. Aber hängt diese Angemessenheit, d. h. die Sinnberechtigung der Unterscheidung als solcher, wirklich von ihrer Entscheidbarkeit ab, d. h. von der im Einzelfall gegebenen Feststellbarkeit der Wahrheit? Hier ist mit Nachdruck zu betonen, daß die Frage der Verifizierbarkeit und die Frage der Wahrheit keineswegs identisch sind. Es muß auch bei etwas prinzipiell Unverifizierbarem immer noch den Unterschied geben, ob es stimmt oder nicht stimmt. Gehen wir zurück auf das Beispiel von Cäsars Überschreitung des Rubikons. Nehmen wir an, daß der äußere Vorgang auf irgendeine Weise verifizierbar bzw. falsifizierbar ist – und ich werde noch darauf eingehen, was das heißen kann –, so ist doch die Frage »Was hat Cäsar sich in diesem Augenblick gedacht?« zwar eminent sinnvoll, aber jede Antwort darauf, einerlei, woher sie stammt (von ihm selbst, aus den »Quellen«, aus unserer Vermutung), prinzipiell unverifizierbar. Sogar für Cäsar selbst ist es einen Tag oder ein Jahr danach unverifizierbar, vielleicht sogar in dem Augenblick von ihm nicht einmal genau angebbar. Ganz bestimmt aber *hat* er sich etwas gedacht, sind bestimmte Sachen durch seinen Kopf gegangen. Und wenn ich von jemand sage »Als das und das geschah, ist ihm der Gedanke an eine schwarze Katze durch den Kopf gegangen«, so gilt auch für diese Aussage die Alternative von richtig oder falsch, obwohl das gänzlich unverifizierbar ist. Mit anderen Worten, wir dürfen nicht – wie das in manchen Theorien der Wahrheit heute geschieht – die Frage, ob etwas wahr ist, verwechseln oder in eins vermischen mit der Frage, ob die Wahrheit auch feststellbar, ob sie nachprüfbar ist. Das sind zwei verschiedene Dinge. Die Nachprüfbarkeit ist natürlich eine wertvolle Hilfe. Und wie prüfen wir nach? Letzten Endes machen wir auf die naivste Weise, aber vollkommen berechtigt, von der Adäquationstheorie der Wahrheit Gebrauch: Erkenntnis ist *adaequatio intellectus ad rem*, Angleichung des Verstandes an die Sache. Das heißt: Eine Aussage ist dann wahr, wenn sie, neben der Tatsache gehalten, ihr entspricht. Wie halten wir »daneben«? Dafür muß die Sache »da« sein, außer unserer Vorstellung von ihr. Sie muß ihre eigene Permanenz besitzen, auf die wir rekurrieren können. Das ist eminent der Fall bei ewigen, zeitlosen Dingen, die jederzeit »da« und verfügbar sind, und auf sie paßt das Adäquationsmodell am besten. Da spielt der Zeitablauf keine Rolle. Man kann mit Sicherheit sagen, daß das Gesetz von der Winkelsumme im Dreieck – daß die Summe der inneren Winkel gleich 180° ist – vor einer Million Jahren genauso galt wie heute, auch wenn damals kein Geist da war, der das erkannte. Denn dies sind zeitlose Gegenstände, und Vergangenheit, Gegenwart, Zukunft ändern nichts. Das heißt: Für Aussagen über zeitlose Gegenstände haben wir deren Präsenz in einer zeitlosen Dimension, die auch uns zugänglich ist und in der wir die Probe der Adäquation vornehmen können. Wir können Satz und Sache zusammenhalten. Wenn sie zusammenstimmen, ist der Satz richtig; wenn nicht, dann falsch. Unser Ja oder Nein spiegelt die aktuelle Gegenwart der Sache. Wenn wir aber von der Erdgeschichte sprechen, von geologischen Epochen, von der Zeit der Dinosaurier, wie sie die Erde bevölkert haben und dann erloschen sind, so ist das alles eben vergangen. Aber es ist nicht vollkommen vergangen, denn es hat Spuren in den Erdschichten hinterlassen. Die Geologie und die Fossilienfunde und die Datierungsmethoden, mit der uns die Wissenschaft aufgrund gegenwärtiger Einsichten in das Verhalten der Materie ausgerüstet hat, erlauben uns zu sagen: »So ist es damals gewesen.« Das ist eine mittelbare Form der Wahrheitsfindung, auf die hin wir den biblischen Bericht, wonach seit Erschaffung der Welt erst knapp 6000 Jahre verflossen wären, mit überwältigender Sicherheit für falsch erklären müssen. Und doch hat sich im Jahrhundert Darwins, als die geologische und die fossile Wissenschaft aufkamen, ein englischer Theologe gefunden, der die Genesis-Chronologie dadurch retten zu können (oder zu sollen) glaubte, daß er dem Herrgott unterstellte, er habe diese Spuren vergangener Erdepochen gleich zu Anfang in seiner Schöpfung mitversteckt, vielleicht um den Glauben späterer Menschen auf die Probe zu stellen! (Eine sonderbare Variation von Descartes' Gedankenversuch mit einem allmächtigen Lügengeist.)

Selbst dieser lächerliche Unsinn weist auf eine ernste Wahrheit hin: daß nämlich die Zeugenschaft für Vergangenes irgendein Gegenwärtiges ist, ein umittelbar Seiendes, das uns mittelbar, auf dem Wege der Rückschlüsse, in die Vergangenheit führt, aber unter der notwendigen Voraussetzung, daß das, was wir als den jetzigen Ablauf der Dinge kennen, immer gegolten hat, der Voraussetzung also von Permanenz, von der Gleichförmigkeit der Nautrgesetze durch alle Räume und Zeiten. Darauf setzen wir unser Vertrauen. Aber die Frage der Wahrheit muß immer noch unabhängig bleiben von der Frage, wie zuverlässig unser Schlußsystem ist, das uns in die Vergangenheit führt. Wenn wir z. B. vom Beginn der Welt sprechen, vom Urknall vor etwa 15 Milliarden Jahren, so liegt dem zunächst ein gegenwärtiger Befund zugrunde, die von Hubble entdeckte und als Dopplereffekt gedeutete Rotverschiebung. Das jetzt gerade in den Weltraum gesandte Hubble-Teleskop wird uns vielleicht noch mehr und genaueres darüber wissen lassen. Aber die einfache Umrechnung der Rotverschiebung in Zeiten setzt die Annahme voraus, daß sich an der Fortpflanzungsgeschwindigkeit des Lichts nichts ändert und daß die Frequenzen, die von den verschiedenen Elementen ausstrahlen, immer die gleichen sind. Wenn wir solche Konstanten zugrunde legen, dann werden gewisse Extrapolationen möglich, und man gelangt zu der Schätzung von 15 Milliarden Jahren – vorweg angenommen, daß es sich hier überhaupt um eine Ausdehnung handelt, also in der umgekehrten Zeitrichtung um eine Kontraktion: Die muß bei einer Art Nullpunkt enden, und damit muß es begonnen haben. Das ist heute die beste Hypothese, die wir haben, und es scheinen derzeit keine gewichtigen Gründe dagegen zu sprechen und viele dafür.

Trotzdem ist die Frage nicht nur erlaubt, sondern wird auch mit Eifer gestellt: Stimmt das auch? War es wirklich so? Die endgültige Antwort erhofft man von derselben Instanz, durch deren Autorität man zur jetzigen gelangt ist: von den Naturgesetzen, vor allem dem Kausalitätsprinzip. Diese Überlegung nun legt auch eine Antwort nahe auf die Frage: Welchen Sinn kann die Unterscheidung »richtig/falsch« bei Sätzen über Vergangenes, also Nichtseiendes, haben? Wäre der Weltlauf kausal absolut determiniert, dann wäre das Wahrheitsprädikat für die Aussage »Es ist so und so gewesen« übersetzbar in die Aussage »So läßt es sich vom gegenwärtigen Zustand der Dinge rückläufig zwingend deduzieren«, wobei außer der strikten Determination auch noch vorausgesetzt ist, daß nur eine einzige Reihe von Antezedentien, und keine andere, zum jetzigen Zustand hinführen konnte, daß er nur so und nicht anders erklärbar ist. Das heißt: Die Vergangenheit ist in der Gegenwart enthalten, eindeutig aus ihr ablesbar, also in diesem Sinne immer noch da und gar nicht wirklich vergangen. Damit verschwindet unser Problem. So sah Laplace die Sache an. Der von ihm phantasierte unendliche Intellekt, der alle Weltdaten eines Augenblicks bis in jede Mikrobewegung hinab vor sich hat und in *einer* Weltformel zusammenfaßt, kann aus dieser sowohl nach rückwärts wie nach vorwärts alles gegenwärtig machen. Damit hätten wir also die universale *Präsenz*, die nötig ist, um dem Satz einen Sinn zu verleihen, daß eine jetzige Aussage über ein irgendwo und -wann Gewesenes entweder wahr oder falsch ist: Denn es ist in der Form logischer Implikation immer präsent, steht also der *adaequatio intellectus ad rem*, vor der die Aussage bestehen muß, idealiter jederzeit zur Verfügung. Es ist präsent, weil in der totalen Determination jeder beliebige Jetzt-Querschnitt durch die Zeit jedem anderen gleichwertig ist. Keiner hat einen Vorzug vor dem anderen. Daß wir jetzt gerade einen gegenwärtig haben, zeichnet ihn in keiner Weise aus. Er ist lediglich der Ausgangspunkt für uns, um die ganze Reihe zu konstruieren, rückwärts und vorwärts, so gut und soviel davon wir können. Das wird meist zuwenig sein, um das »Wahr oder Falsch« mit Sicherheit entscheiden zu können. Aber daß das Sein so beschaffen ist, daß ein absoluter Geist es könnte, genügt für die Sinnfrage, die keine Könnensfrage ist.

Das wäre also die Lösung unseres Problems, wenn wir die Laplacesche Konzeption akzeptieren könnten. Aber das können wir nicht. Denn beide darin gemachten Annahmen sind nicht haltbar: die des absoluten Kausaldeterminismus, den heute auch die Physik verneint, und die zusätzliche, daß der Schluß von einem vollständig determinierten Jetzt in die Vergangenheit so eindeutig ist wie der in die Zukunft. Ein gegebener Zustand kann auf verschiedenen Wegen zustande gekommen sein, wie das Argument von den versteckten Fossilien noch in seiner Perversität zeigt. Aber lassen wir das auf sich beruhen. Die Laplacesche Fiktion mit ihrer quasi logischen Gleichzeitigkeit aller Zeiten in der Weltgleichung müssen wir schon deshalb aufgeben, weil es ohne den darin vorausgesetzten (aber zu verneinenden) absoluten Determinismus diese Gleichung weder hinsichtlich der Zukunft noch der Vergangenheit selbst für den göttlichen Mathematiker geben kann; also auch nicht die zeitlose »Präsenz«, bei deren Idee unsere Sinnfrage Zuflucht finden könnte.

Unser Sinnproblem erhebt sich übrigens *nicht* bei Aussagen über die Zukunft, die uns natürlich praktisch viel mehr am Herzen liegt. Auch sie ist zwar ein Nichtseiendes, über das wir so manche Aussagen machen, ja, das wir bei all unserm Tun und Planen »voraussehen« müssen. Aber da ist der Sinn von wahr oder falsch kein Rätsel, so rätselhaft die Zukunft selber sein mag: Vorhersagen *sind* weder wahr noch falsch, sie *werden* das eine oder das andere, wenn die Zeit gekommen ist – qui vivra verra. Dann können wir rückblickend sagen: Der hatte recht, d. h. hat recht behalten, der hatte unrecht mit seiner Vorhersage, aber zu ihrer Zeit war die Frage offen, weil die Zukunft selber es war. (Totaler Determinismus ändert dies Bild.) Bei der Vergangenheit dagegen ist alles abgeschlossen: Wenn wir sonst nichts von ihr wissen, dies eine wissen wir, daß von ihr alles unwiderruflich, in Ewigkeit unabänderlich, feststeht. Aber sie ist vorbei, sie ist ins Nichts versunken, zu Nichts geworden – wie kann bei einem Nichts etwas »feststehen«? Etwas wahr oder falsch sein? Das ist das Rätsel, das uns plagt.

Wir sind also in einer sehr merkwürdigen Lage mit Bezug auf Aussagen über die Vergangenheit. Ohne Vorstellungen von ihr (die sich eben aussagen lassen) können wir überhaupt nicht denken. Es ist ja nicht so, daß wir ab und zu mal unsere Gedanken in die Vergangenheit schweifen lassen, ab und zu mal Geschichte treiben, uns dafür interessieren, wie es in vergangenen kosmischen Zeitaltern war oder in vergangenen Kulturepochen, vor tausend Jahren, da oder da. Sondern letzten Endes machen wir ständig Gebrauch von unserer Erinnerung an das, was war, ja, was gerade vorher war und dem augenblicklichen Selbstvollzug des Bewußtseins, der sich als seine Fortsetzung versteht, zugrunde liegt. Wir können kein Gespräch führen, keinen Gedankengang entwickeln, mit niemand uns verständigen, nicht einmal mit uns selbst, ohne die Fortdauer des Vergangenen in der Erinnerung (der je meinigen und der kommunikativ geteilten) anzuerkennen. Auf ihre »Wahrheit« müssen wir setzen. Das Sprechen von Wahrheit aber, das auch die mögliche Unwahrheit einschließt, verbietet es, Erinnertes und Gewesenes einfach gleichzusetzen. Daß das Gedächtnis irren kann, weiß jeder. Doch damit die jetzt seiende Erinnerung irrig genannt werden kann, muß das nicht mehr seiende Gewesene auch jetzt noch die Kraft besitzen, die seiende Erinnerung als falsch zu qualifizieren. Wie kann das sein?

Die Frage wird akut bei sogenannter geschichtlicher Erinnerung, die über das Persönliche weit hinausgeht. Auch unser Wissen von geschichtlicher Vergangenheit wird ja gerne, und nicht mit Unrecht, in Kategorien der Erinnerung erklärt. Man spricht von kollektivem Gedächtnis, das durch Überlieferung, mündliche oder schriftliche, weitergegeben wird. Es gibt alte »Quellen«, Urkunden, Bauten. Das vom Rubikon wissen wir durch zeitgenössische oder wenig spätere Schriftsteller, sogar durch Cäsar selbst, der als Schriftsteller über sich berichtet hat. Hat er wahr berichtet? Überlebende Stimmen von Gegnern Cäsars schildern ihn anders als er sich selbst. Aber überall ist Erinnerung im Spiel, oder was sich dafür ausgibt. Auch in einem Gerichtsverfahren wird bei der Wahrheitsfindung durch Augenzeugen reichlich davon Gebrauch gemacht, und immer als eine problematische Sache. Wie zuverlässig ist eine Zeugenerinnerung? Es stellt sich heraus, daß fast nie zwei Zeugen, die bei demselben Vorgang zugegen waren, ihn genau gleich gesehen haben. Darüber gibt es eine ganze Literatur. Dennoch, wo viele unabhängig voneinander und frei von Eigeninteresse in den Hauptzügen übereinstimmen, darf man wohl sagen, daß in aktueller Erinnerung Vergangenes präsent ist und zu entscheiden erlaubt, welche Aussage darüber richtig und welche falsch ist.

Andrerseits wissen wir von Versuchen, Geschichte systematisch umzuschreiben, manchmal schon während sie geschieht. So etwas ist noch gar nicht lange her. In Stalins Sowjetunion wurde der Versuch sozusagen vor unsern Augen und mit den Mitteln totaler Gewalt gemacht. Ganze Stücke jüngster Geschichte wurden abgeändert, Gegenzeugen ausgetilgt, Archive gesäubert und so weiter. Nicht nur Trotzky selber wurde umgebracht, sondern auch und vor allem sein Bild: Aus dem Schöpfer der Roten Armee wurde ein Verräter an der Revolution. Damals fragte man sich wohl (ich erinnere mich noch, wie Hannah Arendt und ich uns darüber unterhielten): Wie, wenn so etwas einmal vollkommen gelänge? Wenn dies das einzige Quellenmaterial für spätere Geschichtsforscher wäre? Die vollendete Quellenfälschung könnte nicht mehr hinterfragt werden. Gemäß den

Kriterien geschichtlicher Wahrheit wäre dies dann »die Geschichte«. Ist dies vielleicht, was »Wahrheit« in der Geschichte überhaupt heißt? Hat der Wahrheitsbegriff darüber hinaus noch einen Sinn, wenn das, worauf er sich hier bezieht, das Vergangene, eben ein Nichts ist? Die Antwort kann nur sein, daß totalitäre Macht es zwar fertigbringen mag, die Türe zur geschichtlichen Wahrheit auf immer zuzuschlagen, nicht aber den Unterschied von Lüge und Wahrheit, von richtiger und falscher Kunde aufheben kann. Man braucht dies nur zu sagen, um es unwidersprechlich zu machen. Auch völlig einstimmig können die Quellen und das darauf gebaute »Wissen« der Nachwelt falsch sein. Es ist einfach nicht richtig zu sagen, daß die geschichtliche Wahrheit das ist, was die Erforschung aller Quellen, die uns Zufall und Absicht erhalten haben, uns darüber zu denken nötigt. Es bleibt immer noch die Frage, wie es wirklich war. Und die Frage ist sinnvoll, sowohl in wichtigen wie in unwichtigen Dingen. Auch in der vielleicht unwichtigen Frage, was Cäsar sich bei der Überschreitung des Rubikon gedacht hat, bleibt sie sinnvoll. Sie ist übrigens nicht unwichtig. Keineswegs für eine Biographie Cäsars, für ein Bild seiner Persönlichkeit. Ich komme gerade auf dies Beispiel unter dem nachwirkenden Schock eines literarischen Erlebnisses, das ich vor einigen Jahren hatte, als ich Christian Meiers eben erschienene, glänzende neue Cäsar-Biographie las. Für den im Banne von Mommsens berühmtem Cäsar-Porträt Aufgewachsenen war es ein Schock, weil Meier zwar nicht von den Taten und den darin sich beweisenden Fähigkeiten Cäsars, aber von seinen Motiven und Gedanken (gerade im Rubikon-Augenblick!) ein sehr verschiedenes und weniger bewundernswertes Bild zeichnet als Mommsen, und das ändert eine Menge im ganzen Verständnis dieser Figur und sogar der »Geschichte«, die sie gemacht hat. Es ist also nicht an dem, daß dies Quisquilien sind, daß es nur auf das offenbare Verhalten, das öffentliche Handeln ankommt, das sich in der Außenwelt abspielt und dort seine objektiven Spuren hinterläßt wie z. B. Leichenfelder, und daß es unwichtig sei zu wissen, was dabei im Kopfe vorging. Aber einerlei, selbst wenn wir es als unwichtig ansehen, wie es bekanntlich die Behavioristen tun, ist doch das eine so gut eine *Tatsache* wie das andere. Das Denken, das Fühlen, das Subjektive ist selber eine objektive Tatsache, Teil des weltlichen Geschehens, und Vorstellungen davon fallen darum nicht weniger unter die Alternative richtig/falsch, weil sich bei ihnen die Wahrheit nie feststellen läßt. Die Unterscheidung, daß von zwei kontradiktorischen Aussagen darüber nur eine richtig sein kann, bleibt bestehen. Auch die uns auf immer verschlossene Wahrheit »besteht«, obwohl der Gegenstand nicht besteht.

All diese Überlegungen nun drängen mich zu einer These, die zwar gänzlich im Unbeweisbaren, ja auch kaum nur deutlich Vorstellbaren liegt, aber um der Sinnhaftigkeit unseres zeitlich gedehnten Geisteslebens willen, als Bedingung seiner Möglichkeit, gesetzt werden muß. Wenn wir postulieren, daß es die Unterscheidung von wahr und falsch in bezug auf Nichtexistentes, und zwar Nicht-mehr-Existentes, Vergangenes gibt und wenn ihre paradoxe Rechtmäßigkeit unabdingbar unsere Zeitlichkeit begleiten muß, damit wir sie mit Sinn leben können, bleibt schließlich nur der Rekurs auf irgendeine Art der Präsenz dessen, was je gewesen ist. Und zwar von allem ausnahmslos, denn sonst müßten wir unterscheiden zwischen Gewesenem, bezüglich dessen es den Unterschied von wahr und falsch gibt, und Gewesenem, wo es ihn nicht gibt – und das wäre unsinnig.

Nun gibt es da den (der Geistesgeschichte nicht unbekannten) Ausweg, die Zeit überhaupt zur Illusion zu erklären, zur bloßen Erscheinung *(phainomenon)*, die nicht eigentlich wirklich ist; daß es vielmehr in Wirklichkeit so etwas wie eine Simultaneität aller Dinge gibt und daß nur unser subjektiver Verstand, die Form unserer Anschauung (um den kantischen Ausdruck zu benutzen), die ganze zeitliche Erstreckung überhaupt hineinbringt. So z. B. schreibt auch Leibniz die zeitliche Aufeinanderfolge unseren undeutlichen Perzeptionen zu. Für die göttliche Zentralmonade ist alles gleichzeitig, nur für uns ist es nacheinander, entwickelt sich, vergeht.

Mein Einwand dagegen ist weniger der formale, daß dies ein Exzeß der Spekulation ist und nichts uns berechtigt, unserer Grunderfahrung zuwider die Realität der Zeit zu leugnen, als der inhaltliche, daß der Gewaltstreich zu einem unsinnigen Weltbild führt. Er degradiert unser ganzes Streben, Bemühen, Hoffen, Bangen, auch Bereuen und Trauern zu einer bloßen Illusion. Vor allem hebt er die Freiheit auf. Jedes Wägen von Entschließungen wäre Selbstbetrug, denn was sich dafür ausgibt, wäre seinerseits nur ein vorgeschriebener Schritt im Erscheinungsballett längst entschiedener Wirklichkeit, eine unnötige Stilisierung, ihrer Mühe nicht wert. Aller Ernst schwände dahin. Die Realität der Zeit mit ihrem Nochnicht der Zukunft und Nichtmehr der Vergangenheit darf uns keine Metaphysik auszureden versuchen. Also auch nicht das Grundwissen, daß mit ihrem Fluß Dinge unwiederbringlich dahin sind, nie wiederkehren können, auch in der lebhaftesten Beschwörung durch die Erinnerung und der sorgfältigsten Rekonstruktion im Geiste nie wieder selber da sind, sondern nur in ihren Folgen fortleben: Dies nunmehrige, gänzliche Nichts-Sein ihrer selbst ist das eine Horn unseres Dilemmas. Ebensowenig aber – das ist das andere Horn – können wir auf die Überzeugung verzichten, daß es mit Bezug auf dies Vergangene, anders als bei den bloß phantasierten Engeln, dennoch den Unterschied gibt zwischen dem, was davon richtig und was falsch ausgesagt werden kann. Daran ändert weder die Fehlbarkeit menschlichen Gedächtnisses etwas noch die Kunst von Täuschung und Fälschung, die vollkommen sein kann. Die angebliche »Konstantinische Schenkung« hat jahrhundertelang die Gebietsansprüche der römischen Kirche legitimiert, bis sie als Fälschung entlarvt wurde. Seitdem weiß man, daß in Wahrheit die Schenkung nicht stattgefunden hat. Wenn dies die Wahrheit ist, dann war sie es auch durch die ganze Zeit, da niemand sie wußte. Oder war sie doch irgendwo »gewußt«?

Mit der Erwägung dieser Möglichkeit beginnt *unser* Sprung in eine Spekulation, die zwar die Erfahrung übersteigt, ihr aber nicht widerspricht, sie vielmehr mit sich selbst in Einklang zu bringen sucht. Wir können unmöglich, so fanden wir, auf die Unterscheidung von wahr und unwahr mit Bezug auf die Vergangenheit verzichten. Ohne sie gäbe es keine gemeinsame Welt, die wir mit anderen in Gespräch und Handeln teilen. Aber daß der Unterschied Sinn hat und nicht an der Nichtigkeit ihrer nicht mehr seienden Gegenstände zuschanden wird, dazu müssen diese irgendwo noch »da« sein. Es muß also eine *Präsenz des Vergangenen* qua Vergangenen geben, eine solche also, die sich mit seinem Gewesensein verträgt und nicht die Zeit zur Illusion macht: eine *mentale* (intentionale) Präsenz also, stellvertretend für die substantielle; und zwar eine *ewige*, da die Befragbarkeit auf wahr oder falsch von Sätzen darüber auf ewig besteht. Ob diese Präsenz uns zugänglich ist oder nicht, ist jetzt nicht die Frage. Es genügt, daß sie besteht als letzte Quelle der Sinnberechtigung (nicht notwendig auch der Entscheidbarkeit) unseres Redens von richtig und falsch in diesem Zusammenhang.

Aber worin kann »ewige Präsenz des Vergangenen« stattfinden? Man möchte von einem *ewigen Gedächtnis* der Dinge reden, in das alle Geschehnisse sich von selbst einschreiben – eine Art immer wachsender, automatischer Weltchronik. Aber ein Gedächtnis an sich ist kein vollziehbarer Begriff. Ein Gedächtnis muß seinen Sitz in einem *Subjekt*, in einem *Geist* haben. Und der transzendentale Zweck unseres Postulats verlangt, daß es ein *vollkommenes*, sowohl fehlloses wie universales Gedächtnis ist, folglich ein *universaler und vollkommener Geist*. Ohne das Zusatzpostulat absoluter Totalität und Treue wäre das Postulat eines transzendenten Gedächtnisses an sich ungenügend, denn es würde Ereignisse in der Vergangenheit zulassen, die sich der prinzipiellen Unterscheidbarkeit »so war es/so war es nicht« entzögen.

Aus alldem ergibt sich ein ganz eigentümliches Postulat für die Existenz eines absoluten, göttlichen Subjekts, nämlich als transzendentale Bedingung der Möglichkeit von endlich-historischer Existenz. Die *Begreiflichkeit* unseres eigenen, erkennenden, zeitlichen Daseins postuliert eine objektive Präsenz der Vergangenheit. Sie kann nicht in einem Weiterexistieren der Dinge selbst bestehen, denn das Gewesene muß wirklich ins Nichtsein verschwunden sein, damit das Gegenwärtige dasein kann. Aber es kann geistig in einem Subjekt als Wissen fortbestehen, dessen immerwährende Gegenwart die Anwendung des Wahrheitsbegriffes auf Vergangenes überhaupt legitimiert.

An dieser geheimen Präsenz messen sich idealiter alle unsere überkommenen, selbstgewonnenen, vermuteten, erschlossenen, konstruierten, auf Wahrscheinlichkeiten gegründeten Vorstellungen von dem, was gewesen ist. Es ist mir klar, daß ich auch hinter die hier ins Spiel gebrachte Logik von Desiderat und Postulat kein »quod erat demonstrandum« hinsichtlich der Existenz eines göttlichen Geistes setzen darf. Kein Dasein ist bewiesen worden. Aber die vorgeschlagene Idee davon schließt eine Lücke, die unsere naturwissenschaftlichen Welterklärungsmodelle offenlassen, und zwar gerade an ihrer neuerdings zentral gewordenen Stelle. Bis in unser Jahrhundert hat sich die Naturwissenschaft, einschließlich der Kosmologie, vorwiegend mit dem permanenten Sein, kaum mit dem einmaligen Werden des Weltalls befaßt, mit den darin immer wiederkehrenden, beliebig wiederholbaren Ablaufsformen, dem also, worin sich Vergangenheit und Gegenwart wesentlich gleich sind. Die Natur ist immer dieselbe: Das war der Sinn der Konstanzgesetze und ihrer Unwandelbarkeit. Das Einzelergebnis zu irgendeiner Zeit ist nur ein Exempel dessen, was zu jeder Zeit geschieht und jetzt verifizierbar ist. Dagegen ist heute zunehmend das einmalig-lineare, unwiederholbare und unumkehrbare *Gewordensein* der Natur zum Hauptthema geworden, Kosmologie ist wesentlich Kosmogonie mit Entwicklungsgeschichte des Weltalls geworden. Ein ganz neuer Akzent liegt somit auf der Vergangenheit und den Anfängen – damit auf der verborgenen Frage, die ich aufgeworfen habe. Den Schmieden der Hypothesen ist sie unbewußt und darf es sein. Jede der rivalisierenden und sich ablösenden Großtheorien geht stillschweigend davon aus, daß es (erstens) so etwas wie einen tatsächlichen Verlauf der ganzen Welt-, Erd- und Menschengeschichte gegeben hat und (zweitens) daß die jeweils eigene Hypothese dem näherkommt als andere. Aber was für einen Sinn können diese beiden Annahmen haben, wenn es nicht eine unabhängige Existenzform der Wahrheit gibt, die unseren Vermutungen gegenübersteht und sie im geheimen richtet, selbst wenn wir ihrer nie habhaft werden?

Um noch einmal auf Laplaces göttlichen Mathematiker mit seiner Weltgleichung für jeden beliebigen Augenblick zurückzukommen, so bitte ich zu bemerken, daß die mentale Präsenz des Vergangenen, für die *unser* theologisches Postulat erdacht wurde, nicht die der kausal-logischen Implikation ist, wie bei Laplace, sondern die Präsenz aktueller Erinnerung des Geschehenen in der ganzen Einmaligkeit seiner Kontingenz. Also wirklich »Erinnerung«, die das Partikulare und Individuelle (worauf es hier ankommt) bewahrt, nicht »Denken«, das im Allgemeinen und Notwendigen kreist. Daher kann auch nicht Platons ›überhimmlischer Ort‹ der ewigen Formen, nicht Plotins ›intelligibler Kosmos‹ der ewigen Wahrheiten und auch nicht Hegels ›absoluter Geist‹ dem transzendental-existenziellen Bedürfnis der Vernunft Genüge tun, dem unser theologisches Postulat entspringt, sondern nur eine Subjektivität, die das konkret Tatsächliche, wie es sich begibt, erlebt und ihrem wachsenden Gedächtnis einverleibt. Also ein in dieser Hinsicht werdender, wenngleich ewig existierender Geist.

Nur diese kontemplative, wissende und nicht weiter am Gewußten beteiligte oder darauf wirkende Seite des erdachten göttlichen Subjekts brauchte im Zusammenhang des

Problems von Vergangenheit und Wahrheit angesprochen zu werden. Bestimmt aber, wenn es überhaupt existiert, muß seine Subjektivität noch andere Seiten haben, und es ist unmöglich, sich keine Gedanken darüber zu machen, z. B. sich nicht zu fragen, wie es mit seiner Macht oder Ohnmacht steht, wie mit seinem Interesse am Weltlauf und am Menschen, wie mit seinem Anteil am Werden der Welt und wie mit seinem Vorwissen der Zukunft. Das alles liegt außerhalb unseres Themas. Hier sollte nur die Rede gewesen sein von einer streng transzendentalen Verknüpfung: daß die Bedingung der Möglichkeit einer Unterscheidung von wahr und unwahr für Vergangenes die postulierte Präsenz eben dieser Vergangenheit in einem absoluten Geist ist. Da die Unterscheidung selbst unabdinglich ist, ist das Postulat, das ihre Berechtigung, ja ihren Sinn möglich machen soll, keine leichtfertige »Schwärmerei der Vernunft« und nicht leicht wieder loszuwerden. Das habe ich an mir selbst erfahren und lasse nun den Leser seine eigene Erfahrung damit machen.

9.
Der Gottesbegriff nach Auschwitz

Eine jüdische Stimme

Als mir mit der Ehre dieses Preises auch die Bürde des ›Festvortrages‹ angetragen wurde und ich in der Lebensbeschreibung des Rabbi Leopold Lucas, zu dessen Andenken er gestiftet wurde, las, daß er in Theresienstadt starb, seine Frau Dorothea aber, die Mutter des Stifters, nach Auschwitz weiterverschickt wurde, wo sie das Schicksal auch *meiner* Mutter teilte, da drängte sich mir unwiderstehlich dies Thema auf. Ich wählte es mit Furcht und Zittern. Aber ich glaubte es jenen Schatten schuldig zu sein, ihnen so etwas wie eine Antwort auf ihren längst verhallten Schrei zu einem stummen Gott nicht zu versagen.

Was ich zu bieten habe, ist ein Stück unverhüllt spekulativer Theologie. Ob sich das für einen Philosophen schickt, lasse ich dahingestellt. Immanuel Kant hat alles dergleichen aus dem Geschäft der theoretischen Vernunft und damit aus der Philosophie verbannt; und der logische Positivismus unseres Jahrhunderts, die ganze herrschende Analytik, hat sogar den darin verwendeten sprachlichen Ausdrücken für die vermeintlich verhandelten Sachen jede solche Sachbedeutung abgesprochen, also jeden begrifflichen Sinn überhaupt, und damit schon das bloße Reden darüber – von der Wahrheits- und Bewahrheitungsfrage ganz abgesehen – für baren Unsinn erklärt. Dies allerdings hätte den alten Kant aufs höchste erstaunt. Denn er hielt ganz im Gegenteil diese angeblichen Nichtgegenstände für die höchsten Gegenstände, von denen die Vernunft gar nicht lassen kann, obwohl sie zu keiner Erkenntnis von ihnen zu gelangen hoffen darf, also in ihrer Verfolgung durch die unverrückbaren Grenzen menschlichen Erkennens notwendig zum Scheitern verurteilt ist. Doch das läßt neben der völligen Entsagung noch einen andern Weg offen. Denn wer das Scheitern in Sachen des Wissens in Kauf nimmt, ja, von vornherein auf dies Ziel überhaupt verzichtet, der darf in Sachen von Sinn und Bedeutung sehr wohl über solche Dinge nachdenken. Denn die Behauptung, daß hier nicht einmal Sinn und Bedeutung vorliegen – die läßt sich leicht als tautologischer Zirkelschluß abtun, da sie im voraus ›Sinn‹ als das definiert hat, was sich zu guter Letzt durch Sinnesdaten verifizieren läßt, also ›sinnvoll‹ mit ›wißbar‹ gleichsetzt. An diesen Gewaltstreich per definitionem ist nur gebunden, wer ihm zugestimmt hat. Es läßt sich also am Gottes*begriff* arbeiten, auch wenn es keinen Gottes*beweis* gibt; und eine solche Arbeit ist philosophisch, wenn sie sich an die Strenge des Begriffs – und das heißt auch: an seinen Zusammenhang mit dem All der Begriffe – hält.

Aber natürlich ist dies viel zu allgemein und unpersönlich. Wie Kant der praktischen Vernunft zugestand, was er der theoretischen versagte, so dürfen *wir* die Wucht einmaliger und ungeheuerlicher Erfahrung mitsprechen lassen in der Frage, was es mit Gott auf sich habe. Und da erhebt sich sogleich die Frage: Was hat Auschwitz dem hinzugefügt, was man schon immer wissen konnte vom Ausmaß des Schrecklichen und Entsetzlichen, was Menschen anderen Menschen antun können und seit je getan haben? Und was im besonderen hat es dem hinzugefügt, was uns Juden aus tausendjähriger Leidensgeschichte bekannt ist und einen so wesentlichen Teil unserer kollektiven Erinnerung ausmacht? Die *Hiobs*frage war seit je die Hauptfrage der Theodizee – der allgemeinen wegen der Existenz des Übels in der Welt überhaupt, der besonderen in der Verschärfung durch das Rätsel der Erwählung, des angeblichen Bundes zwischen Israel und seinem Gott. Was diese Verschärfung betrifft, unter der auch unsere jetzige Frage steht, so konnte anfangs noch – von den biblischen Propheten – der Bund selber zur Erklärung berufen werden: Das Bundesvolk war ihm untreu geworden. In den langen Zeiten der Treue danach aber war nicht mehr heimgesuchte Schuld die Erklärung, sondern die Idee der Zeugenschaft, diese Schöpfung der Makkabäerzeit, die der Nachwelt den Begriff des Märtyrers vermachte. Ihm gemäß dulden das Ärgste gerade die Unschuldigen und Gerechten. So gingen im Mittelalter ganze Gemeinden mit dem *Sch'ma Jisrael*, dem Bekenntnis der Einheit Gottes auf den Lippen, in den Schwert- und Flammentod. Der hebräische Name dafür ist *Kiddusch-haschēm*, ›Heiligung des Namens‹, und die Gemordeten hießen ›Heilige‹. Durch ihr Opfer leuchtete das Licht der Verheißung, der endlichen Erlösung durch den kommenden Messias.

Nichts von alledem verfängt mehr bei dem Geschehen, das den Namen ›Auschwitz‹ trägt. Nicht Treue oder Untreue, Glaube oder Unglaube, nicht Schuld und Strafe, nicht Prüfung, Zeugnis und Erlösungshoffnung, nicht einmal Stärke oder Schwäche, Heldentum oder Feigheit, Trotz oder Ergebung hatten da einen Platz. Von alledem wußte Auschwitz nichts, das auch die unmündigen Kinder verschlang, zu nichts davon bot es auch nur die Gelegenheit. Nicht um des Glaubens *willen* starben jene dort (wie immerhin noch die Zeugen Jehovas), und nicht *wegen* ihres Glaubens oder irgendeiner Willensrichtung ihres Personseins wurden sie gemordet. Dehumanisierung durch letzte Erniedrigung und Entbehrung ging dem Sterben voran, kein Schimmer des Menschenadels wurde den zur Endlösung Bestimmten gelassen, nichts davon war bei den überlebenden Skelettgespenstern der befreiten Lager noch erkennbar. Und doch – Paradox der Paradoxe – war es das alte Volk des Bundes, an den fast keiner der Beteiligten, Töter und selbst Opfer, mehr glaubte, aber eben gerade dieses und kein anderes, das unter der Fiktion der Rasse zu dieser Gesamtvernichtung ausersehen war: die gräßlichste Umkehrung der Erwählung in den Fluch, der jeder Sinngebung spottete. Also besteht doch ein Zusammenhang – perversester Art – mit den Gottsuchern und Propheten von einst, deren Nachfahren so aus der Zerstreuung ausgelesen und in die Vereinigung des gemeinsamen

Todes versammelt wurden. Und Gott ließ es geschehen. Was für ein Gott konnte es geschehen lassen?

Hier ist nun einzuschalten, daß bei dieser Frage der Jude theologisch in einer schwierigeren Lage ist als der Christ. Denn für den Christen, der das wahre Heil vom Jenseits erwartet, ist diese Welt ohnehin weitgehend des Teufels und immer Gegenstand des Mißtrauens, besonders die Menschenwelt wegen der Erbsünde. Aber für den Juden, der im Diesseits den Ort der göttlichen Schöpfung, Gerechtigkeit und Erlösung sieht, ist Gott eminent der Herr der *Geschichte,* und da stellt ›Auschwitz‹ selbst für den Gläubigen den ganzen überlieferten Gottesbegriff in Frage. Es fügt in der Tat, wie ich soeben zu zeigen versuchte, der jüdischen Geschichtserfahrung ein Niedagewesenes hinzu, das mit den alten theologischen Kategorien nicht zu meistern ist. Wer aber vom Gottesbegriff nicht einfach lassen will – und dazu hat selbst der Philosoph ein Recht –, der muß, um ihn nicht aufgeben zu müssen, ihn neu überdenken und auf die alte Hiobsfrage eine neue Antwort suchen. Den ›Herrn der Geschichte‹ wird er dabei wohl fahrenlassen müssen. Also: Was für ein Gott konnte es geschehen lassen?

Hier greife ich zurück auf einen früheren Versuch, den ich in Konfrontation mit der viel weiteren Frage der Unsterblichkeit einmal gewagt habe, in den aber der Schatten von Auschwitz auch schon hineinragte.[1] Damals half ich mir mit einem selbsterdachten *Mythos* – jenem Mittel bildlicher, doch glaublicher Vermutung, das Plato für die Sphäre jenseits des Wißbaren erlaubte. Erlauben Sie mir jetzt, ihn hier zu wiederholen.

Im Anfang, aus unerkennbarer Wahl, entschied der göttliche Grund des Seins, sich dem Zufall, dem Wagnis und der endlosen Mannigfaltigkeit des Werdens anheimzugeben. Und zwar gänzlich: Da sie einging in das Abenteuer von

---

[1] Siehe H. Jonas, Zwischen Nichts und Ewigkeit, Kleine Vandenhoeck-Reihe 165, Göttingen 1963, S. 55 ff.

Raum und Zeit, hielt die Gottheit nichts von sich zurück; kein unergriffener und immuner Teil von ihr blieb, um die umwegige Ausformung ihres Schicksals in der Schöpfung von jenseits her zu lenken, zu berichten und letztlich zu garantieren. Auf dieser bedingungslosen Immanenz besteht der moderne Geist. Es ist sein Mut oder seine Verzweiflung, in jedem Fall seine bittere Ehrlichkeit, unser In-der-Welt-Sein ernst zu nehmen: die Welt als sich selbst überlassen zu sehen, ihre Gesetze als keine Einmischung duldend und die Strenge unserer Zugehörigkeit als durch keine außerweltliche Vorsehung gemildert. Dasselbe fordert unser Mythos von Gottes In-der-Welt-Sein. Nicht aber im Sinne pantheistischer Immanenz: Wenn Gott und Welt einfach identisch sind, dann stellt die Welt in jedem Augenblick und jedem Zustand seine Fülle dar, und Gott kann weder verlieren noch auch gewinnen. Vielmehr, damit Welt sei, entsagte Gott seinem eigenen Sein; er entkleidete sich seiner Gottheit, um sie zurückzuempfangen von der Odyssee der Zeit, beladen mit der Zufallsernte unvorhersehbarer zeitlicher Erfahrung, verklärt oder vielleicht auch entstellt durch sie. In solcher Selbstpreisgabe göttlicher Integrität um des vorbehaltlosen Werdens willen kann kein anderes Vorwissen zugestanden werden als das der *Möglichkeiten*, die kosmisches Sein durch seine eigenen Bedingungen gewährt: Eben diesen Bedingungen lieferte Gott seine Sache aus, da er sich entäußerte zugunsten der Welt.

Und für Äonen ist sie sicher in den langsam arbeitenden Händen kosmischen Zufalls und der Wahrscheinlichkeiten seines Mengenspiels – während immerfort, so dürfen wir vermuten, ein geduldiges Gedächtnis vom Kreisen der Materie sich ansammelt und zu der ahnenden Erwartung anwächst, mit der das Ewige die Werke der Zeit zunehmend begleitet – ein zögerndes Auftauchen der Transzendenz aus der Undurchsichtigkeit der Immanenz.

Und dann die erste Regung von *Leben* – eine neue Sprache der Welt: und mit ihm eine enorme Steigerung des Interesses im ewigen Bereich und ein plötzlicher Sprung im Wachstum zum Wiedererwerb seiner Fülle. Es ist der Weltzufall, auf den die werdende Gottheit wartete und mit dem ihr verschwenderischer Einsatz zuerst Zeichen seiner schließlichen Einlösung zeigt. Aus der unendlich schwellenden Dünung von Fühlen, Wahrnehmen, Streben und Handeln, die immer mannigfacher und intensiver über den stummen Wirbeln der Materie sich hebt, gewinnt die Ewigkeit Kraft, füllt sich mit Inhalt um Inhalt von Selbstbejahung, und zum erstenmal kann der erwachende Gott sagen, die Schöpfung sei gut.

Aber man beachte, daß mit dem Leben zusammen der Tod kam und daß Sterblichkeit der Preis ist, den die neue Möglichkeit des Seins für sich zu zahlen hatte. Wenn ständige Dauer das Ziel wäre, hätte Leben gar nicht erst beginnen dürfen, denn in keiner möglichen Form kann es sich mit der Dauerhaftigkeit anorganischer Körper messen. Es ist wesentlich widerrufliches und zerstörbares Sein, ein Abenteuer der Sterblichkeit, das vom langwährenden Stoff auf dessen Bedingungen – auf die kurzfristige Bedingung des stoffwechselnden Organismus – die endlichen Laufbahnen individueller Selbste zum Darlehen erlangt. Aber eben im kurz behaupteten Selbst-Fühlen, Handeln und Leiden endlicher Individuen, das vom Druck der Endlichkeit erst die ganze Dringlichkeit und damit Frische des Empfindens bezieht, entfaltet die göttliche Landschaft ihr Farbenspiel und kommt die Gottheit zur Erfahrung ihrer selbst...

Man bemerke ebenfalls, daß in der Unschuld des Lebens vor dem Erscheinen des Wissens die Sache Gottes nicht fehlgehen kann. Jeder Artunterschied, den die Evolution hervorbringt, fügt den Möglichkeiten von Fühlen und Tun die eigene hinzu und bereichert damit die Selbsterfahrung des göttlichen Grundes. Jede in ihrem Lauf sich neu auftuende Dimension der Weltbeantwortung bedeutet eine neue Modalität für Gott, sein verborgenes Wesen zu erproben und durch die Überraschungen des Weltabenteuers sich selbst zu entdecken. Und all die Ernte ihrer bedrängten Werdemühe, ob hell oder dunkel, schwellt den jenseitigen Schatz zeitlich gelebter Ewigkeit. Gilt dies schon für das sich verbreiternde Spektrum der Mannigfaltigkeit an sich, um wieviel mehr für die sich steigernde Wachheit und Leidenschaft des Lebens, die mit dem Zwillingswachstum von Wahrnehmung und Bewegung im Tierreich einhergeht. Die immer größere Schärfung von Trieb und Angst, Lust und Schmerz, Triumph und Entbehrung, Liebe und selbst Grausamkeit – das Durchdringende ihrer Intensität an sich, allen Erfahrens überhaupt, ist ein Gewinn des göttlichen Subjekts, und ihr zahllos wiederholtes, doch nie sich abstumpfendes Durchleben (schon darum die Notwendigkeit von Tod und neuer Geburt) liefert die geläuterte Essenz, aus der die Gottheit sich neu erbaut. Alles dies stellt die Evolution zur Verfügung durch die bloße Üppigkeit ihres Spiels und die Strenge ihres Sporns. Ihre Geschöpfe, indem sie nur ihrem Trieb gemäß sich erfüllen, rechtfertigen das göttliche Wagnis. Selbst ihr Leiden vertieft noch die Tonfülle der Symphonie. So kann denn, diesseits von Gut und Böse, Gott im großen Glücksspiel der Entwicklung nicht verlieren.

Ebensowenig aber kann er im Schutz ihrer Unschuld wahrhaft gewinnen, und eine neue Erwartung wächst in ihm in Antwort auf die Richtung, die die bewußtlose Bewegung der Immanenz allmählich nimmt.

Und dann zittert er, da der Stoß der Entwicklung, von seiner eigenen Schwungkraft getragen, die Schwelle überschreitet, wo Unschuld aufhört und ein gänzlich neues Kriterium des Erfolgs und Fehlschlags vom göttlichen Einsatz Besitz ergreift. Die Heraufkunft des Menschen bedeutet die Heraufkunft von Wissen und Freiheit, und mit dieser höchst zweischneidigen Gabe macht die Unschuld des bloßen Subjekts sich selbst erfüllenden Lebens Platz für die Aufgabe der Verantwortung unter der Disjunktion von Gut und Böse. Der Chance und Gefahr dieser Vollzugsdimension ist die nun erst offenbar gewordene göttliche Sache hinfort anvertraut, und ihr Ausgang schwankt in der Waage. Das Bild Gottes, stockend begonnen vom physischen All, so lange in Arbeit – und unentschieden gelassen – in den weiten und dann sich verengernden Spiralen vormenschlichen Lebens, geht mit dieser letzten Wendung und mit dramatischer Beschleunigung der Bewegung, in die fragwürdige Verwahrung des Menschen über, um erfüllt, gerettet oder verdorben zu werden durch das, was er mit sich und der Welt tut. Und in diesem furchterregenden Auftreffen seiner Taten auf das göttliche Geschick, ihrer Wirkung auf den ganzen Zustand des ewigen Seins, besteht die menschliche Unsterblichkeit.

Mit dem Erscheinen des Menschen erwachte die Transzendenz zu sich selbst und begleitet hinfort sein Tun mit angehaltenem Atem, hoffend und werbend, mit Freude und mit Trauer, mit Befriedigung und Enttäuschung – und, wie ich glauben möchte, sich ihm fühlbar machend, ohne doch in die Dynamik des weltlichen Schauplatzes einzugreifen: Denn könnte es nicht sein, daß das Transzendente durch den Widerschein seines Zustandes, wie er flackert mit der schwankenden Bilanz menschlichen Tuns, Licht und Schatten über die menschliche Landschaft wirft?

Soweit der hypothetische Mythos, den ich einst in anderer Sache zur Erwägung gestellt habe. Er hat theologische Implikationen, die ich mir erst langsam klarmachte. Hiervon will ich einige der offenkundigeren entwickeln, in der Hoffnung, durch die Übersetzung vom Bildlichen ins Begriffliche das, was als eine seltsame und willkürliche private Phantasie erscheinen muß, mit der verantwortlichen Überlieferung jüdisch-religiösen Denkens zu verknüpfen. Auf diese Weise versuche ich, den Leichtsinn meiner versuchend tastenden Spekulation in etwa ehrlich zu machen.

Zuerst denn, und am offenkundigsten, habe ich von einem *leidenden* Gott gesprochen – was unmittelbar in Widerspruch zur biblischen Vorstellung göttlicher Majestät zu stehen scheint. Natürlich gibt es die christliche Bedeutung des Ausdrucks »leidender Gott«, mit der aber mein Mythos nicht verwechselt werden darf: Er spricht nicht, wie jener es tut, von einem einmaligen Akt, durch den die Gottheit zu einer bestimmten Zeit, und zu dem besonderen Zweck der Erlösung des Menschen, einen Teil ihrer selbst in eine bestimmte Leidenssituation sandte (die Fleischwerdung und Kreuzigung). Wenn irgend etwas von dem, was ich sagte, Sinn hat, dann ist dieser Sinn, daß das Verhältnis Gottes zur Welt *vom Augenblick der Schöpfung an*, und gewiß von der Schöpfung des Menschen an, ein Leiden seitens Gottes beinhaltet. Natürlich beinhaltet es auch Leiden von seiten der Kreatur, aber diese Selbstverständlichkeit ist seit je in jeder Theologie anerkannt worden. Nicht so die Idee, daß Gott mit der Schöpfung leidet, und von ihr sagte ich, daß sie prima facie mit der biblischen Vorstellung göttlicher Majestät zusammenprallt. Aber tut sie dies wirklich so extrem, wie es auf den ersten Blick erscheint? Begegnen wir nicht auch in der hebräischen Bibel Gott, wie er sich vom Menschen mißachtet und verschmäht sieht und sich um ihn grämt? Sehen wir ihn nicht einmal sogar bereuen, daß er den Menschen schuf, und häufig Kummer leiden an der Enttäuschung, die er mit ihm erfährt – und besonders mit seinem erwählten Volk? Erinnern wir uns an den Propheten Hosea und Gottes bewegte Liebesklage um sein ungetreues Weib Israel.

Sodann, als nächster Punkt, zeichnet der Mythos das Bild eines *werdenden* Gottes. Es ist ein Gott, der in der Zeit hervorgeht, anstatt ein vollständiges Sein zu besitzen, das mit sich identisch bleibt durch die Ewigkeit. Solch eine Idee göttlichen Werdens steht gewiß in Widerspruch zur griechischen, platonisch-aristotelischen Überlieferung philosophischer Theologie, die seit ihrer Einverleibung in die jüdische und christliche theologische Tradition irgendwie eine Autorität für sich usurpiert hat, zu der sie nach authentisch jüdischen (und auch christlichen) Maßstäben keineswegs berechtigt ist. Transtemporalität, Impassibilität, Immutabilität wurden zu notwendigen Attributen Gottes erklärt. Und die ontologische Entgegensetzung, die klassisches Denken zwischen Sein und Werden behauptet hatte, wobei das Werden dem Sein unterlegen und kennzeichnend für die niedere, körperliche Welt ist, schloß jeden Schatten eines Werdens von dem reinen, absoluten Sein der Gottheit aus. Aber dieser hellenische Begriff hat niemals gut zum Geiste und zur Sprache der Bibel gestimmt; und der Begriff eines göttlichen Werdens kann tatsächlich besser mit ihr vereint werden.

Denn was besagt der werdende Gott? Selbst wenn wir nicht so weit gehen, wie unser Mythos vorschlägt, so viel an ›Werden‹ wenigstens müssen wir in Gott zugestehen, wie in der bloßen Tatsache liegt, daß er von dem, was in der Welt geschieht, affiziert wird, und ›affiziert‹ heißt alteriert, im Zustand verändert. Auch wenn wir davon absehen, daß schon die Schöpfung als solche, als Akt und als Dasein seines Ergebnisses, ja schließlich eine entscheidende Änderung im Zustand Gottes darstellt, insofern er nun nicht mehr allein ist, so bedeutet sein fortlaufendes *Verhältnis* zum Geschaffenen, wenn dies erst einmal existiert und sich im Flusse des Werdens dahinbewegt, eben dies, daß er etwas mit der Welt erfährt, daß also sein eigenes Sein von dem, was in ihr vorgeht, beeinflußt wird. Das gilt schon für das bloße Verhältnis begleitenden Wissens, ganz zu schweigen von dem des Interesses. Also, wenn Gott in irgendeiner Beziehung zur Welt steht – und das ist die kardinale Annahme der Religion –, dann hat hierdurch allein der Ewige sich »verzeitlicht« und wird fortschreitend anders durch die Verwirklichungen des Weltprozesses.

Eine beiläufige Folge der Idee des werdenden Gottes ist, daß sie die Idee einer Wiederkehr des Gleichen zerstört. Das war Nietzsches Alternative zur christlichen Metaphysik, die in diesem Falle dieselbe wie die jüdische ist. Nietzsches Idee ist in der Tat das extreme Symbol der Wendung zu unbedingter Zeitlichkeit und Immanenz, hinweg von jeder Transzendenz, die ein ewiges Gedächtnis von dem in der Zeit Vergehenden bewahren könnte: die Idee nämlich, daß durch die bloße Erschöpfung der möglichen Permutationen in der Verteilung stofflicher Elemente eine ›anfängliche‹ Konfiguration des Weltalls wieder eintreten muß, mit der alles identisch wieder von vorne beginnt; und wenn einmal, dann unzählige Male – Nietzsches »Ring der Ringe, der Ring der ewigen Wiederkunft«. Wenn wir jedoch annehmen, daß die Ewigkeit nicht unberührt ist von dem, was sich in der Zeit begibt, dann kann es niemals eine Wiederkehr des Gleichen geben, weil Gott nicht der gleiche sein wird, nachdem er durch die Erfahrung eines Weltprozesses gegangen ist. Jede neue Welt, die nach dem Ende einer gewesenen kommen mag, wird sozusagen in ihrem eigenen Erbe die Erinnerung an das Vorangegangene tragen; oder mit anderen Worten: Es wird nicht eine indifferente und tote Ewigkeit da sein, sondern eine, die wächst mit der sich anhäufenden Ernte der Zeit.

Eng verbunden mit den Begriffen eines leidenden und eines werdenden Gottes ist der eines *sich sorgenden* Gottes – eines Gottes, der nicht fern und abgelöst und in-sich-beschlossen, sondern verwickelt ist in das, worum er sich sorgt. Was immer der »uranfängliche« Zustand der Gottheit sei, er hörte auf, in sich beschlossen zu sein in dem Augenblick, da er sich auf das Dasein einer Welt einließ, indem er eine solche Welt schuf oder ihre Entstehung zuließ. Daß Gott um und für seine Geschöpfe Sorge trägt, gehört natürlich zu den vertrautesten Grundsätzen jüdischen Glaubens. Aber unser Mythos betont den weniger vertrauten Aspekt, daß dieser sorgende Gott kein Zauberer ist, der im Akt des Sorgens zugleich auch die Erfüllung seines Sorgeziels herbeiführt: Etwas hat er andern Akteuren zu tun gelassen und hat damit seine Sorge von ihnen abhängig gemacht. Er ist daher auch ein gefährdeter Gott, ein Gott mit eigenem Risiko. Daß dies sein muß, ist klar, denn sonst wäre die Welt im Zustand permanenter Vollkommenheit. Die Tatsache, daß sie es nicht ist, kann nur eins von zwei Dingen bedeuten: entweder daß es den Einen Gott gar nicht gibt (obwohl vielleicht mehr als einen) oder daß der Eine etwas anderem als er selbst, von ihm Geschaffenem, einen Spielraum und eine Mitbestimmung überlassen hat bezüglich dessen, was ein Gegenstand seiner Sorge ist. Deshalb sagte ich, der sorgende Gott sei kein Zauberer. Irgendwie hat er, durch einen Akt unerforschlicher Weisheit oder der Liebe oder was immer das göttliche Motiv gewesen sein mag, darauf verzichtet, die Befriedigung seiner selbst durch seine eigene Macht zu garantieren, nachdem er schon durch die Schöpfung selbst darauf verzichtet hatte, alles in allem zu sein.

Und damit kommen wir zu dem, was vielleicht der kritischste Punkt in unserm spekulativen theologischen Wagnis ist: Dies ist nicht ein allmächtiger Gott! In der Tat behaupten wir, um unseres Gottesbildes willen und um unseres ganzen Verhältnisses zum Göttlichen willen, daß wir die althergebrachte (mittelalterliche) Doktrin absoluter, unbegrenzter göttlicher Macht nicht aufrechterhalten können. Lassen Sie mich das zuerst auf rein logischer Ebene begründen durch die Artikulierung der Paradoxie, die schon im Begriff absoluter Macht liegt. Die logische Situation ist in der Tat keineswegs die, daß göttliche Allmacht die vernunftmäßige plausible und irgendwie sich selbst empfehlende Lehre ist, während die ihrer Begrenzung querköpfig und der Verteidigung bedürftig ist. Ganz im Gegenteil. Es folgt aus dem bloßen Begriff der Macht, daß Allmacht ein sich selbst widersprechender, selbstaufhebender, ja sinnloser Begriff ist. Es steht damit wie im menschlichen Bereich mit der Freiheit. Weit entfernt, daß diese beginnt, wo die Notwendigkeit endet, besteht und lebt sie im Sichmessen mit der Notwendigkeit. Die Abscheidung vom Reiche der Notwendigkeit entzieht der Freiheit ihren Gegenstand, sie wird ohne ihn ebenso nichtig wie Kraft ohne Widerstand. Absolute Freiheit wäre leere Freiheit, die sich selber aufhebt. So auch leere Macht, und das wäre die absolute Alleinmacht. Absolute, totale Macht bedeutet Macht, die durch nichts begrenzt ist, nicht einmal durch die Existenz von etwas anderm überhaupt, etwas außer ihr selbst und von ihr Verschiedenem. Denn die bloße Existenz eines solchen anderen würde schon eine Begrenzung darstellen, und die eine Macht müßte dies andere vernichten, um ihre Absolutheit zu bewahren. Absolute Macht hat dann in ihrer Einsamkeit keinen Gegenstand, auf den sie wirken könnte. Als gegenstandslose Macht aber ist sie machtlose Macht, die sich selbst aufhebt. ›All‹ ist hier gleich ›Null‹. Damit sie wirken kann, muß etwas anderes da sein, und sobald es da ist, ist das eine nicht mehr allmächtig, obwohl seine Macht bei jedem Vergleich beliebig hoch überlegen sein kann. Die geduldete Existenz per se eines anderen Gegenstands limitiert als Bedingung der Betätigung die Macht der mächtigsten Wirkkraft, *indem* sie ihr zugleich erst erlaubt, eine Wirkkraft zu sein. Kurz, ›Macht‹ ist ein *Verhältnis*begriff und erfordert ein mehrpoliges Verhältnis. Selbst dann ist Macht, die keinem *Widerstand* in ihrem Bezugspartner begegnet, dasselbe wie überhaupt keine Macht. Macht kommt zur Ausübung nur in Beziehung zu etwas, was selber Macht hat. Macht, wenn sie nicht müßig sein soll, besteht in der Fähigkeit, etwas zu überwinden; und Koexistenz eines anderen ist als solche genug, diese Bedingung beizustellen. Denn Dasein heißt Widerstand und somit gegenwirkende Kraft. So wie in der Physik Kraft ohne Widerstand, also Gegenkraft, leer bleibt, so auch in der Metaphysik Macht ohne Gegenmacht, ungleich, wie sie sei. Dasjenige also, worauf die Macht wirkt, muß eine Macht von sich her haben, selbst wenn diese von jener ersten abstammt und dem Inhaber, in eins mit seinem Dasein, ursprünglich gewährt wurde durch einen Selbstverzicht der grenzenlosen Macht – eben im Akt der Schöpfung. Kurz, es kann nicht sein, daß alle Macht auf seiten eines Wirksubjekts allein sei. Macht muß geteilt sein, damit es überhaupt Macht gibt.

Doch neben diesem logischen und ontologischen gibt es einen mehr theologischen und echt religiösen Einwand gegen die Idee absoluter und unbegrenzter göttlicher Allmacht. Göttliche Allmacht kann mit göttlicher Güte nur zusammen bestehen um den Preis gänzlicher göttlicher Unerforschlichkeit, d. h. Rätselhaftigkeit. Angesichts der Existenz des Bösen oder auch nur des Übels in der Welt müßten wir Verständlichkeit in Gott der Verbindung der beiden andern Attribute aufopfern. Nur von einem gänzlich unverstehbaren Gott kann gesagt werden, daß er zugleich absolut gut und absolut allmächtig ist und doch die Welt duldet, wie sie ist. Allgemeiner gesagt, die drei Attribute in Frage – absolute Güte, absolute Macht und Verstehbarkeit – stehen in einem solchen Verhältnis, daß jede Verbindung von zweien von ihnen das dritte ausschließt. Die Frage ist dann: Welche von ihnen sind wahrhaft integral für unsern Begriff von Gott und daher unveräußerlich, und welches dritte muß als weniger kräftig dem überlegenen Anspruch der andern weichen? Gewiß nun ist Güte, d. h. das Wollen des Guten, untrennbar von unserm Gottesbegriff und kann keiner Einschränkung unterliegen. Verstehbarkeit oder Erkennbarkeit, die zweifach bedingt ist: vom Wesen Gottes und von den Grenzen des Menschen, ist in letzterer Hinsicht allerdings der Einschränkung unterworfen, aber unter keinen Umständen duldet sie totale Verneinung. Der Deus absconditus, der verborgene Gott (nicht zu reden vom absurden Gott), ist eine zutiefst unjüdische Vorstellung. Unsere Lehre, die Thora, beruht darin und besteht darauf, daß wir Gott verstehen können, nicht vollständig natürlich, aber etwas von ihm – von seinem Willen, seinen Absichten und sogar von seinem Wesen, denn er hat es uns kundgetan. Es hat Offenbarung gegeben, wir besitzen seine Gebote und sein Gesetz, und manchen – seinen Propheten – hat er sich direkt mitgeteilt, als seinem Mund für alle in der Sprache der Menschen und der Zeit, gebrochen daher in diesem beschränkenden Medium, doch nicht in dunklem Geheimnis. Ein gänzlich verborgener, unverständlicher Gott ist ein unannehmbarer Begriff nach jüdischer Norm.

Genau das aber müßte er sein, wenn ihm zusammen mit Allgüte auch Allmacht zugeschrieben würde. Nach Auschwitz können wir mit größerer Entschiedenheit als je zuvor behaupten, daß eine allmächtige Gottheit entweder nicht allgütig oder (in ihrem Weltregiment, worin allein wir sie erfassen können) total unverständlich wäre. Wenn aber Gott auf gewisse Weise und in gewissem Grade verstehbar sein soll (und hieran müssen wir festhalten), dann muß sein Gutsein vereinbar sein mit der Existenz des Übels, und das ist es nur, wenn er nicht *all*-mächtig ist. Nur dann können wir aufrechterhalten, daß er verstehbar und gut ist und es dennoch Übel in der Welt gibt. Und da wir sowieso den Begriff der Allmacht als zweifelhaft in sich selbst befanden, so ist es dieses Attribut, das weichen muß.

Bis hierher hat unser Argument um die Allmacht nicht mehr getan, als für jede in Kontinuität mit dem jüdischen Erbe stehende Theologie den Grundsatz aufzustellen, daß Gottes Macht als begrenzt anzusehen ist durch etwas, dessen Existenz aus eigenem Recht und dessen Macht, aus eigener Autorität zu wirken, er selbst anerkennt. Das ließe sich nun auch als lediglich ein Zugeständnis von Gottes Seite interpretieren, das er widerrufen kann, wann es ihm beliebt, das heißt also als Zurückhaltung einer Macht, die er unverkürzt besitzt, aber um des Eigenrechts der Schöpfung willen nur verkürzt gebraucht. Doch das würde nicht genügen, denn bei dem wahrhaft und ganz einseitig Ungeheuerlichen, das unter seinen Ebenbildern in der Schöpfung dann und wann die einen den schuldlos andern antun, dürfte man wohl erwarten, daß der gute Gott die eigene Regel selbst äußerster Zurückhaltung seiner Macht dann und wann bricht und mit dem rettenden Wunder eingreift. Doch kein rettendes Wunder geschah; durch die Jahre des Auschwitz-Wütens schwieg Gott. Die Wunder, die geschahen, kamen von Menschen allein: die Taten jener einzelnen, oft unbekannten Gerechten unter den Völkern, die selbst das letzte Opfer nicht scheuten, um zu retten, zu lindern, ja, wenn es nicht anders ging, hierbei das Los Israels zu teilen. Von ihnen werde ich noch einmal sprechen. Aber Gott schwieg. Und da sage ich nun:

Nicht weil er nicht wollte, sondern weil er nicht konnte, griff er nicht ein. Aus Gründen, die entscheidend von der zeitgenössischen Erfahrung eingegeben sind, proponiere ich die Idee eines Gottes, der für eine Zeit – die Zeit des fortgehenden Weltprozesses – sich jeder Macht der Einmischung in den *physischen* Verlauf der Weltdinge begeben hat; der dem Aufprall des weltlichen Geschehens auf sein eigenes Sein antwortet nicht »mit starker Hand und ausgestrecktem Arm«, wie wir Juden alljährlich im Gedenken an den Auszug aus Ägypten rezitieren, sondern mit dem eindringlich-stummen Werben seines unerfüllten Zieles.

Hierin also entfernt sich mein Spekulieren weit von ältester jüdischer Lehre. Mehrere der Dreizehn Glaubenslehren des Maimonides, die im Gottesdienst gesungen werden, fallen mit der ›starken Hand‹ dahin: die Sätze von Gottes Herrschermacht über die Schöpfung, seiner Belohnung der Guten und Bestrafung der Bösen, selbst vom Kommen des verheißenen Messias. Nicht aber die vom Ruf an die Seelen, von der Inspiration der Propheten und der Thora, also auch nicht die Idee der Erwählung, denn nur aufs Physische bezieht sich die Ohnmacht Gottes. Vor allem bleibt es bei dem *einen* Gott und so bei dem ›Höre, Israel!‹; kein manichäischer Dualismus wird bemüht zur Erklärung des Bösen, aus den Herzen der Menschen allein steigt es auf und gewinnt es Macht in der Welt. Im bloßen Zulassen menschlicher Freiheit liegt ein Verzicht der göttlichen Macht. Schon aus unserer Erörterung von Macht überhaupt folgte ja die Verneinung göttlicher Omnipotenz. Das läßt theoretisch die Wahl offen zwischen einem anfänglichen, theologischen oder ontologischen *Dualismus* und der *Selbst*beschränkung des einzigen Gottes durch die Schöpfung aus dem Nichts. Der Dualismus wiederum kann die manichäische Gestalt einer aktiven Kraft des Bösen annehmen, die von Anfang an dem göttlichen Zweck in allen Dingen entgegenwirkt: eine Zwei-Gott-Theologie; oder die platonische Gestalt eines passiven Mediums, das – ebenso universal – die Verkörperung des

Ideals in der Welt nur unvollkommen gestattet: eine Form-Stoff-Ontologie. Die erstere Wahl – die Zwei-Gott-Theologie – ist evident unannehmbar für das Judentum. Die platonische Wahl beantwortet bestenfalls das Problem der Unvollkommenheit und der Naturnotwendigkeit, aber nicht das des positiv Bösen, das eine Freiheit mit eigener Ermächtigung selbst ihrem Schöpfer gegenüber impliziert; und es ist die Tatsache und das Gelingen des gewollt Bösen, viel mehr als die Heimsuchungen der blinden Naturkausalität – Auschwitz und nicht das Erdbeben von Lissabon –, womit jüdische Theologie heute zu ringen hat. Nur mit der Schöpfung aus dem Nichts haben wir die *Einheit* des göttlichen Prinzips zusammen mit seiner *Selbst*beschränkung, die *Raum* gibt für die Existenz und Autonomie einer Welt. Die Schöpfung war der Akt der absoluten Souveränität, mit dem sie um des Daseins selbstbestimmender Endlichkeit willen einwilligte, nicht länger absolut zu sein – ein Akt also der göttlichen Selbstentäußerung.

Und da erinnern wir uns, daß auch die jüdische Überlieferung nicht gar so monolithisch in Dingen der göttlichen Souveränität ist, wie die offizielle Lehre es erscheinen läßt. Die mächtige Unterströmung der Kabbala, die in unsern Tagen von Gershom Scholem neu ans Licht gezogen wurde, weiß von einem Schicksal Gottes, dem er sich mit der Weltwerdung unterzog. Dort gibt es hochoriginelle und sehr unorthodoxe Spekulationen, unter denen meine nicht so gänzlich allein stehen würde. Zum Beispiel radikalisiert mein Mythos im Grunde nur die Idee des *Zimzum*, diesen kosmogonischen Zentralbegriff der Lurianischen Kabbala. *Zimzum* bedeutet Kontraktion, Rückzug, Selbsteinschränkung. Um Raum zu machen für die Welt, mußte der *En-Ssof* des Anfangs, der Unendliche, sich in sich selbst zusammenziehen und so außer sich die Leere, das Nichts entstehen lassen, in dem und aus dem er die Welt schaffen konnte. Ohne diese Rücknahme in sich selbst könnte es kein anderes außerhalb Gottes geben, und nur sein weiteres Zurückhalten bewahrt die endlichen Dinge davor, ihr Eigensein wieder ins göttliche ›alles in allem‹ zu verlieren.

Hierüber nun geht mein Mythos noch hinaus. Die Zusammenziehung ist total, als Ganzes hat das Unendliche, seiner Macht nach, sich ins Endliche entäußert und ihm damit überantwortet. Läßt das noch etwas übrig für ein Gottesverhältnis? Lassen Sie mich antworten mit einem letzten Zitat aus der frühen Schrift.[1]

Verzichtend auf seine eigene Unverletzlichkeit, erlaubte der ewige Grund der Welt, zu sein. Dieser Selbstverneinung schuldet alle Kreatur ihr Dasein und hat mit ihm empfangen, was es vom Jenseits zu empfangen gab. Nachdem er sich ganz in die werdende Welt hineingab, hat Gott nichts mehr zu geben: Jetzt ist es am Menschen, ihm zu geben. Und er kann dies tun, indem er in den Wegen seines Lebens darauf sieht, daß es nicht geschehe oder nicht zu oft geschehe, und nicht seinetwegen, daß es Gott um das Werdenlassen der Welt gereuen muß. Dies könnte wohl das Geheimnis der unbekannten ›sechsunddreißig Gerechten‹ sein, die nach jüdischer Lehre der Welt zu ihrem Fortbestand niemals mangeln sollen und zu deren Zahl in unserer Zeit manche der erwähnten ›Gerechten aus den Völkern‹ gehört haben möchten: daß kraft der Überwertigkeit des Guten über das Böse, die wir der nichtkausalen Logik der dortigen Dinge zutrauen, ihre verborgene Heiligkeit es vermag, zahllose Schuld aufzuwiegen, die Rechnung einer Generation gleichzustellen und den Frieden des unsichtbaren Reiches zu retten.

Meine Damen und Herren! All dies ist Gestammel. Selbst die Worte der großen Seher und Beter, der Propheten und Psalmisten, die außer Vergleich stehen, waren ein Stammeln vor dem ewigen Geheimnis. Auch jede Antwort auf die Hiobsfrage kann nicht mehr als das sein. Die meine ist der des Buches Hoib entgegengesetzt: Die beruft die Macht*fülle* des Schöpfergottes; meine seine Macht*entsagung*. Und doch

---

1 A. a. O., S. 60.

– seltsam zu sagen – sind beide zum Lobe: Denn der Verzicht geschah, daß wir sein könnten. Auch das, so scheint mir, ist eine Antwort an Hiob: daß in ihm Gott selbst leidet. Ob sie wahr ist, können wir von keiner Antwort wissen. Von meinem armen Wort dazu kann ich nur hoffen, daß es nicht ganz ausgeschlossen sei von dem, was Goethe im ›Vermächtnis altpersischen Glaubens‹ in die Worte faßte:

»Und was nur am Lob des Höchsten stammelt,
Ist in Kreis' um Kreise dort versammelt.«

10.

Materie, Geist und Schöpfung

*Kosmologischer Befund und
kosmogonische Vermutung*

Vorwort

Die hier vorgelegte Schrift erhielt ihren ersten Anstoß durch einen mir freundschaftlich zur Kenntnisnahme übersandten »Entwurf zum Thema Kosmos und zweiter Hauptsatz«. Darin wurde – als erster Schritt eines kosmologischen Gesamtkonzepts – zur Erklärung der Tendenz der Natur, von Gebilden niedriger Ordnung ausgehend solche höherer Ordnung zu schaffen, die Annahme vorgeschlagen, daß im Entstehungsaugenblick der Welt (also im sogenannten »Urknall«) außer der gesamten Energie des Kosmos auch schon die *Information* entstanden war, die von der »chaotischen Explosion« über zunächst immaterielle Energieformen und daraus sich differenzierende Urpartikel schließlich zu Protonen führte, zum Wasserstoffatom und von da zur Bildung weiterer Ordnungssysteme, wie das periodische System der Elemente, die anorganischen Verbindungen, die Schönheitswelt der Kristalle, und auch zur Ordnungsform der geschlossenen *Kreisläufe* – der astronomischen im All, der atmosphärischen, biotischen usw. hier auf Erden. Es sei also schon im Urknall ein »kosmogonischer *Logos*« enthalten gewesen, der dem von Ludwig Klages geprägten Begriff eines kosmogonischen Eros ergänzend zur Seite tritt.

Lediglich dieser Benutzung des Informations- und Logosbegriffs wollte ich, ohne schon auf den Gesamtentwurf einzugehen, brieflich in aller Kürze widersprechen; aber unversehens fand ich mich, bei der Skizzierung eines mir annehmbarer erscheinenden Gegenvorschlags, in eigene kosmogonische Spekulation hineingezogen, in der sich das naturphilosophisch-ontologische Nachsinnen von Jahrzehnten artikulierte. Daraus wurde statt des beabsichtigten Briefes die jetzige Schrift, und diese Entstehung erklärt, warum sie mit der Ablehnung einer Hypothese beginnt. Von da an geht sie ihren eigenen, in Teilen schon früher von mir beschrittenen Weg, ohne weiteren Bezug auf den Anlaß, der mich so spät im Leben noch einmal auf ihn verlockte. Seinerseits hat jener »Entwurf« inzwischen seine eigene, hiervon ebenso unabhängige Ausführung gefunden: siehe Max Himmelheber, »Die Trinität der Natur« in *Scheidewege*, Jahrgang 18, 1988. Ebendort findet sich auch, unter dem Titel »Geist, Natur und Schöpfung«, eine stark verkürzte Fassung des hier Gebotenen, die im Mai 1988 als Eröffnungsvortrag 3 auf dem Internationalen Kongreß »Geist und Natur« der Stiftung Niedersachsen in Hannover vorgetragen wurde.

Da diese Schrift in manchen Punkten ein Destillat von Gedankengängen ist, die in früheren meiner Schriften ausführlicher dargelegt sind, habe ich mir erlaubt, in den Anmerkungen den Leser auf diese zu verweisen, wo immer die Dichte des gegenwärtigen Textes sich die angemessene Begründung versagen mußte.

Die Reihenfolge Materie, Geist, Schöpfung im Titel soll den Gang dieser Untersuchung anzeigen. Sie beginnt mit dem mengenmäßig überwiegenden objektiven Aspekt der Welt, ihrem in Raum und Zeit ausgebreiteten *Stoffe*, wie die Naturwissenschaft ihn beschreibt (1–2); sie schreitet über den nur in seinem kleinen lebendigen Teil sich bekundenden Aspekt der *Subjektivität* (3–4) zu dem darin wieder sich heraushebenden, aber immer noch mit der Materie verbundenen Geheimnis des *Geistes* fort, wie wir ihn allein im Menschen, also von uns selbst her kennen (5); und wirft von daher die Frage nach dem schöpferischen Urgrund dieser Stufenfolge, d. h. die Gottesfrage auf (6–16). Wir schreiten also in der Aufnahme des kosmologischen *Befundes* von außen nach innen vor, und das heißt, seinsgeschichtlich vom Früheren zum Späteren, mengenmäßig vom Häufigsten zum Seltensten, strukturmäßig vom Einfachsten zum Komplexesten, der Erschließungsweise nach vom Sehen über Fühlen zum Denken – und wenden uns von diesem Innersten, Seltensten und Spätesten zurück zum Allerersten, selbst der Materie noch Vorausliegenden: vom kosmologischen Befund zur kosmogonischen *Vermutung*, die sich der Vernunft empfiehlt, sie aber nicht zwingen kann. Mehr dürfen wir in einer Spekulation über den Anfang von allem nicht erwarten.

Bei der Aufnahme des Befundes ist das Moment der *Entwicklung* entscheidend, und demgemäß lautet hinsichtlich der allem zugrundeliegenden, überall gleichen Weltmaterie die Frage: Aus welchem Fortschrittsprinzip läßt sich ihre Entwicklung, die gesamtkosmische und dann speziell die irdische bis hin zu den subtilsten Gebilden der organischen Welt, erklären? Das Rätsel ist dabei die anti-entropische, physikalisch unwahrscheinliche Richtung von Unordnung zu Ordnung (nur die umgekehrte ist wahrscheinlich), vom Niederen zum Höheren, und so weiter. Ist da vielleicht der Begriff der »Information« brauchbar, die Vorstellung also einer uranfänglich dem Weltstoff innewohnenden, mit ihm zugleich im »Urknall« entstandenen Programmierung, die seinen Werdegang zu höheren Ordnungen lenkt? Eine solche vorgängige, universale, steuernde Information könnte man wohl, auf griechische Traditionen zurückgreifend, als »kosmogonischen Logos« bezeichnen.

1. *Kosmogonischer Logos? Warum in der Urmaterie keine »Information« angenommen werden kann*

»Information« braucht für sich selbst schon, als ihr physisches Substrat, ein differenziertes und stabiles System, wie es das molekular vollständig artikulierte und darin beharrliche

Genom von Lebewesen ist (oder die magnetisch ebenso ausbuchstabierte Programmierung – »Software« – von Computern). Information ist also nicht nur Ursache, sondern selber schon Ergebnis von Organisation, Niederschlag und Ausdruck des vorher Erreichten, das dadurch perpetuiert, aber nicht überhöht wird. Da nun *beides*, Artikulation und Stabilität, im (hypothetisch) total Undifferenzierten und total Dynamischen der »Substanz« des Urknalles – überhaupt im »Chaos« – keine Stätte hat, so scheidet die Hypothese eines der werdenden Materie schon anfänglich innewohnenden kosmologischen »Logos«, überhaupt jeder prästabilierten Programmierung und Planmäßigkeit, als Erklärungsmodell der Entwicklung aus. Aufs kürzeste gesagt: Information ist ein Gespeichertes, und zu irgendwelchem Speichern hatte der Urknall noch keine Zeit.

Und nicht nur genetisch, auch logisch versagt der Begriff der Information, d. h. eines schon vorhandenen Logos: Wie immer es im Einzelfall zu seiner haltbaren Artikulierung gekommen sei, er kann nur sich selbst wiederholen, sein Niveau erhalten und seinen Platz in der Welt ausbreiten, aber keinen Schritt über sich hinaus erklären. Dazu bedarf es eines transzendierenden Faktors, der hinzutritt und ins Neue führt. Was könnte das sein?

Ich neige zu der Antwort, daß es einerseits trivialer, gesetzloser, andererseits geheimnisvoller dabei zugeht, als der in sich so einsichtige, rückläufig vom Ergebnis her postulierte und letztlich deterministische Logos- oder Informationsbegriff nahelegt. Das eine trifft auf die physikalische, das andere auf die mentale Seite zu.

2. Die Alternative zum Logos: Ordnung aus Unordnung durch natürliche Auslese

Zuerst also das planlos Unordentliche im Werdegang der Naturordnungen: Grundlage aller Ordnung in der Natur, also einer Natur überhaupt, sind die Erhaltungsgesetze. Diese aber sind zur Herrschaft gekommen, weil eben nur das Sich-Erhaltende sich erhält. Diese Tautologie erklärt die Gesetzmäßigkeit der uns gegebenen Natur: Sie ist selber schon ein Ausleseergebnis, ein universales, das dann die Regeln für weitere, speziellere und lokale Auslesen setzt. D. h. schon die Naturgesetze sind entstanden, indem im Regellosen *auch* die stabilen, relativ dauerhaften Entitäten entstanden, die sich immer (oder sehr lange) gleich benehmen und damit »durchsetzten«. Es ist der ursprünglichste, stiftende Fall von »survival of the fittest«. Die Ordnung ist erfolgreicher als die Unordnung. Das Gesetz- und Regellose, keinen Erhaltungsgesetzen Gehorchende kann es sehr wohl in beliebiger Vielheit gegeben haben, aber als jeweils Flüchtiges verschwindet es früher oder später und wird vom Regelmäßigen überdauert, das schließlich fast allein übrigbleibt. Das Kurzlebige weicht dem Langlebigen eben wegen seiner Kurzlebigkeit (wieder die »Tautologie«) und findet später in der Ausbreitung und Solidifizierung des Langlebigen fast keinen Platz mehr. So kam es zur Formation und Ausbreitung des dauerhaften Protons und damit zur Herrschaft der Gravitation und Mechanik; und vom Wasserstoffatom zur Entstehung der periodischen Tafel der Elemente und der Chemie (einschließlich der Schönheit der Kristalle), kurz, zum Reich der Materie. Ebenso entstand aus der beginnenden Strahlung die Quantenstruktur der elektromagnetischen Energie... Mit einem Wort, die Partikel, die vier Kräfte (usw.), ja die Erhaltungsgesetze und mit ihnen die strikte Kausalität als solche und ihre kosmische Vorherrschaft sind Entwicklungs- und Ausleseprodukte. (Ich sage »Vorherrschaft« – von Alleinherrschaft zu sprechen haben wir kein Recht). Aus dem Vergänglichen entstanden, sind sie selber vergänglich – sie sind nicht ewig, nur sehr, sehr beständig nach kosmischem Zeitmaß: Im Wesen ist ihre Dauerhaftigkeit relativ, nicht absolut. Unter ihrer Ägide entstanden auch die sich weithin durchsetzenden Kreisbewegungen von Galaxien, Sonnen,

Planeten. Ihre vergleichsweise langlebige Ordnung sog mehr und immer mehr vom Chaotischen in sich und fährt fort, es zu tun, aber auch sie ist nicht ewig. »Kreislauf« ist nicht ein Prinzip, sondern eine Errungenschaft der Natur, und sie nutzt sich ab: Der Kreislauf z. B. von Tag und Nacht und Sommer und Winter und atmosphärischer Erneuerung wird aufhören, wenn infolge Bremswirkung der Gezeiten auf die Umdrehung zuletzt die Erde der Sonne ständig nur eine Seite zukehrt (wie jetzt schon der Mond der Erde).[1] Aber inzwischen ist viel Zeit für Entwicklung auf der Erde (und im Kosmos).

Wieso denn Entwicklung? Warum ist die Welt nicht mit der Gewinnung der Elemente, der Strahlung und der Kausalgesetze erstarrt, einfach bei dieser generellsten Dauerord-

---

1 Alle dynamischen Gleichgewichte sind vorübergehend. Z. B. Bahnradius und Umlaufzeit der Erde – das derzeit eingespielte kinetische Gleichgewicht zwischen ihrem Trägheitsmoment und der Sonnenanziehung – können verändert werden durch Variable wie Massenzuwachs der Erde durch fortwährenden Meteoreinsturz, Widerstand interplanetarischer Materie; Massenverlust der Sonne durch Ausstrahlung gegenüber Zuwachs durch Meteoreinsturz; dazu weitere Dehnung des Weltraums mit entsprechender Gravitationsschwächung. Wie die Gesamtrechnung sich stellt, weiß ich nicht. Die Aufzählung soll nur die Allgemeinthese illustrieren, daß die Gleichgewichte in der Natur nicht absolut stabil sind, sondern *rebus sic stantibus* gelten. Demnach ist auch das Phänomen des »Kreislaufs«, tröstlich wie es in seiner Langlebigkeit und steten Erneuerung der Lebenszyklen ist, doch selber zeitlicher, vergänglicher, auf lange Sicht der Degeneration ausgesetzter Natur. Es verdankt sich dem vormaligen, evolutionären Siege regelmäßiger Kausalität über das Urchaos und muß nun dieselbe Kausalität stetig an sich nagen lassen. Wir sollen uns durch diese kosmische Vergänglichkeit nicht schrecken lassen: In dem gewonnenen, für uns langlebigen Intervall großer, weitgespannter Artikulationen liegen die Chancen für eben das, was für uns und wohl auch für einen göttlichen Betrachter den Sinn des ganzen, aufwendigen Weltabenteuers ausmacht.

nung und den daraus direkt erwachsenen Formationen des Makrokosmos und der Chemie geblieben? Darwin hat darauf die Antwort gegeben: Es blieb immer genug an »Unordnung« übrig, um in blindem Zufall und Einzelfall bestehenden Formationen neue Charakterzüge (Strukturfaktoren) zuzuschanzen, und die Augenblickswürfe unterlagen dem Ausleseprozeß der Evolution mit ihrem baren numerisch-differentiellen Überlebenskriterium. *Das* ist der benötigte »transzendierende Faktor«, der zu Neuem und dann auch zu Höherem führt – ohne Vorinformation, ohne Logos, ohne Plan, sogar ohne Streben, nur durch die Anfälligkeit gegebener Ordnung, die schon zu »Information« kodifiziert ist, für umgebende Unordnung, die sich ihr als zusätzliche Information aufzwingt.[1]

Damit ließe sich denn der Anstieg bis zu den komplexesten und subtilsten Lebensformen (Orgnisationsstufen) erklären, *wenn* diese, wie Descartes behauptete, nichts als mechanische Automaten wären. Sie sind es aber nicht, sie sind um ein generisch anderes mehr, wie wir – z. B. durch unsere gegenwärtige Nachfrage nach der Natur der Dinge – aus erster Hand wissen: Es ist die Dimension des Subjektiven da, die Innerlichkeit, die kein stofflicher Befund von sich her vermuten läßt, von deren Vorhandensein kein physikalisches Modell das geringste verrät, die es mit seinen Begriffen we-

---

[1] Hier ist einzuschalten, daß mit dem Auftreten selbstreplikativer DNS-Sequenzen die chemische Vorbereitung des Lebens abgeschlossen ist und nunmehr die »Informatik« das Prinzip der Lebensentwicklung selber wird. Von da an ist also der Informationsbegriff in der Tat am Platze. Aber selbst hier findet *Zuwachs* an Information (Modifizierung und Anreicherung gegebener Information – also eben Entwicklung) ohne Zutun einer *hierfür* vorliegenden Information statt: Der Zuwachs entstammt dem Zufall eindringender Unordnung, deren »Schriftzeichen«-Ergebnis dem genetischen Text als neues Sinnelement einverleibt wird und sich in der somatischen Erprobung entweder bewährt oder nicht.

der darstellen noch erklären kann, ja deren – doch unleugbarer – Mitsprache beim äußeren Geschehen es nicht einmal Raum zu bieten scheint. Auch nicht die vollständigste äußere Bestandsaufnahme eines Gehirns bis in seine feinsten Strukturen und Funktionsweisen hinein ließe das Dabeisein von Bewußtsein ahnen, wüßten wir darum nicht durch eigene innere Erfahrung – eben durch das Bewußtsein selbst. Um diese Innendimension in das Bild einzubeziehen, wie es nötig ist, da sie ja schließlich *im* Naturgeschehen hervorgetreten ist und *an* Naturformen erscheint, müssen wir die Rechenschaftsablage über das Sein, die kosmologische Frage, noch einmal von Anfang an aufnehmen.

3. *Das Rätsel der Subjektivität*

Hiermit kommen wir zum Geheimnisvollen, dem Transphysikalischen und Immateriellen. Die Subjektivität oder Innerlichkeit ist ein ontologisch wesentliches Datum im Sein, nicht nur wegen seiner irreduziblen Eigenqualität, ohne deren Mitverzeichnung der Seinskatalog einfach unvollständig wäre, sondern mehr noch, weil die darin enthaltene Bekundung von Interesse, Zweck, Ziel, Streben, Begehren – kurz, »Wille« und »Wert« – die ganze Frage der Teleologie, die durch den bloß physikalischen Befund schon ausschließlich zugunsten wahlloser Wirkursachen entschieden schien, wieder offenstellt, und damit die Frage der Weltkausalität überhaupt. Das Auftreten der Subjektivität im Lebensbereich, an Organismen, ist eine empirische Tatsache. Der Hervorgang des Reiches der Organismen insgesamt aus bestimmten chemisch-morphologischen Ordnungen der Materie ist durch die Außeneigenschaften der Materie selbst (ihre »Geometrie« einschließlich der darin verschlüsselten Informatik) erklärbar; nicht jedoch der (im Fühlen etc.) sich dabei eröffnende Innenhorizont: Er war in keinem der Daten, aus denen sich die Genese organischer Systeme konstruieren läßt, enthalten und läßt sich wegen seiner ganz andersartigen Dimensionalität ihnen auch nicht nachträglich-retrospektiv, sozusagen ergänzend, hinzufügen, wie etwa der elektromagnetische Aspekt zum Massenaspekt oder die »schwachen« und »starken« Kernkräfte zur Schwerkraft und Strahlungskraft. Man kann schlechterdings keine Summe aus Raumgrößen einerseits und Fühlen andererseits bilden; kein gemeinsamer Nenner gestattet, trotz aufzeigbarer Zuordnungen, »Ausdehnung« und »Bewußtsein« in einer homogenen Feldtheorie zu vereinigen. Und dennoch existieren sie zusammen, nicht nur nebeneinander, sondern interdependent und interagierend miteinander, und zwar durchaus *an* der »Materie« und – mindestens was eine Seite, die innerliche, anlangt – unzertrennlich von der anderen (denn von köperlosem Geist weiß keine Erfahrung). Wie wird das Denken damit fertig? Wie kann eine Seinslehre aussehen, die dem Rätsel gerecht wird?

Hier ist die Spekulation (ur-uralt) seit je sehr verschiedene Wege gegangen und kann bestenfalls auf Formeln hoffen, die dem Intellekt etwas annehmbarer sind als andere. Der Hauptunterschied ist der zwischen dualistischen und monistischen Antworten. Die dualistischen haben in Religion und Metaphysik lange überwogen, und sie waren die gewaltigen Förderer und Bewahrer der Selbstentdeckung der Seele in ihrer ganzen Sonderart. Unverjährbarer Dank gebührt ihren mächtigen Verkündern (um bei der westlichen Überlieferung allein zu bleiben) von Plato und Zarathustra über Paulus, Orphiker, Gnostiker und Augustin bis zu Pascal und Kierkegaard. Ohne ihre radikale Polarisierung des Seins in Leib und Seele, Welt und Selbst, Stoff der Sinnwelt und unsichtbarer Geist, die den Blick nach innen lenkte, wäre die Seele flacher geblieben und unwissender um sich selbst. Doch dem theoretischen Urteil hält der Substanzendualismus nicht stand; er scheitert am Kardinalphänomen des organischen Lebens, das von intimster Verbundenheit der beiden Seiten zeugt. So ist z. B. Descartes' hypostasierende

Trennung von denkendem und ausgedehntem Sein sowohl logisch als auch phänomenologisch unhaltbar. Logisch, denn die Ad-hoc-Postulierung einer eigenständigen Denksubstanz, die sich in eben dieser Eigenschaft nie beweisen kann, ist ein *Deus-ex-machina*-Argument und (mit Spinoza zu sprechen) ein Asyl des Unwissens; phänomenologisch, denn nicht nur die faktische und kausale Leib-Seele-Verhaftung, sondern mehr noch der Gehalt des Seelenlebens selber – Wahrnehmung, Fühlen, Begehren, Lust und Schmerz und das Hineinreichen der Sinnlichkeit (in Bildern und Tönen) bis in die reinsten Regionen des Denkens – widersetzt sich einer Entflechtung, ja macht ein von alledem »gereinigtes« Bewußtsein (»reinen Geist«) und damit jede körperlose Existenz der Seele *unvorstellbar*. Eine nicht vollziehbare Vorstellung aber taugt nicht einmal für eine Hypothese. Mit ihr fällt auch die so teure Idee von der unsterblichen Einzelseele dahin.

Aber ebenso unhaltbar – um vom Dualismus zum Monismus überzugehen – ist die einseitig materialistische Option, die das Seelen- und Geistesleben, das »Bewußtsein« als solches, zur machtlosen Begleiterscheinung anderweitig – nämlich rein physisch – determinierter Vorgänge in anderweitig – nämlich aus rein physischer Genese – vorhandenen Gehirnen macht. Dieser monistische »Epiphänomenalismus« leidet an noch tödlicheren Selbstwidersprüchen als das dualistische Jenseitsaufgebot und ist streng philosophisch widerlegbar.[1] Dennoch ist nach einer monistischen Lösung des Rätsels zu suchen, da nun einmal die Stimme der Subjektivität in Tier und Mensch aus den stummen Wirbeln des Stoffes emporgetaucht ist und weiter daran haftet. Es ist die Weltmaterie selbst, die innerlich werdend darin Sprache gewinnt. Ihre erstaunlichste Leistung

---

[1] Siehe H. Jonas, *Macht oder Ohnmacht der Subjektivität?*, Frankfurt/Main 1981: Insel Verlag; Frankfurt/Main 1987; suhrkamp taschenbuch 1513.

darf ihr in einer Aufrechnung ihres Seins nicht vorenthalten werden. Was denn zu einer monistischen Lösung nötig scheint, ist eine ontologische Revidierung, eine Auffüllung des Begriffes der »Materie« über die äußeren Meßbarkeiten der Physik hinaus, die davon abstrahiert wurden – also eine Metaphysik des Weltstoffes. Ich will versuchen, in vermutende und zum Bedenken vorgeschlagene Sätze zu fassen, was sich mir in jahrzehntelangem Grübeln aufgedrängt hat.

4. Was trägt das Datum der Subjektivität zum kosmologischen Befund bei?

Das Mindeste, was wir der sich aus dem Urknall entwickelnden Materie im Hinblick auf das schließlich und spät Hervortretende zusprechen müssen, ist eine ursprüngliche Begabung mit der *Möglichkeit* eventueller Innerlichkeit – noch lange nicht Begabung *mit* Innerlichkeit[1] und nicht einmal *für* Innerlichkeit im Sinn des schon Bereitseins dafür. Bloße Potentialität für etwas ist noch nicht ein positives Angelegtsein darauf hin, derart, daß es den Prozeß des Werdens dahin lenkt. Unser Minimalschluß vom Faktum des irgendwann und irgendwo Hervorgetretenseins der Innendimension an der Materie und von ihrem jetzigen, in uns aktuellen Vorhandensein ist lediglich der fast triviale, daß dies eben ihrer ursprünglich »geschaffenen« Beschaffenheit nach »möglich« war. Aber schon das besagt, daß sie

[1] Alfred North Whitehead, in *Process and Reality,* postuliert schon dies für *jede* »aktuelle Entität«, also schon für das Elementarteilchen. Diese Ausdehnung aktueller Innerlichkeit ins Vororganische und Allereinfachste, ihre Kongruenz also mit Stofflichkeit überhaupt, scheint mir überkühn und ungedeckt durch irgendein Datum unserer Erfahrung, die uns Spuren von Subjektivität erst in hochgradigen Zusammensetzungen von Organismen entdecken oder ahnen läßt.

mehr gewesen sein muß, als was die Physiker ihr in der Spekulation von den Anfängen zuschreiben und was sich daraus für die kosmische Entwicklung ableiten läßt. Zwei Fragen erheben sich hier: Wer (oder was) hat die Materie so »begabt«? und: Welchen Anteil hat die »Begabung« am Gang der Weltereignisse? Es ist die Frage nach einem anfänglichen, schöpferischen Willen und nach dessen weiterem Wirken.

Seien wir vorsichtig. Es könnte sein, daß die ersten Ursachen mit so etwas wie »Willen« überhaupt nichts zu tun hatten, weder mit seinem anfänglichen Dabeisein noch mit seinem später einmal Hervorbrechenkönnen, sondern daß bei der Gründung der Materie letztere Möglichkeit sozusagen unversehens oder gar unvermeidlich mit unterlief, etwa weil ohne sie einfach überhaupt keine Materie sein kann. Aber es ist schon eine besonders harte Zumutung an das Denken, daß das emphatisch Ungleichgültige, wie es die Subjektivität nun einmal ist, aus dem ganz und gar Gleichgültigen, Neutralen entsprungen sein soll, also auch dies Entspringen selber ein gänzlich neutraler Zufall war, für dessen Eintreten keinerlei begünstigende Präferenz bestand. Es liegt vernünftigerweise näher, eine solche Präferenz im Schoße der Materie anzunehmen – d. h. das Zeugnis subjektiven Lebens, das durch und durch Wille ist, dahin zu deuten, daß dem es Hervorbringenden, eben der Materie, so etwas wie Wille nicht gänzlich fremd sein kann. Also wäre ihr zwar kein Plan (das haben wir mit Gründen verworfen), aber doch wohl eine Tendenz, so etwas wie eine Sehnsucht danach, zuzuschreiben, welche die Gelegenheit eines Weltzufalles ergreift und diese dann weiter vorantreibt. Insofern käme »kosmogonischer Eros« der Wahrheit näher als »kosmogonischer Logos«, dessen immanente Vorgabe in der Urmaterie wir zurückweisen mußten. Auch dann ist noch das meiste dem Zufall überlassen, z. B. dem enorm unwahrscheinlichen und daher wohl enorm seltenen, daß ein Planet mit den besonderen Gunstbedingungen für

Leben wie die Erde überhaupt in einem Weltprozeß vorkommt[1] – aber wenn er es ausnahmsweise tut, dann ist die Bereitschaft da, und das Subjektsein erhält seine Chance, bei deren Ausbeutung dann mehr als neutraler Zufall im Spiele ist. Das Leben ist Selbstzweck, d. h. aktiv sich wollender und verfolgender Zweck; und die Zweckhaftigkeit als solche, die dem gleichgültig Zwecklosen durch das eifrige Ja zu sich selbst so unendlich überlegen ist, kann sehr wohl ihrerseits als Zweck, als heimlich ersehntes Ziel des ganzen, sonst so leeren Weltunternehmens angesehen werden. Das hieße: Materie ist Subjektivität von Anfang an in der Latenz, selbst wenn Äonen und dazu noch seltenstes Glück für die Aktualisierung dieses Potentials nötig sind. Soviel an »Teleologie« läßt sich dem vitalen Zeugnis allein entnehmen.

Das Prinzip unseres Arguments bis hierhin ist: Da Finalität – Zielstreben – in gewissen Naturwesen, nämlich lebenden, subjektiv-manifest auftritt und von da auch objektiv-kausal wirksam wird, kann sie der Natur, die eben solches hervorbrachte, nicht gänzlich fremd sein; sie muß selber »natürlich« sein, und zwar naturgemäß, naturbedingt und autonom naturerzeugt. Es folgt, daß Endursachen – damit aber auch Werte und Wertdifferenzen – in den Be-

---

[1] Die Chance für Leben, wie wir es kennen, liegt zwischen Gefrier- und Siedepunkt des Wassers, also in dem engen Band zwischen 273 und 373 Grad Kelvin aus den Millionen Graden des Temperaturspektrums, in dem die kosmische Materie existiert; und damit es zur Entwicklung höherer Arten kommt, muß diese Begrenzung stetig durch Jahrmilliarden gewahrt bleiben. Bei der Erde mit ihren Ozeanen ist dies dank ihrem genauen Sonnenabstand der Fall. Eine nur einprozentige Vergrößerung im Mittelwert dieses Abstands würde zur totalen Vereisung, eine Verringerung um fünf Prozent zur totalen Versiedung des Wassers führen. Die Wahrscheinlichkeit für eine Wiederholung dieses Sonderfalles in anderen der (sicher zahlreichen) Planetensysteme des Weltalls ist gar nicht zu errechnen.

griff der (eben nicht durchaus neutralen) Weltkausalität mit hineingenommen werden müssen: als mitgegebene Disposition dazu und zugleich als Offenheit der Duldung für ihr Intervenieren im Determinationsgefüge der Wirkursachen.[1] Soweit trägt der Vitalbefund für das Denken, das hier noch ganz im Immanenten verharren kann, denn noch niemand hat für die Deutung vormenschlichen Lebens (aristotelisch: das Reich der »vegetativen« und »animalischen Seele«) eine Transzendenz zu bemühen für nötig befunden. Die Innendimension als solche, vom dumpfsten Empfinden bis zu hellster Wahrnehmung und schärfster Lust und Pein, ist der allgemeinen Weltsubstanz als eigene, wenn auch von besonderen Außenbedingungen abhängige Leistung anzurechnen. Ob und wieweit diese teleologische Potenz schon beim Zustandekommen jener Außenbedingungen, also bei der organischen und speziell zerebralen Evolution mitwirkt oder nur auf ihr heteronomes Eintreten warten kann, ist unwißbar, aber Vermutungen sind erlaubt. Schon eine »Sehnsucht« danach *könnte* kausal *tätig* sein und von den ersten, stofflich dargebotenen Chancen an zunehmend (also, mit der Akkumulierung dieser Chancen, exponentiell) auf ihre Erfüllung hinarbeiten. Ich glaube es, wie ich mit der Zulassung des Erosbegriffes bereits andeutete, aber wir wissen es nicht und können jedenfalls in keiner wissenschaftlichen Einzelerklärung (die jedoch in Sachen der Evolution immer *post eventum* ist) kausal von einer derartigen Generalannahme Gebrauch machen. Aber das phänomenologische Lebenszeugnis spricht sein ontologisches Wort unabhängig davon, unüberhörbar für die Lehre vom kosmischen Sein, und es ist,

[1] Seit der Auflockerung des klassischen Determinismus durch die Quantentheorie ist diese »Offenheit«, d. h. das kausale Raumgeben für solche zielspontanen Interventionen, kein theoretisch prohibitives Problem mehr — siehe wieder meine in Anmerkung 1, S. 218, genannte Abhandlung, besonders S. 89–116.

wie gesagt, immer noch eine Stimme der Immanenz über sich selbst.

5. Die transzendierende Freiheit des Geistes

Aber die hier über die Natur der Dinge nachdenken und zu diesem Schluß (richtig oder falsch) kommen, sind wir, und so tritt, durch das Denken selber, zum vitalen noch das anthropische Zeugnis hinzu, und *damit* allerdings tut sich ein Horizont der Transzendenz auf. Sie zeigt sich in drei *Freiheiten* des Denkens, die über alles der Materie Zurechenbare (wozu wir noch die Innendimension als solche zählten), also über alle »Natur« hinausgehen: 1. Die Freiheit des Denkens zur Selbstbestimmung in der Wahl seiner jeweiligen Thematik: Der Geist (soweit nicht die vitalen Diktate des Augenblicks das erste Wort haben) kann nachdenken, worüber er gerade will, im Ernst und im Spiel und bis zur Frivolität. 2. Die Freiheit zur *Abwandlung* des sinnlich Gegebenen in selbsterschaffenen inneren Bildern (vozugsweise fürs innere Auge und Ohr): die Erfindungsfreiheit der Einbildungskraft also – im Dienste kognitiven oder ästhetischen Interesses, der Verehrung oder der Angst, der Liebe oder des Abscheus, des Nutzens oder auch des puren Vergnügens am Fabulieren usw. Und schließlich 3., von der symbolischen Flugkraft der Sprache getragen, die Freiheit zum *Überschritt* über alles je Gebbare und seine Dimension als solche hinaus: vom Dasein zum Wesen, vom Sinnlichen zum Übersinnlichen, vom Endlichen zum Unendlichen, vom Zeitlichen zum Ewigen, vom Bedingten zum Unbedingten. Schon die *Idee* des Unendlichen, Ewigen, Absoluten fassen zu können, wie schon der jugendliche, sich erst versuchende Geist vermag, zeigt diese transzendente Freiheit des Geistes an, die ein eigener Eros antreibt. Nur durch das sinnlich repräsentierende Medium der Sprache bleibt sie noch an die Sinnenwelt gebunden.

Alle drei Freiheiten sind einzigartige Prärogativen des

Geistes, die das Transanimalische im Menschen bezeichnen.[1] Die erste emanzipiert von der Bindung an die aufgedrängte Themenstellung des Augenblicks, d. h. der durch Außenwelt und Eigenleib bestimmten *Situation;* die zweite von der Bindung an das gegebene Sosein der Dinge und die vorprogrammierte Verhaltensantwort darauf; die dritte — von der Bindung an das Sein des welthaft Vorhandenen überhaupt. Da nun die zweite, imaginative Freiheit auch *motorische* Bildkraft in sich schließt, als Umsetzung des innerlich Geschauten in Akte davon geleiteter Leibesbewegung (Herstellen, Tanzen, Singen, Sprechen, Schreiben!), so schließen alle diese Freiheiten auch die Freiheit selbstgesetzter Ziele für das Verhalten ein — also das Reich der praktischen Vernunft. Im Falle der dritten, transzendierenden Freiheit bedeutet das aber, daß der Mensch die gelockerte Bindung an das Vorhandene und an dessen Forderung durch freiwillige Bindung an gedachtes Unbedingtes jenseits davon und *dessen* Forderung ersetzen kann. Er kann seinem *Verhalten* transzendente Ziele setzen und tut es im Glauben, in der Hingabe an ein absolutes Ideal... oder auch an ein Wahngebilde seines fehlbaren Wertverstehens, eines irrenden Eros.

Im Wertverstehen, wo das Erkennen übergeht in *Anerkennung* eines *Anspruchs* des Erkannten an mich (welche Anerkennung besagter Bindung des Willens an ein gedachtes Unbedingtes zugrunde liegt) — im Übertritt also vom Ist zum Soll, von der geschauten Qualität zum gehörten Gebot des Wertes — tritt zu aller vorigen noch die *moralische* Freiheit des Menschen hinzu. Sie ist von allen die transzendenteste und gefährlichste, denn sie ist auch die Freiheit des Sich-Versagens, der gewählten Taubheit, ja der Gegenoption bis zum radikal Bösen hin, das sich auch noch (wie wir gelernt haben) mit dem Schein des höchsten Gutes schmücken kann. Das Wissen *um* Gut und Böse, das Unterscheidungsvermö-

---

[1] Vgl. Abhandlung 2 dieser Sammlung, »Werkzeug, Bild und Grab. Vom Transanimalischen im Menschen«, o. S. 34–49.

gen dafür, ist auch die Fähigkeit *zum* Guten und Bösen. Es zeigt sich, daß der »Eros«, der bei jeder Güterwahl als *Antrieb* mit am Werke sein muß, als *Leiter* noch keine Gewähr bietet, daß er sein wahres Objekt erblickt und verfolgt – selbst noch und gerade dann, wenn er, wie beim Menschen, in hohem Grade *sehend* geworden ist. Und doch ist hier, wo die tiefsten Abgründe der Sicht- und Willensverkehrung gähnen, der Ort, wo auch die höchsten Gipfel von Heiligkeit des Willens und Weihung des Lebens an das gebietend Gute in den Himmel ragen und ihren überirdischen Glanz über das irdische Gewimmel werfen: Verklärungen des Zeitlichen durch Augenblicke der Ewigkeit.

Um die moralische Freiheit, den Ort dieser Möglichkeit, ganz zu begreifen, müssen wir noch einen Aspekt der intellektuellen Freiheit nachtragen, in dem die drei Freiheiten des Denkens zusammenwirken: seine Fähigkeit, sich auf sich selbst zurückzuwenden, sich und sein Subjekt, das »Selbst«, zum Thema zu machen – also die Freiheit der *Reflexion*. Wir haben Grund, auch diese Freiheit dem Menschen allein zuzusprechen, also dem Geiste, noch nicht der fühlenden, begehrenden, sinnlich wahrnehmenden Seele. Nicht als ob Freiheit in *jeder* Form auf den Menschen allein beschränkt wäre. Ein Prinzip der Freiheit und aktuelle Modi derselben sind schon im organischen, stoffwechselnden Sein als solchem, d. h. in allem Lebendigen zu erkennen.[1] Und dies legt es nahe, auch die Dimension der Subjektivität, die an Organismen als Bedingung ihrer Möglichkeit gebunden scheint, über die zerebrale und auch nur neurale Fundierung hinaus und abwärts gehend, in Graden der Helligkeit und Dunkelheit durch das ganze Lebensreich ausgedehnt zu vermuten. Aber im Menschen wird all dies noch einmal in einem qualitativen Sprung überboten, und die Freiheit zur Reflexion ist ein eminenter Modus dieser sozusagen »immanenten Tran-

---

[1] Siehe H. Jonas, *Organismus und Freiheit*, Göttingen 1973: Vandenhoeck & Ruprecht, besonders S. 124–137, 151–163. Vgl. Abhandlung 1 dieser Sammlung, o. S. 11–33.

szendenz«. Was in der Reflexion »gesichtet« wird, ist ein schlechthin Unsichtbares: das Subjekt der Subjektivität selber, das »Selbst« der ihrerseits schon nicht phänomenalen Freiheit (Kant nannte sie ein »Noumenon«) – auf immer sich selbst rätselhaft, ungreifbar, unergründlich und doch immer präsent als Komplementärpol aller Werte, die zwar keineswegs »bloß subjektiv«, doch wesenhaft *für* ein antwortendes Subjekt sind.

Und nun – um zum Ethischen zu kommen – geschieht das eigentliche Wunder der Reflexion, daß dies wertende Selbst seinerseits ebenfalls zum Gegenstand von Bewertung und Wertwillen gemacht, nämlich dem Urteil des Gewissens unterworfen wird. Die Sorge um das Gute des die Verantwortung anrufenden Objekts – eines Nicht-Ich (seien es Personen oder Zustände) draußen in der Welt – begreift in sich auch die Sorge um das Gute drinnen, das mögliche und geschuldete Gutsein der eigenen Person. Dies ist zwar nicht das *primär* Gewollte – das muß immer das Wohl des Gegenüber in der Welt sein –, aber es ist, geheim oder offen, mitgewollt, und erst dieser Selbsteinschluß des Subjektes erhebt das bloß Moralische des weltlichen Verhaltens zur anspruchsvolleren Ethik der Person. Das erste Wollen nun, das auf anderes gerichtete, kann sich mit Glück wohl im gegebenen Fall erfüllen; aber das reflexive Mitwollen, die Sorge des Selbst um sein eigenes Wie, muß immer unbefriedigt, ja vom Zweifel geplagt bleiben.

Und das ist so, weil und sofern sich diese Selbstsorge unter die Normen der als dritte aufgeführten Freiheit des Denkens stellt, der zum Überstieg ins Unendliche, Ewige und Unbedingte; *und* weil die Freiheit zum Guten zugleich die zum Bösen ist und dieses in tausend Masken *in* allem Wollen zum Guten mitlauert. Die Selbstunterstellung unter die transzendenten Maßstäbe macht die Sorge zu etwas Unendlichem und Unbedingtem: Indem es ihr im Lichte der Ewigkeit *darum* geht und nicht mehr nur um das zeitliche und bedingte Gute des wechselnden, endlichen Objektes, setzt sie sich zugleich der endlosen Verschlagenheit des zu sich selbst emanzipierten Subjektes aus, der unaufhebbaren Zweideutigkeit alles freien Willens, die immer das Unreine, z. B. die höchst irdische Eitelkeit, dabei mit auf seine Kosten kommen läßt, zumindest den Verdacht davon nie loswerden kann. Die Reflexion als solche, die mit der Selbstsorge und Selbstprüfung ja zugleich Selbstbespiegelung ist, birgt diese Zweideutigkeit wesenhaft in sich.[1] So kommt es zu dem Ungeheuerlichen der großen, vermessen-zerknirschten Taucher in die Seelentiefen, die von Liebe zum höchsten Gut brennen und an Qualen der Selbsterforschung leiden, wovon uns die Weltliteratur in erschütternden Bekenntnissen Kunde gibt.

6. Was trägt das Datum des Geistes zum kosmologischen Befund bei? Argumente aus der abendländischen Metaphysik

Wir sind von der Kosmologie in die Lehre vom Menschen abgeschweift und fragen nun, was diese zu unserem eigentlichen Thema, dem kosmologischen, beizutragen hat – und damit vielleicht sogar zum kosmogonischen, d. h. zur Frage der Schöpfung. Sagt uns der anthropische Befund – unsere eigene Vorfindlichkeit und das darin Vorgefundene – etwas über die ersten Ursachen von allem? Die Gegenwart des Menschen etwas über das ferne »Im Anfang...«?

Da ist nun zuerst daran zu erinnern, was sowohl die Wortführer der reinen Innerlichkeit, die idealistischen Philosophen, als auch die der expurgierten Äußerlichkeit, die materialistischen Physiker, so leicht vergessen: an das scheinbare, aber gar nicht wirkliche »Paradox«, daß die Anwesenheit

[1] Siehe H. Jonas, *Augustin und das paulinische Freiheitsproblem*, Göttingen 1965, Vandenhoeck & Ruprecht, speziell Anhang III »Philosophische Reflexion über Paulus, Römerbrief Kap. 7« (S. 93–105).

von Subjektivem selber eine *objektive Tatsache* in der Welt ist (nur der Solipsismus kann es leugnen) und daß somit auch der anthropische Befund in die Kosmologie gehört. Als ein kosmisches Datum muß er kosmologisch ausgewertet werden. Eine philosophische Anthropologie also ist integraler Teil jeder Ontologie, die den Namen verdient, oder sagen wir es geradeheraus: jeder Lehre von der wirklichen, nicht einer für die Zwecke der Naturwissenschaft expurgierten Natur.

Nun ist von früh an in gewissen Vermögen und Erfahrungen des Geistes, nämlich den vorhin mit dem Attribut »transzendent« belegten, ein Göttliches gesehen worden, nach dem kaptivierenden Grundsatz, daß Gleiches durch Gleiches erkannt wird. Der Geist, so argumentierten Plato und Aristoteles (und schon Pythagoras), der das Unwandelbare, Ewige, Göttliche zu erschauen oder auch nur zu berühren vermag, muß ihm schon ursprünglich artverwandt sein und gewinnt aktuell Teil am Sein des Erkannten, je mehr er es erkennt. Also ragt zwar nicht die ganze Seele, aber ihr höchster, erkennender Teil, die Vernunft, über alle, ins Werden und Vergehen eingetauchte, Natur hinaus, ist selber »ewig« und »göttlich«. Formal gleichartig, obwohl inhaltlich sehr verschieden, setzt die Bibel im Buch der Schöpfung (allerdings durch den Mund der Schlange) die Gottähnlichkeit des Menschen, also die vorher als Absicht des Schöpfers selbst bezeichnete »Ebenbildlichkeit«, in das Wissen von »Gut und Böse«. In beiden Fällen, dem hellenischen und dem hebräischen, wird ein Ähnlichkeitsschluß gezogen vom intentionalen Gegenstand auf das intendierende Denken selber und auf dessen Subjekt – die Seele oder den Geist. Aus dem Faktum unseres Denkens eines überzeitlich Wahren oder überzeitlich Gebietenden folgt ein entsprechend Überzeitliches in unserem Wesen. Logisch können wir uns den Schluß nicht zu eigen machen. Aber so viel an ihm bleibt zu bedenken: Als dem Pythagoras erschütternd die zeitlose Wahrheit seines Lehrsatzes aufging, als Israels Propheten zuerst die Unbedingtheit sittlicher Forderung als Gottes Wort vernahmen, und in ähnlichen Augenblicken anderer Kulturen, tat sich ein Horizont der Transzendenz in der Immanenz auf, der über sein direkt Gesagtes hinaus etwas über die Eigenschaft des Seins zu sagen hat, *in* dem die Öffnung sich ereignet – und dies Sein ist sowohl das des Vernehmens wie das des Vernommenen.

So läßt sich denn besagter Schluß auch umkehren: statt vom Gedachten auf das Denken vielmehr vom Denken auf das Gedachte, und so geschah es auch: zuerst in Anselms ontologischem Gottesbeweis, der aus dem *Begriff,* also dem Gedachtsein, des allervollkommensten Wesens dessen notwendige *Existenz* ableitet. Die logische Unhaltbarkeit dieses »Beweises« kann seit Kant als erwiesen gelten, aber auch von ihm bleibt eine, zwar nicht demonstrative, doch indikative Bedeutung erhalten für die Frage nach dem Sein, das einen solchen Begriff zum Bewutßsein bringen kann. Diese Richtung verfolgte Descartes in der *kausalen* Wendung, die er dem ontologischen Gottesbeweis gab: Nach dem Grundsatz, daß die Ursache mindestens soviel »Realität« in sich enthalten müsse wie die Wirkung, kann nicht der endliche und unvollkommene Menschengeist die Idee eines unendlichen und vollkommenen Wesens, die er nichtsdestoweniger in sich findet, aus sich selbst erzeugt haben. Also ist ihre Anwesenheit im Bewußtsein nur durch eine kommensurable Ursache außer dem Bewußtsein zu erklären, eben das unendliche Wesen selbst, dessen Existenz damit bewiesen ist. Das Ähnlichkeitsargument zugunsten des erkennenden Subjekts wird also durch das Argument vom zureichenden Grunde zugunsten des erkannten Objektes ersetzt. Logischer Prüfung hält auch dieser Gottesbeweis nicht stand, denn intentionaler Gegenstand *(realitas objectiva)* einer Idee und Existenzgehalt *(realitas formalis)* einer Sache – überhaupt Bewußtsein und Ding – können in gar keinen quantitativen Vergleich treten; kein gemeinsamer Nenner der Meßbarkeit, wie er alle Größen der Außenwelt vereint, eignet dem kausalen Verkehr zwischen Außen und Innen (unleugbar wie ein solcher ist). Dennoch bleibt auch von diesem gescheiterten Versuch etwas übrig: die Verbindung des inneren Transzendenzbefundes mit der Frage nach den ersten *Ursachen*. Hier setzen wir an.

7. Vermutungscharakter der weiteren Überlegungen

Das Dasein von Innerlichkeit in der Welt, so sagten wir, und damit auch die anthropische Evidenz von Vernunft, Freiheit und Transzendenz sind kosmische Daten. Als solche gehören sie mit zu den generisch obligaten Elementen einer Kosmologie. Ihr Zeugnis sagt: Das Universum ist von der Art, daß dergleichen in ihm möglich, vielleicht sogar *aus* ihm notwendig ist. Lehrt uns das auch etwas über seine ersten Ursachen, über die Schöpfung? Mit dieser Frage gehen wir endgültig vom kosmologischen Befund zu kosmogonischer *Vermutung* über. Der Vermutungscharakter ist, glaube ich, unaufhebbar. Alles, was ich von hier an zu sagen habe, ist tastender Versuch und mit höchster Wahrscheinlichkeit ein irrender. Aber unternommen werden muß er von Zeit zu Zeit, denn die unerhörte Frage, zu der der Menschengeist sich hier versteigt, läßt ihm keine Ruhe. Wissen geht dabei unvermeidlich in Glauben über: Er bemüht sich, Vernunftglaube und nicht Offenbarungsglaube zu sein, obwohl die Stimmen der großen Religionen mit ins anzuhörende Zeugnis gehören. Verzichtend auf die hier verwehrte Beweisbarkeit, macht sich der unverwehrbar wieder einmal unternommene Anlauf zu einer Antwort auf die Frage aller Fragen doch auf seinem Weg zu eigen, was an versteckt Gültigem in den alten und stets gescheiterten Versuchen zu einer beweisbaren »theologia naturalis« enthalten war. Klänge aus dem kosmologischen, dem teleologischen und dem ontologischen Gottesbeweis, nicht mehr klar voneinander geschieden, werden dem kundigen Ohr nicht entgehen. Mir soll es genug sein, wenn ich dem so oft wiederholten Scheitern ein abermaliges, doch auf seine Art vielleicht lehrreiches angefügt habe. Wagen wir also unseren Versuch in der nicht enden wollenden Reihe.

Wiederholt kam in unseren Ausführungen ein Argument dieser Form vor: Da Leben mit Innerlichkeit, Interesse und Zweckwollen aus dem Weltstoff hervorgegangen ist, kann diesem in seinem Wesen dergleichen nicht gänzlich fremd sein; und wenn seinem Wesen nicht, dann (hier wird das Argument kosmogonisch) auch seinem Anfang nicht: Schon der im Urknall sich bildenden Materie muß die Möglichkeit zu Subjektivität beigewohnt haben – Innendimension in Latenz, die auf ihre kosmisch-äußere Gelegenheit zum Manifestwerden wartete. Weitere Vermutungen über dies »Warten« als ein »Sehnen«, das bei der Entwicklung der physischen Bedingungen zu seiner Erfüllung mitwirkt, eine geheime Teleologie also in der kolossalen Prädominanz mechanischen Zufalls bei der kosmischen Vorgeschichte des Lebens, ja selbst die kosmogonische Vermutung eines so gerichteten »Willens«-Momentes schon im ersten Ursprung selbst: Vermutungen dieser Art, so fanden wir, führen nicht über die Grenzen einer immanenten Philosophie der Natur hinaus. Keine »sehende« Intelligenz am Anfang, kein ewiges Vorsehen des schließlich Gezeitigten braucht angenommen zu werden; bewußtlose Tendenz genügt dem vitalen Befund. Selbst Panpsychismus, zu dem dieser Befund dem Denken Anhalt bietet, ist noch nicht Theologie. Kurz, das Zeugnis des Lebens, unermeßlich bedeutend für die Ontologie, ist immer noch eine Stimme der Immanenz über sich selbst.

8. Die Frage nach der ersten Ursache von Geist: Kann sie weniger als Geist gewesen sein?

Gilt dies auch noch für das Zeugnis des Geistes, also den anthropischen Befund, der doch ein Teil, wenn auch ein winziger, des kosmischen Befundes ist? In diese Frage nun schlägt etwas von Descartes' Gedanken einer Ebenbürtigkeit der Ursache mit ihrer Wirkung ein, gelöst vom logischen Unsinn seiner quantitativen Fassung. Qualitativ dürfen wir fragen: Kann etwas, das weniger als Geist ist, die Ursache des Geistes sein? Und wir meinen: »erste« Ursache – die Ursache im Schoß aller Dinge. Was sekundäre Ursachen betrifft, so ist nicht zu leugnen, daß Geist aus Nichtgeistigem hervorgehen kann und es faktisch tut, wie wir es in der menschlichen Ontogenese sozusagen täglich vor Augen haben (und darüber hinaus für die Phylogenese postulieren): Im Embryo bildet sich das Gehirn, der künftige physische Träger eines Geistes, unter der alleinigen physiko-chemischen Direktion des Genoms, einer puren Stoffanordnung im Keime, die gänzlich unwissend die »Information« für den Werdeprozeß enthält und ebenso unwissend ihr Werk tut: Es geht ganz ohne Geist dabei zu.[1] Niemand natürlich hält

[1] Doch nur der künftige, *potentielle* Träger eines Geistes wird auf diese Weise geschaffen, nicht der Geist selber: Dieser entsteht erst, und nur, aus der – anfangs ganz rezeptiven, dann zusehends reziproken – Kommunikation des Neugeborenen mit schon daseienden geistigen Subjekten, den es umgebenden und sich ihm mitteilenden Erwachsenen. Ohne eine sprachliche und es ansprechende Umgebung würde das junge Menschentier, auch bei leiblichem Überleben und Wachstum, gar nicht zum Menschen werden. Daß Sprache ein von schon Sprechenden Erlerntes ist, besagt, daß auch Geist ein von vorgegebenem Geist zu Erlernendes ist. Nur im Verkehr mit ihm entsteht der neue Geist, der sich der genetisch vorbereiteten Instrumentalität des Gehirns bedient, und erst durch das progressive Sichbedienen vollendet sich auch das Wachstum der physischen Instrumentalität selber, die ohne das verkümmern bzw. gar nicht erst zum Gebrauche

dieses stofflich vorgegebene Informations- und Programmierungsdeponat für die erste Ursache. Aber wenn man fragt: Wer oder was hat die Anleitung so verschlüsselt dort niedergelegt, so kommt man an die wieder rein physische, ebenfalls total unwissende Weitergabe des materiellen Musters in der Erbbahn, und weiter zurück zum allmählichen, blinden (nur durch die Überlebensauslese gesteuerten) Aufbau des phylogenetischen Musters selbst durch Zufallsmutationen aus informationsärmeren, im ontogenetischen Ergebnis geistferneren Mustern, über unzählige Zwischenergebnisse des genetischen Würfelspiels, von Eukarioten zu Prokarioten bis hinab zum ersten Auftreten selbstreplikativer Molekülverbindungen, dem ersten Minimum an Information, und von da hinab in die anorganische, universale, sogenannt neutrale Weltnatur – zu einem anfänglichen Null an Information. Also führt die zeitliche Ursachenreihe nicht näher und näher zum Geiste hin, sondern weiter und weiter von ihm weg.

Und doch ist es Geist, unserer in diesem Augenblick, der den Weg in die Ursachen zurückgegangen ist und, gehorsam seinem Wahrheitswillen, zu eben dieser befremdlichen Einsicht genötigt wurde – *und* der zugleich aus gleichartiger Erkenntnis, der von Tatsachen, darum weiß, daß er dieser

> reifen würde. Es beginnt also mit der Geburt, dem Hinaustreten in die Welt, eine der fötalen (noch fortgehenden) physischen Ontogenese überlagerte, neuartige Ontogenese aus nunmehr geistiger Information; und nur vorgängiger Geist von außen kann sie liefern und damit die aus der inneren, blinden »Information« des Genoms erstandene Potentialität zur Realisierung bringen. Also gilt in jeder individuellen Ontogenese, daß aktueller Geist für sein Werden schon jeweils aktuellen Geist voraussetzt. (Ich verdanke diesen Hinweis meinem Freunde Heinrich Popitz.) Unser jetziges Argument geht auf eine ähnliche Voraussetzung schon für die ursprüngliche Ausstattung der Materie überhaupt mit der generellen Möglichkeit, es zu einer solchen ausgebildeten Potentialität für den Geist zu bringen.

selben universalen Materie, dem bißchen davon, das gerade in seinem Gehirn versammelt und organisiert ist, doch verdankt, daß er da ist und denken kann: Und so muß er jenem Geistfremden zu all den Eigenschaften, die ihn die Physik davon lehrt, noch die Begabung mit der Möglichkeit des Geistes, mit seiner – wie immer an besondere Bedingungen geknüpften – *Ermöglichung* zuerkennen. Des Geistes, sage ich, und das ist mehr als des Lebens und der Subjektivität. Denn wenn wir jetzt mit wohl erlaubter Metapher sagen, daß die Materie von Anbeginn schlafender Geist sei, so müssen wir sofort hinzufügen, daß die wirklich erste, die schöpferische Ursache von schlafendem Geist nur wacher Geist sein kann, von potentiellem Geist nur aktueller – anders als bei Leben und Subjektivität als solchen, die ihrer graduellen Natur nach wohl schlafend, unbewußt beginnen können und noch kein Bewußtsein in der ersten Ursache, im Akt der Stoffgeburt verlangen. So führt uns denn das anthropische Zeugnis als Teil kosmischen Befundes – die Selbsterfahrung also des Geistes und zumal seines denkenden Ausgreifens ins Transzendente – zum Postulat eines Geisthaften, Denkenden, Transzendenten, Überzeitlichen am Ursprung der Dinge: als erste Ursache, wenn es nur eine gibt; als Mitursache, wenn es mehr als eine gibt.

Ich weiß, daß dies kein Beweis ist und niemanden zur Zustimmung zwingt, aber es scheint mir die einleuchtendste der hier der Vernunft erlaubten Vermutungen, und um des Fortgangs willen bitte ich meine Leser, sie probeweise einmal als Hypothese mitzumachen. Denn dann ergeben sich immerhin bestimmte, deutliche Fragen, die sich deutlich, in der Helligkeit rationalen Argumentes, erörtern lassen. Meine Erörterung wird in der Hauptsache eine Abwägung der verschiedenen großen Antworten aus der Denkgeschichte sein, deren Ignorierung töricht wäre, vermehrt um einen Vorschlag von mir selbst, der einem späteren und bittereren Wissen gerecht zu werden sucht. Mögen meine Kollegen von der analytischen Philosophie mir diese seit Kant unter-

sagte und von ihnen besonders verpönte Ausschweifung in
die Metaphysik verzeihen.

9. Der Einwand des Anthropomorphismus

Zuerst – da wir das anthropische Zeugnis aufbieten – ein
Wort über den alten Einwand des »Anthropomorphismus«;
verbunden damit ist der Vorwurf der menschlichen Eitelkeit.
Schaffen wir uns nicht eine Gottheit nach unserem Bilde
(obzwar nicht dem leiblichen), wenn wir von göttlichem
Denken, Wollen und Urteilen sprechen? Aber wovon sollen
wir denn extrapolieren? Von Rindern und Eulen, Schlangen
und Affen? All das ist bekanntlich getan worden, aber da ist
der Gott Israels, der seine Menschenähnlichkeit bekennt,
indem er sagt, er wolle den Menschen nach seinem Bilde
schaffen, doch eine überlegene Konzeption. Selbstverständlich vom Höchsten, das sich im Sein zeigt, müssen wir ausgehen, um uns einen Begriff vom Göttlichen zu bilden, und
der Geist in uns *ist* das Höchste, was uns im Universum
bekannt ist. Kein Verdacht der Selbstparteilichkeit kann daran etwas ändern. Soll Ihm fehlen, was wir haben? In diesem
Sinne des Schließens von uns ist ein Anthropomorphismus
im Gottesdenken ebenso legitim wie unaufhebbar. Natürlich
muß er um seine Inadäquatheit wissen, wie Thomas von
Aquin mit der *analogia entis* und dem *modo eminentiae* einschärft. Was aber den Vorwurf der Eitelkeit betrifft, der anthropozentrischen Überheblichkeit, so könnte die in der Tat
etwas ruhmredige Formel von der »Krone der Schöpfung«
ihm wohl recht geben. Aber sich so verstehend zerstört der
Stolz auf die »Würde des Menschen« gerade das, worauf er
pocht. Nur als ungeheure Bürde sich verstehend, als Gebot,
der Ebenbildlichkeit nachzukommen, kann die Würde sich
beweisen. Und da ist meistenteils Scham viel eher als Stolz
am Platze beim Anblick des menschlichen Schauspiels, denn
Verrat am Ebenbild überwiegt die Treue zu ihm unermeß-

lich. Dankbar müssen wir sein für die seltenen Bestätigungen, die immer wieder, und manchmal gerade im tiefsten Dunkel, aufleuchten, denn ohne sie müßten wir vor der weltgeschichtlichen Prozession der Widerlegungen, diesem Gemisch aus Greueln und Stumpfheit, wohl am Sinn des menschlichen Abenteuers verzweifeln. Das Beispiel der Gerechten rettet uns davor, ja rettet es selbst immer wieder. Aber zum Sich-Rühmen hat die Gattung, weiß Gott, nicht Grund. Soviel zum Thema des Anthropomorphismus, einer theologischen Frage.

10. *Bloße Verträglichkeit von Stoff und Geist: Descartes' Dualismus und sein Versagen vor dem Phänomen der Evolution*

Die kosmologische Frage ist, wie das Begabtsein der Urmaterie mit der Möglichkeit des Geistes zu verstehen ist. Der Minimalsinn davon ist der, daß die Materie das Erscheinen und dann auch Wirken des Geistes in ihrer Mitte *zuläßt* – ihm also zu seiner Zeit, oder wenn es mit ihr soweit ist, stattgibt. Soviel ist aus dem puren *Faktum* jenes Erscheinens bewiesen, nach dem fast tautologischen Schluß, daß, was wirklich wurde, eben möglich gewesen sein muß. In die Schöpfungssprache übersetzt, heißt das, daß die geistige Ursache oder Mitursache am Anfang eine universale Materie mit solchen Eigenschaften und Gesetzen schuf, daß sie für ein Mitdasein von Geist Raum ließen. Es wäre die an sich nur negative Eigenschaft des Nichtverwehrens, der baren Kompatibilität. (Sie ist nicht selbstverständlich, wie die lange geglaubte Lehre eines lückenlosen stofflichen Determinismus verrät.) In dem Fall mußte der Schöpfergeist dann mindestens noch einmal ursächlich tätig werden: wenn und als der von ihm vorsorglich ausgesparte Raum der Möglichkeit sich in der Geschichte der Materie irgendwo einmal – es geschah hier auf Erden – für tatsächliche Besetzung auftat.

Ursache der Öffnung konnte der Weltstoff selber sein; Ursache ihrer Besetzung durch endliche Geister aber nur der Geist von außen. Ein solcher Hergang der Sache stünde in Einklang mit dem kartesianischen Dualismus zweier einander fremder Substanzen, der Materie, die nichts als Ausdehnung, und des Geistes, der nichts als Denken ist. Wäre der Mensch plötzlich und fertig – einerlei wann – in der Welt erschienen, so könnte sich ein solches einmalig-übermächtige Eingreifen des Schöpfers, mit dem er seine ursprüngliche Schöpfung im richtigen Augenblick ergänzt, als Erklärung des heterogen Neuen immerhin hören lassen. Der »richtige Augenblick« wäre das aus mechanischen Ursachen glücklich zustande gekommene Dasein der menschlichen Leibesmaschine gewesen. Aber wir sind nicht plötzlich entstanden. Der Evolutionsbefund belehrt uns, daß der Mensch durch eine lange Vorgeschichte tierseelischer Annäherungen an den Geist zu sich kam; und der präsente Befund des denkenden Geistes selber lehrt uns, daß er vom Sinnlich-Seelischen wie Wahrnehmen, Fühlen, Begehren, Lust und Leid – all dies leibverbunden – gar nicht zu trennen ist. Wenn aber die Menschwerdung und damit die Geistwerdung sich durch biologische Zeiten und Stufen erstreckt, dann müßte gemäß der Minimalhypothese auch das göttliche Eingreifen es tun. Dies wäre demnach – sowohl dem Evolutions- wie dem Introspektionserweis nach – kein einmaliges, sondern ein stetes gewesen, mit einem Wort: göttliches Weltregiment. Dafür nun hatte Descartes, dem es um die Gründung einer exakten Naturwissenschaft auf die Gesetze der *res extensa* und ihre Notwendigkeit allein ging, durchaus keinen Platz, und er wußte wohl, was er tat, als er die Tiere für fühllose Automaten erklärte, ihnen also jede Seele absprach: Mit dem einmaligen Wunder der Inkarnation des Geistes im Menschen, als einziger Ausnahme von der Naturregel, kann sich die materialistisch-immanente Naturwissenschaft allenfalls abfinden, aber nicht mit dem durch die Seinsgeschichte immer wiederholten Wunder als Erklärungsprinzip. Doch gewonnen hatte Descartes mit seinem rettenden Gewaltstreich nichts: Die freche Automatenfiktion zerschellt am schlichtesten Umgang mit Tieren, die Fiktion von der abrupten Geist-Epiphanie im Menschen am Tatbestand der sie anbahnenden Evolution. So bleibt denn der Hypothese einer bloß geistkompatiblen Materie – der Minimalannahme für die Schöpfung – in der Tat zur Erklärung des Geistfaktums nur die erwähnte Alternative, die ergänzende Annahme eines göttlichen Weltregiments, einer immer von neuem im Weltlauf intervenierenden *providentia generalis* und *specialis* – und diese Annahme müssen wir zurückweisen, sowohl weil sie methodisch als Erklärungsprinzip nichts taugt, ja die Idee des Erklärens selber zerstört, als auch weil zuviel in unserem Natur- und Geschichtswissen, also theoretisch und moralisch, ihr geradewegs zuwiderläuft. Davon später mehr. Also muß der erste Grund, statt das Schicksal des Geistes unter seine Dauervormundschaft zu stellen, der in die Zeit entlassenen Urmaterie doch mehr als bare, neutrale Kompatibilität mit dem Geiste, bloße Duldung seiner Koexistenz, mitgegeben haben; ein intimeres Verhältnis von Außen und Innen, als jener Dualismus ansetzt, muß sowieso angenommen werden.

11. Totale Deckung von Stoff und Geist:
Der psychophysische Parallelismus Spinozas
und sein Versagen vor der kosmischen Seltenheit
des Geistes

Diesen Weg schlug der große Berichtiger Descartes', Spinoza, mit seinem psychophysischen Parallelismus ein und ging darin gleich zum anderen Extrem. Alles Sein ist seinem Wesen nach und von je beides zugleich: Ausdehnung und Denken, Materie und Geist, Natur und Idee von sich selbst – beide sind nur die zwei Seiten ein und derselben Münze, der ewigen, absoluten Substanz, die sich in beiden gleicherweise ausdrückt: Jedem Außen korrespondiert ein zugehöriges Innen, sie zusammen (plus den uns unbekannten Attributen) sind die Weisen, in denen die unendliche Gottheit von Ewigkeit existiert. Daß dies in einer Folge von Zuständen stattfindet, liegt nur daran, daß die göttliche Fülle als unendliche sich in endlichen Modi nicht auf einmal darstellen kann, aber jeder solche modale Gesamtzustand in jedem Jetzt repräsentiert die göttliche Vollkommenheit, darin jedem anderen – vorhergehenden oder nachfolgenden – gleich.

Auch diese großartige Konzeption hält dem Urteil unserer Erfahrung nicht stand. Da gibt es keinen Anfang und kein Ende, kein Gelingen und Mißlingen, kein Besser und Schlechter, erst recht kein Gut und Böse: Was so aussieht, ist es nur vom Standpunkt des Partikularen; das Ganze – das psychophysische All – ist immer im Zustand der Vollkommenheit. Zufall hat darin keinen Platz, und Freiheit ist eine Illusion. Der Geist ist so determiniert wie die Körpernatur, deren genaues Äquivalent er in jedem Augenblick ist. In beiden waltet dieselbe und eine Notwendigkeit der ewigen göttlichen Natur, die keinem ihrer Attribute den Vorzug geben kann. So ist auch die Zeit nicht ein Feld für wirkliche Entscheidungen, sondern nur das Medium für die unaufhaltsame, alternativlose und endlose Entfaltung jener ewigen Notwendigkeit, ihre letztlich zeitlose Selbstdarstellung. Auch von einem Werden des Geistes, außer im individuellen Einzelfall, kann in diesem All keine Rede sein: Er war immer schon – und das heißt, von Ewigkeit her – mit dem äußeren Stoff der Welt, dem im Raum Ausgedehnten, als gleichursprüngliches Komplement desselben mit dabei – ewiges Sich-Selbst-Denken der unendlichen Substanz.

An diesem Punkt allein – dem der Ewigkeit der Welt und des aktuellen Geistes in ihr – scheitert für das seit Spinoza erworbene Wissen die ganze Vision. Alle anderen Unannehmbarkeiten, gegen die sich unsere Intuition wehrt, können dabei auf sich beruhen bleiben. Erwähnt sei von ihnen immerhin der theologische Einwand, daß ein rein immanenter Pantheismus und Panpsychismus, also ohne ein transzendentes Kriterum des Guten, ebensosehr auch ein Pandämonismus, ja Pandiabolismus sein kann. Uns genügt hier der bescheidenere, aber wohlfundierte Einwand, daß der im Mittelalter von der Warte des Schöpfungsglaubens so lange mit dem Aristotelismus geführte Kampf um Ewigkeit oder zeitlichen Anfang der Welt inzwischen mit besserem empirischem Grund, als noch Kant in den Antinomien der reinen Vernunft der Erfahrung zutrauen konnte, zugunsten eines Anfanges in der Zeit entschieden scheint, also zugunsten jenes Glaubens, von dem Spinoza sich so angestrengt losgesagt hatte. Hinzufügen muß man, daß dasselbe moderne Naturwissen den biblischen Glauben an eine zugleich erschaffene ebenso wie den aristotelischen an eine seit je bestehende Mannigfaltigkeit fertiger und separater Arten widerlegt hat. Und dies fügt unserem kosmologischen Einwand ein zweites ebenso schwerwiegendes Element hinzu: Sicherer noch als vom Urknall wissen wir vom späten, prekären, kosmisch ganz vereinzelten Werden des Geistes aus einem allmählichen, gewundenen Werden des Lebens – seinerseits schon eine lokale Ausnahme in einem raumzeitlich riesigen Universum des Stoffes und der Leere ohne Leben und Geist. Beide kosmologischen Erkenntnisse – die vom Weltanfang und die von der Späte und Seltenheit des Geistes im All – müssen wir in die kosmogonische Frage einbringen.

12. Neustellung der kosmogonischen Frage gemäß dem berichtigten kosmologischen Befund

Wir müssen also von der Schaffung (bzw. »Entstehung«) einer noch geistlosen, aber mit der Möglichkeit des Geistes begabten Urmaterie ausgehen; und diese »Möglichkeit«, so sagten wir, muß mehr als bloßes Stattgeben, leere Kompatibilität sein, die ein weiteres, fortlaufendes Eingreifen der geistspendenden, jenseitigen Ursache erfordern würde.

Wenn wir ferner an der intuitiven These festhalten, daß die erste, schöpferische Ursache von Geist selber Geist sein muß, der sich aber eines späteren Eingreifens in den Weltlauf enthält, so lautet die Frage jetzt, in welcher Weise er die Sache des Geistes dem anfänglich geistlosen Weltstoff anvertraut hat. In einem anfänglichen Geiste nun könnte ein kosmogonischer Logos wohl anwesend gewesen sein – ein Plan, der eben einen Planer, ein Programm, das einen Programmierer erfordert; aber wir fanden gleich zu Beginn dieser Untersuchung, daß er einen solchen Logos nicht als »Information« in die Urmaterie einkörpern konnte, da dem Chaos jede dazu nötige Stabilität und Artikulation als Träger einer solchen Information fehlt. Ein kosmogonischer »Eros«, unsehend dahin ausgerichtet, war das Äußerste, was wir als ursprüngliche Mitgabe an die Materie für die positive (mehr als nur erlaubende) Möglichkeit des Geistes zugestehen konnten. Alles andere mußte der inneren Dynamik jener Materie überlassen bleiben. Was, abgesehen von der naturwissenschaftlich gefundenen und noch findbaren mechanischen, zielneutralen Kausalität, konnte diese Dynamik sein, so daß auf ihre planlose Weise der Plan des Weltlogos doch zur Ausführung kam? Bedenken wir, daß die Sache mit dem ganz Anderen, dem äußersten Gegenpol sozusagen, des Geistes begann.

13. Weltbeginn als Selbstentfremdung des Urgeistes: Wahres und Unwahres in Hegels Dialektik

Da erinnern wir uns der einen Lehre, die ebenfalls das Weltgeschehen mit der äußersten Selbstentfremdung des Geistes beginnen läßt und gerade dieser Antithetik das Bewegungsgesetz des weiteren Geschehens, das Werdeprinzip des sich wiedergewinnenden Geistes in der Welt abgewinnt: Hegels universale Dialektik, die, über immer wiederholte These, Antithese und Synthese notwendig, mächtig, mit unbeirrbarer List der Vernunft fortschreitend, zuletzt im Reiche der zu sich gekommenen Vernunft und Freiheit gipfelt. Der erste Schritt in diesem angeblichen Prozeß, der stiftende Urakt des Weltdramas, ist genau das, wozu wir uns in unserem kosmogonischen Vermuten mehr und mehr gedrängt sehen: die extreme Selbstentäußerung des Schöpfergeistes im Anfang der Dinge. Die Fortsetzung jedoch – Hegels majestätische Entwicklung allen Werdens Schritt für dialektischen Schritt auf uns hin und durch uns hindurch zur Vollendung, überhaupt die ganze erbauliche Idee einer intelligiblen Gesetzlichkeit *eines* Gesamtprozesses, der von vornherein seines Erfolges versichert ist, müssen wir ernüchterteren Zuschauer des großen und des kleinen Welttheaters – der Natur und der Geschichte – verneinen. Zu erdrückend ist das Gegenzeugnis.

Schon das äußerlichste, das der schieren Größenordnungen, ist beredt genug. Hegel wußte noch wenig von der Riesigkeit des Alls in Raum und Zeit und folglich von der Winzigkeit des menschlichen Platzes darin, den er fast noch in vorkopernikanischen Maßen sah. Die schon Pascal erschreckende, aber noch vage und abstrakte »Unendlichkeit jener Räume, die mich nicht kennen« ist seitdem durch das ungeheuerlichste Anschwellen meßbarer Entfernungen und Massenwerte des uns davon Sichtbaren erst für die Anschauung konkret und damit um so überwältigender geworden, begleitet vom ähnlichen Anschwellen meßbarer Vergangenheit – irdischer vor dem Menschen, kosmischer vor dem Leben. Das (allein uns bekannte) schließliche, allerjüngste, örtlich infinitesimale Erscheinen des Geistes darin – in uns – ist mehr einem verlorenen Aufflackern in allgemeinster Nacht zu vergleichen; und wenn der Geist das Ziel der Riesenveranstaltung war, ist man beim quantitativen Mißverhältnis zum Erzielten (soweit uns bekannt) eher versucht, vom großen Aufwand, der kläglich ward vertan, zu sprechen, freundlicher vielleicht auch von einem Glücksfall im

Zusammentreffen der Umstände, einem Spiel des kosmischen Zufalls – eher von dergleichen als vom majestätischen Gang der Vernunft durch die Welt. Von dem kann einfach nicht die Rede sein.

Wem aber dieser Einwand zu äußerlich-quantitativ erscheint (obwohl hier ein Fall ist, wo gerade Hegels Formel vom Umschlagen der Quantität in Qualität mit Recht angerufen werden könnte), der stelle sich gefälligst dem höchst qualitativen Zeugnis unser selbst, der Bilanz menschlicher Geschichte, zur Sache des Siegeszuges des Geistes durch die Welt. In uns – bitte! – sei der Weltgeist unbeirrbar dabei, oder gar schon angelangt, zur endgültigen Form seiner Wahrheit zu kommen, seine Urbestimmung mit weiser Notwendigkeit zu vollenden? Wir sind, willig oder unwillig, wissend oder unwissend, doch immer unfehlbar, seine erwählten Vollstrecker? Da muß ich doch bitten! Die Schmach von Auschwitz ist keiner allmächtigen Vorsehung und keiner dialektisch-weisen Notwendigkeit anzulasten, etwa als antithetisch-synthetisch erforderter und förderlicher Schritt zum Heil. *Wir* Menschen haben das der Gottheit angetan als versagende Walter ihrer Sache, auf uns bleibt es sitzen, wir müssen die Schmach wieder von unserem entstellten Gesicht, ja vom Antlitz Gottes, hinwegwaschen. Man komme mir hier nicht mit der List der Vernunft.

14. Die Schwäche jeder Erfolgsmetaphysik: Verkennung des göttlichen Wagnisses in der Schöpfung

Es ist also, kurz und bündig gesagt, auch nichts mit dieser einzigen, genialen Alternative zu aristotelischer Teleologie, Hegels Dialektik; noch weniger natürlich mit den kleineren Nachfolgern, wie Teilhard de Chardins Lehre von der zunehmenden Vergeistigung des Alls auf ein panmentales Omega hin. Der gemeinsame substantielle (nicht etwa erkenntnistheoretisch-formale) Einwand gegen all diese Erdichtungen der spekulativen Vernunft ist der, daß sie uns selbstgarantierte *success stories* vom Sein erzählen, die nicht fehlgehen können. Und eine solche Erfolgsgeschichte, Apotheose dessen, was ist, scheint mir jede der großen Metaphysiken zu sein, von denen ich aus der Denkgeschichte weiß: sei es im Sinne statisch-permanenter Vollkommenheit, wie Spinozas *deus sive natura*, oder der Weltlogos der Stoiker oder das vom unbewegten Beweger ewig teleologisch bewegte Universum des Aristoteles; sei es im Sinne eschatologisch-perfektibilistischer Dynamik, wie eben Hegels — der sich mit diesem dynamischen Aspekt, der Option für das Werden, immerhin als der moderne unter den Metaphysikern erweist, ähnlich anderen Prozeßdenkern der Neuzeit, wie Leibniz und Whitehead. All diesen hochherzig-optimistischen Konstruktionen schlägt der kosmologische wie der anthropologische Befund, dem wir uns nicht verschließen dürfen, ins Gesicht. Also muß eine Metaphysik, die der Verführung des »siehe, es ist gut« widersteht und doch das Zeugnis des Lebens und des Geistes für die Natur des Seins nicht mißachtet, Raum lassen für das Blinde, Planlose, Zufällige, Unberechenbare, äußerst Riskante des Weltabenteuers, kurz, für das gewaltige *Wagnis*, das der erste Grund, wenn denn der Geist dabei war, mit der Schöpfung einging. Da setzte vor Jahren mein kosmogonischer Versuch ein, der sich nicht zufällig mit dem Namen »Auschwitz« verband (denn das war für mich auch ein theologisches Ereignis).[1] Erdichtung ist er nicht weniger als alle, die ich verwerfen mußte, aber vielleicht doch eine, die dem Weltbefund, wie wir ihn jetzt sehen können und müssen, ein wenig gerechter wird. Darüber nun einige Worte.

1 Siehe »Unsterblichkeit und heutige Existenz« in: H. Jonas, *Zwischen Nichts und Ewigkeit*, Göttingen 1963, 1987: Vandenhoeck & Ruprecht, S. 44–62, und Abhandlung 9 dieser Sammlung »Der Gottesbegriff nach Auschwitz«, o. S. 190–208.

15. Alternative kosmogonische Vermutung: Machtverzicht Gottes zugunsten kosmischer Autonomie und ihrer Chancen

a) Als erstes sagen wir, daß die Selbstentäußerung des Geistes im Anfang ernster war, als der hochgemute Prophet der Vernunft sie wahrhaben wollte. Gänzlich überließ er sich und sein Schicksal dem Treiben des ins Außen Explodierenden und damit den bloßen Chancen der darin beschlossenen *Möglichkeiten* unter den Bedingungen von Raum und Zeit. Warum er das tat, ist unwißbar; eine erlaubte Vermutung ist, daß es geschah, weil nur im endlosen Spiel des Endlichen, in der Unerschöpflichkeit des Zufalls, in den Überraschungen des Ungeplanten *und* in der Bedrängnis durch die Sterblichkeit der Geist sich selbst im Mannigfaltigen seiner Möglichkeiten erfahren kann und daß die Gottheit dies wollte. Dafür mußte sie dann auf die eigene Macht verzichten. Wie dem auch sei, von da an ging es nur noch immanent zu, ohne weitere Einmischung der Transzendenz, und das Geschaffene hatte gar nicht die Kraft, Antithesen aus sich selbst hervorzubringen, sondern mußte seine lange Bahn durch Raum und Zeit antreten, gebunden an die allmählichen, kumulativen Transformationen, die das sich herausbildende und konsolidierende Naturgesetz, der äußere Zufall unter diesem und die eigene innere Mitgift ihm erlaubten.

b) In dieser Sicht nun kehrt sich, zweitens, das quantitativ erdrückende Argument gegen die Wichtigkeit des Geistes (also unser selbst) – das Argument aus dem Größenverhältnis zwischen der Riesigkeit eines toten Universums und der Winzigkeit von Leben und Geist in ihm – eher in eine Erklärung um: Nur ein raumzeitlich riesiges Universum bot nach dem Walten bloßer Wahrscheinlichkeiten, ohne Einmischung göttlicher Macht, überhaupt eine Chance für das irgendwann und -wo passierende Hervortreten des Geistes; und wenn dies und die Selbsterprobung des Geistes in der Endlichkeit die Absicht des Schöpfers waren, so mußte er eben ein riesiges Universum schaffen und dem Endlichen darin seinen eigenen Lauf lassen.

c) Da nun der Geist sich nur aus dem organischen Leben erheben und von ihm getragen existieren kann, so müssen wir, drittens, jetzt unsere frühere Aussage berichtigen, daß das Fühlen der tierischen Seele noch ganz stoffimmanent, das Denken des Geistes aber nur transzendent, mit Geist als seiner ersten, schöpferischen Ursache, zu erklären sei. Ganz so heterogen können sie doch nicht sein. Eines haben dumpfstes Fühlen und hellstes Denken gemein: die Subjektivität, und so ist schon das Auftreten der Innerlichkeit als solcher und ihre ganze tierische Entwicklung als Anbahnung des Geistes anzusehen. Also mußte der schöpferische Urgrund, wenn er den Geist wollte, auch das Leben wollen, wie es in dem schönen Gottesprädikat heißt, das wir Juden so oft im Gebet rezitieren: *chafêz bachajim,* der das Leben will – nicht nur »der lebendige Gott«, sondern auch »der das Leben wollende Gott« –, das Leben sowohl um seiner selbst willen als auch, durch die Seele, als Wiege des Geistes. So dürfen wir in gewissem Grade von der Heiligkeit des Lebens sprechen, wiewohl es wüst dabei zugehen kann – wie ebenfalls beim Geiste.

d) Und damit kommen wir, viertens, zu uns, den einzigen uns bekannten Trägern des Geistes, d. h. denkenden Erkennens und folglich willensfreien Handelns in der Welt – eines Handelns, das im Lichte des Erkennens immer mächtiger wird. Und da ergibt sich denn aus unserer kosmogonischen Hypothese, die sich uns vom kosmologischen Befund her aufdrängte – aus der Kombination also einerseits vom urgründlichen *Gewolltsein* des Geistes im Strome des Werdens und andererseits der *Machtentsagung* des so wollenden Urgeistes eben um der unvorgreiflichen Selbstheit endlicher Geister willen –, daß in unsere unsteten Hände, jedenfalls in diesem irdischen Winkel des Alls, das Schicksal des göttlichen Abenteuers gelegt ist und auf unseren Schultern die Verantwortung dafür ruht. Da muß der Gottheit wohl um ihre Sache bange werden. Es ist kein Zweifel, wir haben es in unserer Hand, die Schöpfungsabsicht zu vereiteln, gerade in ihrem anscheinenden Triumph mit uns, und sind vielleicht kräftig daran. Warum dürfen wir es nicht? Warum dürfen wir nicht, wie die Tiere, *alles,* was wir können? Einschließlich der Selbstvernichtung? Weil das Sein es uns sagt? Aber bekanntlich, so lehrt uns alle moderne Logik und Philosophie, sagt es uns gar nichts darüber, aus keinem Ist folgt ein Soll. Nun, es kommt auf das »Ist« an. Man muß es sehen, und man muß es hören. Was wir sehen, umschließt das Zeugnis des Lebens und des Geistes – Zeugen wider die Lehre von einer wert- und zielfremden Natur. Was wir hören, ist der Anruf des gesehenen Guten, sein innewohnender Anspruch auf Existenz. Unser Sehen- und Hören*können* macht uns zu Angerufenen seines Gebotes der Anerkennung und so zu Subjekten einer *Pflicht* ihm gegenüber.

Die Pflicht, die stets bestand, wird akut und konkret mit dem Wachstum menschlicher Macht durch die Technik, die der ganzen Lebenswohnung hier auf Erden gefährlich wird. Das gehört mit zum Befund, zum allergegenwärtigsten, des »Ist«, das man sehen und hören kann. Es sagt uns, daß wir jetzt die von uns gefährdete göttliche Sache in der Welt vor uns schützen, der für sich ohnmächtigen Gottheit gegen uns selbst zu Hilfe kommen müssen. Es ist die Pflicht der wissenden Macht – eine kosmische Pflicht, denn es ist ein kosmisches Experiment, das wir mit uns scheitern lassen, in uns zuschanden machen können.

16. Daß wir Gott helfen müssen: Das Zeugnis Etty Hillesums

Zu der wohl nach jeder Glaubenslehre ketzerischen Ansicht, daß nicht Gott uns helfen kann, sondern wir ihm helfen müssen, wurde ich durch das Auschwitz-Ereignis gedrängt – vom sicheren Port des Nicht-Dabeigewesenseins, von dem sich leicht spekulieren läßt. Gültiger wird die Ansicht erst als mit dem eigenen Leben besiegeltes Bekenntnis einer wirklichen Zeugin, von dem ich viel später erfuhr. Diese Bekennerworte finden sich in den erhaltenen Tagebüchern Etty Hillesums, einer jungen holländischen Jüdin, die sich 1942 freiwillig ins Lager Westerbork meldete, um dort zu helfen und das Schicksal ihres Volkes zu teilen; 1943 wurde sie in Auschwitz vergast.

»...ich gehe an jeden Ort dieser Erde, wohin Gott mich schickt, und ich bin bereit, in jeder Situation und bis in den Tod Zeugnis davon abzulegen,... daß es nicht Gottes Schuld ist, daß alles so gekommen ist, sondern die unsere.«

»...und wenn Gott mir nicht weiterhilft, dann muß ich Gott helfen.... Ich werde mich immer bemühen, Gott so gut wie möglich zu helfen...«

»Ich will dir helfen, Gott, daß du mich nicht verläßt, aber ich kann mich von vornherein für nichts verbürgen. Nur dies eine wird mir immer deutlicher: daß du uns nicht helfen kannst, sondern daß wir dir helfen müssen, und dadurch helfen wir uns letzten Endes selbst. Es ist das einzige, auf das es ankommt: ein Stück von dir in uns selbst zu retten, Gott... Ja, mein Gott, an den Umständen scheinst auch du nicht viel ändern zu können... Ich fordere keine Rechenschaft von dir, du wirst uns später zur Rechenschaft ziehen. Und mit fast jedem Herzschlag wird mir klarer, daß du uns nicht helfen kannst, sondern daß wir dir helfen müssen und deinen Wohnsitz in unserem Inneren bis zum Letzten verteidigen müssen.«[1]

Damit darf ich nicht schließen. Ein philosophischer Diskurs, der dieser doch nach Möglichkeit (bei allem Bekennt-

---

1 Aus *Das denkende Herz. Die Tagebücher von Etty Hillesum 1941–1943*, Freiburg/Heidelberg 1983: F. H. Kerle; Reinbek 1985: Rowohlt Taschenbuch 5575, S. 141–149. Fast vierzig Jahre mußten vergehen, ehe diese vor der Deportation in privaten Händen gelassenen Aufzeichnungen ihre erste holländische Veröffentlichung fanden.

nishaften) sein will, darf nicht mit der emotionalen Vergewaltigung seiner Leser enden, und wenn ich von mir selbst schließen darf, hat das eben Vorgebrachte etwas davon an sich.

So sei mir gestattet, noch zwei Fragen zu streifen, die sich nüchtern abhandeln und sogar – seltener Vorzug – rational einsichtig beantworten lassen: nämlich die, ob denn solche Betrachtungen, wie ich sie hier angestellt und vermutlichen Lesern zugemutet habe, philosophisch erlaubt sind; und die andere, wie wichtig die heute viele Gemüter bewegende Frage ist, ob es außer uns noch anderes intelligentes Leben im Weltall gibt.

17. Darf Philosophie spekulativ sein?

Zum ersten Punkt: Es ist mir klar, daß ich im Vorangegangenen dauernd gegen zwei mächtige Interdikte des heutigen Philosophierens gesündigt habe, die über eine längere Geschichte des neuzeitlichen Denkens fast den Status von Glaubensartikeln erlangt haben: daß man vom Unbeweisbaren die Finger lassen soll und (als Spezialfall davon) daß logisch kein Weg vom Sein zum Sollen führt, von Tatsache zu Wert. Kurz: das Verbot der Metaphysik und das Dogma der bloßen Subjektivität von Werten, also auch von Verbindlichkeit, also auch von Ethik. Die Beinah-Einstimmigkeit darin darf nicht schrecken. Sie spiegelt das Erliegen der Philosophie vor dem Erfolg der Naturwissenschaft, die sie nachahmen möchte. Die materialistische Naturwissenschaft verdankt in der Tat ihren Erfolg dem Umstand, daß sie eben dies und nichts anderes sein will, der Definition ihres Gegenstandes also, der eine expurgierte Edition des Seinsbefundes *ad usum Delphini*, zum Gebrauch des Naturforschers, darstellt: Ausscheidung von Zwecken, Sinnesqualitäten, Subjektivität; Reduktion auf das quantitativ in Raum und Zeit Meßbare. Ontologisch ist das eine Fiktion; methodologisch, wie der Wissensertrag zeigt, von größtem Nutzen. Die Philosophie in der Nachfolge Descartes' antwortete mit einer ähnlichen, sozusagen komplementären Expurgation *ihres* Gegenstandes: dem Rumpf-Ich des reinen Bewußtseins, des subjektiven Idealismus, besonders der transzendentalen Art, in der sich die Deutschen hervortaten. Husserls reines Bewußtsein weiß zwar von einer »Lebenswelt« zu erzählen, aber nur als Datum »für« es, sich konstituierend in ihm oder gar konstruiert von ihm: Es selber ist nicht Teil davon, nicht abhängig damit verwoben, und so kommt auch der Leib nur als erlebter vor, nur als »Phänomen«, nicht *wirklich*.

Solche künstlichen Expurgationen tun ihren Dienst und rechtfertigen sich durch den Ertrag der dadurch ermöglichten Disziplinen auf der einen und der anderen Seite der Teilung. Aber wenn sie sich in je ihrem Standpunkt verfestigen, Methode der Sache und Teil dem Ganzen gleichsetzen, werden die Nutznießer zu Opfern der leitenden Fiktionen. Aus Kritikern werden Dogmatiker, aus Antimetaphysikern unfreiwillige Metaphysiker. Die Naturwissenschaften sind hier nicht zu tadeln und sollen bei ihrem Geschäft bleiben, nur die Physiker sich hüten, aus ihrer Physik eine Metaphysik zu machen, nämlich die von ihnen erkannte Wirklichkeit für die ganze auszugeben. Die Physiker selbst, die ich kennenlernen durfte, fand ich bemerkenswert frei von dieser Versuchung, aber bei ihren bewundernden Zuschauern, naiven wie philosophischen, ist sie weit verbreitet. In jedem Falle ist es Sache der *Philosophie*, sich auf das Ganze zu besinnen, aber die hat, von den exakten Wissenschaften eingeschüchtert und (mit Descartes) »Sicherheit« zum Hauptmerkmal des Wissens erhebend, diesem noblen, aber inexakten Beruf entsagt und sich in ihrer Hälfte des Ganzen spezialwissenschaftlich verschanzt. Die maßlose (bis zur Komik der Alleinzulassung gehende) Überschätzung der erkenntnistheoretischen, logischen, semantischen Thematik zeigt es – als ob es in erster Linie darauf ankäme, *wie* der Mensch versteht, und nicht darauf, *was* es zu verstehen gibt. Und im »Was« kann die Arbeitsteilung nicht das letzte Wort sein. Zuletzt gehören die Teile doch zusammen und müssen unter *eine* Weltformel gebracht werden. »Reine Natur«, »reines Bewußtsein«, Materialismus, Idealismus, selbst Dualismus waren nützliche Fiktionen; in ihrem Windschutz wurden, und werden weiterhin, wichtige Einsichten gewonnen. Aber einmal muß man sich freischwimmen und den Sprung ins tiefe Wasser wagen. Auf Numero Sicher kann man da freilich nicht gehen. Aber daß die dort begegnenden »letzten Fragen«, die auf keine *beweisbare* Antwort hoffen können, deshalb *sinnlos* seien (wie man wohl hört), ist nicht ernst zu nehmen; hinter jedem Denken lauern sie, und noch der erklärte Agnostiker beantwortet sie mit seiner darin versteckten Metaphysik.

Natürlich muß *jeder* Versuch, dem Welträtsel Salz auf den Schwanz zu streuen, mit einer Blamage enden, aber die muß eben stets von neuem, als jedesmal andere und eigene, riskiert werden, gemildert durch den Trost, daß man sich wenigstens dabei in guter Gesellschaft befindet – in allerbester sogar: der der *philosophia perennis*. Mein mit soviel schwächeren Kräften unternommener Versuch, zu ihr zurückzufinden, kann mir als überheblich ausgelegt werden, doch das eine Körnchen Demut muß ihm zugebilligt werden, daß ich einfach nicht glauben kann, daß alle jene Großen, von Platon bis Spinoza, Leibniz, Hegel usw., blind und töricht waren und erst wir heute dank der Wiener Schule klug und weise geworden sind. Sie wagten die spekulative Frage nach dem Ganzen: Dafür verdienen sie nicht Kritik, sondern ewigen Dank. Unsere Kritik muß prüfen, wie ihre Antworten vor unserem späteren Seinsbefund bestehen. Aber in ihre Schule, durch ihre Schule müssen wir gehen, um das Fragen zu lernen, von ihrem Siegen und Versagen uns belehren lassen. Soviel zu der Frage, ob das, was ich hier versucht habe, überhaupt erlaubt ist.

18. Wie wichtig ist es, zu wissen, ob es noch anderswo intelligentes Leben gibt?

Viel einfacher ist die andere, schon an und für sich einfältigere Frage zu beantworten: Ist es wichtig, zu wissen, ob es außer uns noch anderswo intelligente Wesen im Weltall gibt? Für die Neugier ist die Sachfrage natürlich ungemein interessant, und besonders eine verifizierte positive Antwort darauf wäre für unser Weltgefühl nicht ohne Bedeutung: Ein Wissen um unseresgleichen »da draußen« würde z. B. den anthropischen Anteil am kosmologischen Befund für uns vergrößern, uns also auch in der darauf gestützten kosmogonischen Vermutung bestärken. Eine negative Antwort, ihrer Natur nach nicht verifizierbar (weil dafür alle in Betracht kommenden Weltkörper durchgegangen werden müßten), kann nur in der Form ausgebliebener positiver Kunde, also als Nichtwissen, bei der Frage nach der Relevanz eines Wissens in dieser Sache mitsprechen. Das Nein, das wir für unser Sonnensystem jetzt wissen, ist nichtssagend für das All. Man könnte da zwar mit Christian Morgenstern sagen: »Zeit gab's genug und Zahlen auch«, d. h. man kann versucht sein, aus den schieren Größenordnungen des homogenen Weltalls – den Ziffern von Galaxien, Sonnen, Zeitverläufen – nach statistischer Wahrscheinlichkeit das anderweitige Vorkommen intelligenten Lebens, sogar mit uns gleichzeitigen, im kosmischen Zufall als das Glaubhafteste abzuleiten. (Der Astronom Carl Sagan z. B. kommt zu sehr hohen Schätzungsziffern für fortgeschrittene Zivilisationen in unserem galaktischen System allein.) Aber das wäre, wie ein mir maßgeblicher Mathematiker mich belehrte, bei unserer Unkenntnis auch nur der Zahl der Unbekannten in der Rechnung der Bedingungen völlig unstatthaft, und es bliebe bei subjektiver Glaubhaftigkeit nach persönlichem Bedürfnis und Temperament. Daß jenes Vorkommen möglich ist, besagt nicht mehr, als daß es nicht unmöglich ist. Das einzige, was wir *wissen*, ist, daß *wir* da sind und, gemessen an der

Vergangenheit des Lebens auf Erden (von der des Alls zu schweigen), noch nicht lange. Welchen existentiellen, mehr als theoretischen Unterschied würde es ausmachen, mehr zu wissen – vom Dasein uns geistig ähnlichen Lebens anderswo zu erfahren? Meine Antwort ist: gar keinen.

a) Gewiß keinen praktischen Unterschied. Wo ein einziges Hin und Her von Signalen (»Rede und Antwort«) selbst in unserer intragalaktischen Nachbarschaft günstigstenfalls Jahrzehnte brauchen würde, viel wahrscheinlicher aber in Jahrhunderten und Jahrtausenden gerechnet werden muß, ist eine wirkliche Kommunikation, ein *Gespräch*, nicht möglich. Nicht nur wären die Anredenden längst verstorben, auch ihre Mitteilung oder Frage wäre längst überholt. Übrigens wäre ja nur mit technisch mindestens so weit fortgeschrittenen Zivilisationen, wie die unsrige es soeben erst nach Jahrtausenden menschlicher Hochkulturen durch den abendländischen Geschichtszufall geworden ist, ein Signalkontakt überhaupt möglich: eine weitere Last auf der Waage der Wahrscheinlichkeiten. In jedem Fall ist zwischen Hin und Her das irdische Geschäft weitergegangen, und die spätere Generation, bei der die Antwort einläuft, wird sie zum Archiv kosmischer Miszellen legen.

b) Würde es ein kosmisches Einsamkeitsgefühl beseitigen? Wer es zu empfinden behauptet, dem kann ich es nicht bestreiten, aber es fällt mir schwer, es ihm zu glauben. Vier (oder bald fünf) Milliarden Mitlebende von der Homo-sapiens-Familie auf diesem Globus schützen mich reichlich vor Gefühlen des Alleinseins in der Welt; und die Gattung ist kein Subjekt, das Gefühle haben kann. In jedem Fall ist besagtes »Gefühl« ein sehr abstraktes, durch die abstrakte Theorie kosmischer Weiten erzeugtes, und nicht weniger abstrakt wäre das Code-entzifferte Wissen um irgendeinen anderen Fall von unseresgleichen in jener Weite, mit denen wir, wie gesagt, doch in keinen Verkehr treten können. Den haben wir nur unter uns, und wenn man das Einsamkeit nennt, so bleibt die bestehen.

c) Aber vielleicht ändert die Entdeckung anderer und vermutlich auch mit Fühlen begabter Intelligenz im Universum das von Bertrand Russell so bewegt – teils klagend, teils heroisierend – geschilderte Bewußtsein, mit unserem Streben, Wählen und Werten einem gleichgültigen, wertfremden, ja lebensfeindlichen All gegenüberzustehen? Mitnichten. Wer beim Porträt vom interesselosen Universum ignorieren konnte, daß es immerhin *uns* Interesse-bewegte, Werte-erfindende Wesen aus sich hat hervorgehen lassen, kann dies ebensogut auch bei anderen Inseln des Fühlens und Wollens in diesem selben All des Nichtfühlens usw. tun: Sie teilen dann mit uns das Schicksal kosmischer Einsamkeit des Interesses und des heroisch-trotzigen Bestehens auf den willkürlich selbsterfundenen Wertfiktionen. Nur wer schon den anthropischen Befund anders liest und aus ihm einen kosmologischen Schluß zieht, kann sich in diesem durch weitere Beispiele bestärken lassen. Wer ihn aus dem einen Beispiel nicht zieht, der kann auch in anderen keinen Grund dazu erblicken, sondern nur weitere insulare Fälle derselben nihilistischen Situation.

d) Aber würde, um zur Hauptsache und zum Schluß zu kommen, die Kunde von anderem intelligenten Leben im Universum einen *moralischen* Unterschied ausmachen? Würde sie etwas an unserer Verantwortung ändern? Können wir uns dann vielleicht dessen getrösten, daß, wenn wir die große Sache hier verspielen, sie anderswo in besseren Händen doch fortgeführt wird? Sie also nicht an uns allein hängt? Wir also doch etwas mehr mit unserem Teil davon wagen dürfen? Aber nein! Für das Geschick des Geistes hier, wo wir walten, dem alleinigen Revier unserer Macht, sind wir allein verantwortlich – wie jene hypothetischen Intelligenzen, wenn es sie gibt, in ihrem. Keiner kann dem anderen davon etwas abnehmen, keiner dem anderen dabei helfen, sie nicht uns und wir nicht ihnen. In diesem Sinne sind wir allein! Wir wissen dies, daß mit uns und in uns, in diesem Teil des Alls und diesem Augenblick unserer verhängnisvollen Macht, die Sache Gottes auf der Waage zittert. Was geht es uns an, ob sie anderswo gedeiht, gefährdet, gerettet, vertan wurde? Daß *unser* irgendwo einmal im All aufgefangenes Signal keine Todesanzeige sei, damit haben wir die Hände voll zu tun. Kümmern wir uns um unsere Erde. Was immer es draußen geben möge, hier entscheidet sich unser Schicksal und mit ihm soviel vom Schöpfungswagnis, wie an diesen Ort geknüpft, in unsere Hände geraten ist, von uns betreut oder verraten werden kann. Sorgen wir uns darum, als ob wir in der Tat einzig im All wären.

Nachweise

1. *Evolution und Freiheit:* Scheidewege 13, 1983/84, S. 85–112.
2. *Werkzeug, Bild und Grab:* Vortrag in den Salzburger Humanismusgesprächen 1985. Scheidewege 15, 1985/86, S. 47–58.
3. *Wandel und Bestand:* Vortrag zur Eröffnung des 5. Internationalen Kongresses für Altertumswissenschaft in Bonn am 1. 9. 1969. Heft 46 in Wissenschaft und Gegenwart, Geisteswissenschaftliche Reihe, Vittorio Klostermann, Frankfurt am Main 1970; ebenfalls in V. Klostermann (Hg.), *Durchblicke.* Martin Heidegger zum 80. Geburtstag, ebd. 1970, S. 1–26.
4. *Last und Segen der Sterblichkeit:* Vortrag (englisch: »The Burden and Blessing of Mortality«) in »The Royal Palace Foundation« in Amsterdam, 19. 3. 1991. Deutsche Übersetzung von Reinhard Löw, überarbeitet vom Verfasser: Scheidewege 21, 1991/92, S. 26–40.
5. *Von Kopernikus zu Newton:* Festvortrag anläßlich des 40jährigen Bestehens der Philosophischen Gesellschaft Bremerhaven, Bremerhaven 9. 11. 1990. Verdeutscht und adaptiert vom Verfasser aus »Seventeenth Century and After: The Meaning of the Scientific and Technological Revolution« in: H. Jonas, *Philosophical Essays* 1974, 1980, S. 45–80.
6. *Zur ontologischen Grundlegung einer Zukunftsethik:* Vortrag auf der Tagung »Industriegesellschaft und Zukunftsethik« der Friedrich-Ebert-Stiftung am 25./26. 10. 1985 in Bonn. Gedruckt als »Prinzip Verantwortung – Zur Grundlegung einer Zukunftsethik« in: Th. Meyer/ S. Miller (Hg.), *Zukunftsethik und Industriegesellschaft,* J. Schweitzer Verlag, München 1986, S. 3–14. Der jetzige Text ist eine teils erweiternde, teils verkürzende Überarbeitung der genannten Erstveröffentlichung.

7. *Rechte, Recht und Ethik:* Vortrag vor dem 6. Rechtspolitischen Kongreß der SPD, 20.–22. 6. 1986 in Essen. Däubler-Gmelin/Adlerstein (Hg.), *Menschenrecht. Arbeitswelt – Genforschung – Neue Technik – Lebensformen – Staatsgewalt,* C. F. Müller Juristischer Verlag, Heidelberg 1986, S. 53–66.
8. *Vergangenheit und Wahrheit:* Scheidewege 20, 1990/91, S. 1–13.
9. *Der Gottesbegriff nach Auschwitz:* Festvortrag anläßlich der Verleihung des Dr. Leopold-Lucas-Preises für 1984 durch die Evangelisch-theologische Fakultät der Eberhard-Karls-Universität Tübingen. O. Hofius (Hg.), *Reflexionen finsterer Zeit.* Zwei Vorträge von Fritz Stern und Hans Jonas, Tübingen 1984, S. 61–86; ebenfalls H. Jonas, *Der Gottesbegriff nach Auschwitz,* suhrkamp taschenbuch 1516, Frankfurt am Main 1987.
10. *Materie, Geist und Schöpfung:* erweiterte Fassung eines Vortrags zur Eröffnung des Internationalen Kongresses »Geist und Natur« der Stiftung Niedersachsen in Hannover, Mai 1988. H. Jonas, *Materie, Geist und Schöpfung,* suhrkamp taschenbuch 1580, Frankfurt am Main 1988.

Die Beiträge erscheinen hier mit Genehmigung der ursprünglichen Verleger. Der im Vorwort summarisch an sie ausgesprochene Dank sei hier mit ihrer Nennung (gefolgt von der Beitragsziffer) wiederholt: Max-Himmelheber-Stiftung, Baiersbronn, »Scheidewege« (1, 2, 4, 8); Vittorio Klostermann, Frankfurt a. M. (3); J. Schweitzer Verlag, München (6); C. F. Müller, Juristischer Verlag, Heidelberg (7); Suhrkamp Verlag, Frankfurt am Main (9, 10).

Hans Jonas
Philosophie
Rückschau und Vorschau
am Ende des Jahrhunderts

44 Seiten. Bütten-Broschur

Hans Jonas hat in diesem Vortrag, gehalten im Mai 1992, noch einmal die Entwicklung der Philosophie seit dem Jahre 1900 resümiert. In einer *Rückschau*, die sich auf die Erfahrung eigenen Denkens und siebzigjährigen »Dabeiseins« beziehen kann, spricht er zunächst vornehmlich über das Wirken von Edmund Husserl und Martin Heidegger. In einer *Vorschau* verweist Jonas auf zukünftig erforderliche Entwicklungen eines ethischen Philosophierens. Sein Vortrag ist ein fundamentaler Beitrag zur weltweit geführten Diskussion über die Rettung der Erde, ist ein Auftrag an die Philosophie, alle einschlägigen Wissenschaften von der Natur und der Gesellschaft in der Frage zusammenzuführen, wie »zu einem ausgeglichenen Budget zwischen Mensch und Natur« zu kommen sei.

Suhrkamp Verlag

Das Prinzip Verantwortung
Versuch einer Ethik für die technologische Zivilisation

426 Seiten. suhrkamp taschenbuch 1085

Mit seinem Hauptwerk *Das Prinzip Verantwortung*, 1979 erschienen, erlangte der Natur- und Technikphilosoph Hans Jonas weltweite Anerkennung. Hier formulierte er eine Ethik, die den Anforderungen der technologischen Zivilisation gerecht zu werden versucht. Im Vorwort schreibt Jonas: »Daß die Verheißung der modernen Technik in Drohung umgeschlagen ist, oder diese sich mit jener unlösbar verbunden hat, bildet die Ausgangsthese des Buches. Die dem Menschenglück zugedachte Unterwerfung der Natur hat im Übermaß ihres Erfolges, der sich nun auch auf die Natur des Menschen selbst erstreckt, zur größten Herausforderung geführt, die je dem menschlichen Sein aus eigenem Tun erwachsen ist.«

Macht oder Ohnmacht der Subjektivität?
Das Leib-Seele-Problem im Vorfeld des Prinzips Verantwortung

144 Seiten. suhrkamp taschenbuch 1513

Jonas ist vor allem um die Zurückweisung der naturwissenschaftlichen Selbstverständlichkeit zu tun, der Geist sei gegenüber der Materie ohnmächtig. Damit rührt er in einem ebenso wichtigen wie heiklen Punkt an den Schlaf von Philosophie und Naturwissenschaft. Hierin liegt die eigentliche Bedeutung dieser schmalen, aber inhaltsschweren Studie. *Süddeutsche Zeitung*

Technik, Medizin und Ethik
Zur Praxis des
Prinzips Verantwortung

324 Seiten. suhrkamp taschenbuch 1514

In diesem Buch probiert Hans Jonas die Anwendung des »Prinzips Verantwortung« an paradigmatischen Fällen im Felde biologischer Forschung und ärztlicher Praxis aus. Er greift eine Reihe von praktischen Fragen auf, die sich aus dem explosiven Fortschritt der Naturwissenschaften für die Ethik, als Lehre vom »guten Leben«, ergeben. Von welchem Ende des breiten technologischen Spektrums aus kann ein Anfang gemacht werden mit der konkreten Anwendung sittlicher Normen im Neuland der Verantwortung.

Der Gottesbegriff nach Auschwitz
Eine jüdische Stimme

64 Seiten. suhrkamp taschenbuch 1516

»Wer aber vom Gottesbegriff nicht einfach lassen will, der muß, um ihn nicht aufgeben zu müssen, ihn neu überdenken und auf die alte Hiobsfrage eine neue Antwort suchen. Den ›Herrn der Geschichte‹ wird er dabei wohl fahren lassen müssen. Also: Was für ein Gott konnte es geschehen lassen?«

Materie, Geist und Schöpfung
Kosmologischer Befund
und kosmogonische Vermutung

76 Seiten. suhrkamp taschenbuch 1580

»Es ist kein Zweifel, wir haben es in unserer Hand, die Schöpfungsabsicht zu vereiteln, gerade in ihrem anscheinenden Triumph mit uns, und sind vielleicht kräftig daran. Warum dürfen wir es nicht, wie die Tiere, *alles,* was wir können? Einschließlich der Selbstvernichtung?«

Hans Jonas
Dem bösen Ende näher
Gespräche über das Verhältnis
des Menschen zur Natur

Herausgegeben von Wolfgang Schneider
108 Seiten. suhrkamp taschenbuch 2197

Der Titel des Buches bezieht sich auf Hans Jonas' Feststellung in einem *Spiegel*-Interview, im Verhältnis des Menschen zur Natur habe sich zwar theoretisch einiges geändert, nicht jedoch praktisch: Seit dem Erscheinen seines Hauptwerkes *Das Prinzip Verantwortung* 1979 sei »nichts geschehen, um den Gang der Dinge zu ändern, und da dieser kumulativ katastrophenträchtig ist, so sind wir heute dem bösen Ende eben um ein Jahrzehnt näher als damals«.

In acht Gesprächen und einer Rede setzt sich der 1993 verstorbene Natur- und Technikphilosoph für ein neues, gleichberechtigtes Verhältnis zwischen Mensch und Natur ein und kommt vor allem auf die praktische Seite zu sprechen. Wie kann den Herausforderungen der Moderne begegnet werden? Wie ist das Überleben auf diesem Planeten auf längere Sicht möglich? Wie kein anderer zeitgenössischer Philosoph wendet er sich gegen die ungebremste Ausbeutung und Verwüstung der Erde durch den Menschen und plädiert energisch für die Durchsetzung der Ethik der Verantwortung und Bescheidenheit in Politik und Gesellschaft.

Philosophie
in den suhrkamp taschenbüchern

Adorno, Theodor W.: Erziehung zur Mündigkeit. Vorträge und Gespräche mit Hellmut Becker 1959-1969. Herausgegeben von Gerd Kadelbach. st 11

Alain: Die Pflicht, glücklich zu sein. Aus dem Französischen übertragen und mit einem Nachwort versehen von Albrecht Fabri. st 859

Arendt, Hannah: Die verborgene Tradition. Acht Essays. Den Essay »Der Zionismus aus heutiger Sicht« übersetzte Friedrich Griese ins Deutsche. st 303

Bloch, Ernst: Freiheit und Ordnung. Abriß der Sozialutopien. st 1264

Broch, Hermann: Philosophische Schriften. 2 Bde. st 375

Cioran, E. M.: Gevierteilt. Aus dem Französischen von Bernd Mattheus. st 1838

Dürckheim, Karlfried Graf: Erlebnis und Wandlung. Grundfragen der Selbstfindung. st 1945

Gadamer, Hans-Georg / Jürgen Habermas: Das Erbe Hegels. Zwei Reden aus Anlaß der Verleihung des Hegel-Preises 1979 der Stadt Stuttgart an Hans-Georg Gadamer am 13. Juni 1979. st 596

Gulyga, Arsenij: Immanuel Kant. Aus dem Russischen übertragen und mit einem Nachwort versehen von Sigrun Bielfeldt. st 1093

Horstmann, Ulrich: Das Untier. Konturen einer Philosophie der Menschenflucht. st 1172

Jonas, Hans: Dem bösen Ende näher. Gespräche über das Verhältnis der Menschen zur Natur. Erstausgabe. st 2197
- Der Gottesbegriff nach Auschwitz. Eine jüdische Stimme. st 1516
- Macht oder Ohnmacht der Subjektivität. Das Leib-Seele-Problem im Vorfeld des Prinzips Verantwortung. st 1513
- Materie, Geist und Schöpfung. Kosmologischer Befund und kosmogonische Vermutung. st 1580
- Philosophische Untersuchungen und metaphysische Vermutungen. st 2279
- Das Prinzip Verantwortung. Versuch einer Ethik für die technologische Zivilisation. st 1085
- Technik, Medizin und Ethik. Zur Praxis des Prinzips Verantwortung. st 1514

Koestler, Arthur: Die Wurzeln des Zufalls. Einzig berechtigte Übertragung aus dem Englischen von Irmgard Schoppmeier, unter Mitwirkung von Hans-Joachim Grünzig. st 181

Lem, Stanisław: Das Katastrophenprinzip. Die kreative Zerstörung im Weltall. Aus Lems Bibliothek des 21. Jahrhunderts. Aus dem Polnischen von Friedrich Griese. PhB 125. st 999

Philosophie
in den suhrkamp taschenbüchern

Lenk, Hans: Kritik der kleinen Vernunft. Einführung in die jokologische Philosophie. st 1771

Russell, Bertrand: Eroberung des Glücks. Neue Wege zu einer besseren Lebensgestaltung. Autorisierte Übersetzung von Magda Kahn. st 389

Sloterdijk, Peter: Der Zauberbaum. Die Entstehung der Psychoanalyse im Jahr 1785. Ein epischer Versuch zur Philosophie der Psychologie. st 1445

Sternberger, Dolf: Über den Tod. st 719

Weischedel, Wilhelm: Skeptische Ethik. st 635

suhrkamp taschenbücher wissenschaft
Soziologie, Theorie der Gesellschaft

Adorno: Einleitung in die Musiksoziologie. stw 142
– Prismen. stw 178
– Soziologische Schriften I. stw 306
Assmann/Hölscher (Hg.): Kultur und Gedächtnis. stw 724
Baecker: Womit handeln Banken? stw 946
Beck/Bonß (Hg.): Weder Sozialtechnologie noch Aufklärung? stw 715
Bendix: Freiheit und historisches Schicksal. stw 390
– Könige oder Volk. stw 338
Berg/Fuchs (Hg.): Kultur, soziale Praxis, Text. stw 1051
Bertram (Hg.): Gesellschaftlicher Zwang und moralische Autonomie. stw 450
Bonß/Honneth (Hg.): Sozialforschung als Kritik. stw 400
Bourdieu: Entwurf einer Theorie der Praxis. stw 291
– Die feinen Unterschiede. stw 658
– Homo academicus. stw 1002
– Sozialer Raum und »Klassen«. Leçon sur la leçon. stw 500
– Zur Soziologie der symbolischen Formen. stw 107
– *siehe auch Eder*
– *siehe auch Gebauer/Wulf*
Bourdieu u. a.: Eine illegitime Kunst. stw 441
Brandt: Arbeit, Technik und gesellschaftliche Entwicklung. stw 780

Bude: Bilanz der Nachfolge. stw 1020
Cicourel: Methode und Messung in der Soziologie. stw 99
Claessens: Kapitalismus und demokratische Kultur. stw 1041
Coulmas: Die Wirtschaft mit der Sprache. stw 977
Cremerius (Hg.): Die Rezeption der Psychoanalyse in der Soziologie, Psychologie und Theologie im deutschsprachigen Raum bis 1940. stw 296
Dahme: *siehe Simmel*
Duby: Ritter, Frau und Priester. stw 735
Durkheim: Erziehung, Moral und Gesellschaft. stw 487
– Die Regeln der soziologischen Methode. stw 464
– Der Selbstmord. stw 431
– Soziologie und Philosophie. stw 176
– Über soziale Arbeitsteilung. stw 1005
Dux: Die Logik der Weltbilder. stw 370
– Die Zeit in der Geschichte. stw 1025
Edelstein/Habermas (Hg.): Soziale Interaktion und soziales Verstehen. stw 446
Edelstein/Keller (Hg.): Perspektivität und Interpretation. stw 364
Edelstein/Nunner-Winkler (Hg.): Zur Bestimmung der Moral. stw 628

suhrkamp taschenbücher wissenschaft
Soziologie, Theorie der Gesellschaft

Eder: Die Entstehung staatlich organisierter Gesellschaften. stw 332
– Geschichte als Lernprozeß? stw 941
– Die Vergesellschaftung der Natur. stw 714
Eder (Hg.): Klassenlage, Lebensstil und kulturelle Praxis. stw 767
Eisenstadt: Die Transformation der israelischen Gesellschaft. stw 1009
Eisenstadt (Hg.): Kulturen der Achsenzeit. 2 Bde. stw 653
– Kulturen der Achsenzeit II. stw 930
Elias: Engagement und Distanzierung. stw 651
– Die Gesellschaft der Individuen. stw 974
– Die höfische Gesellschaft. stw 423
– Studien über die Deutschen. stw 1008
– Über den Prozeß der Zivilisation. 2 Bde. stw 158/159
– Über die Zeit. stw 756
Korte (Hg.): Gesellschaftliche Prozesse und individuelle Praxis. Bochumer Vorlesungen zu Norbert Elias' Zivilisationstheorie. stw 894
Evers/Nowotny: Über den Umgang mit Unsicherheit. stw 672
Fend: Sozialgeschichte des Aufwachsens. stw 693
v. Friedeburg: Bildungsreform in Deutschland. stw 1015

Frisby: Georg Simmel. stw 926
Fromm: Die Gesellschaft als Gegenstand der Psychoanalyse. stw 1054
Garz (Hg.): Die Welt als Text. stw 1031
Gebauer/Wulf (Hg.): Praxis und Ästhetik. Neue Perspektiven im Denken Pierre Bourdieus. stw 1059
Gerhardt: Gesellschaft und Gesundheit. stw 970
Gerhardt/Schütze (Hg.): Frauensituation. stw 726
Geulen: Das vergesellschaftete Subjekt. stw 586
Geulen (Hg.): Perspektivenübernahme und soziales Handeln. stw 348
Giddens: Die Klassenstruktur fortgeschrittener Gesellschaften. stw 452
Giegel (Hg.): Kommunikation und Konsens in modernen Gesellschaften. stw 1019
Giesen: Die Entdinglichung des Sozialen. stw 908
Giesen (Hg.): Nationale und kulturelle Identität. stw 940
Goffman: Das Individuum im öffentlichen Austausch. stw 396
– Interaktionsrituale. stw 594
– Rahmen-Analyse. stw 329
– Stigma. stw 140
Goldmann: Soziologie des Romans. stw 470
– Der verborgene Gott. stw 491
Goudsblom: Soziologie auf der Waagschale. stw 223

suhrkamp taschenbücher wissenschaft
Soziologie, Theorie der Gesellschaft

Greiffenhagen: Das Dilemma des Konservatismus in Deutschland. stw 634

Groethuysen: Die Entstehung der bürgerlichen Welt- und Lebensanschauung in Frankreich. 2 Bde. stw 256

Groh: Anthropologische Dimensionen der Geschichte. stw 992

Habermas: Strukturwandel der Öffentlichkeit. stw 891
- Zur Logik der Sozialwissenschaften. stw 517
- Zur Rekonstruktion des Historischen Materialismus. stw 154
- *siehe auch Edelstein/Habermas*
- *siehe auch Honneth/Joas*

Haferkamp (Hg.): Sozialstruktur und Kultur. stw 793

Haferkamp/Schmid (Hg.): Sinn, Kommunikation und soziale Differenzierung. Beiträge zu Luhmanns Theorie sozialer Systeme. stw 667

Hahn/Kapp (Hg.): Selbstthematisierung und Selbstzeugnis: Bekenntnis und Geständnis. stw 643

Halbwachs: Das Gedächtnis und seine sozialen Bedingungen. stw 538

Haupert/Schäfer: Jugend zwischen Kreuz und Hakenkreuz. stw 952

Hausen/Nowotny (Hg.): Wie männlich ist die Wissenschaft? stw 590

Heinsohn: Privateigentum, Patriarchat, Geldwirtschaft. stw 455

Hirschauer: Die soziale Konstruktion der Transsexualität. stw 1045

Hörning/Gerhard/Michailow: Zeitpioniere. stw 909

Honig: Verhäuslichte Gewalt. stw 857

Honneth: Kritik der Macht. stw 738

Honneth/Joas (Hg.): Kommunikatives Handeln. Beiträge zu Jürgen Habermas' »Theorie des kommunikativen Handelns«. stw 625

Institut für Sozialforschung (Hg.): Kritik und Utopie im Werk von Herbert Marcuse. stw 1037

Jäger (Hg.): Kriminologie im Strafprozeß. stw 309

Jaeggi: Theoretische Praxis. stw 149

Joas: Pragmatismus und Gesellschaftstheorie. stw 1018
- Praktische Intersubjektivität. stw 765

Joas (Hg.): Das Problem der Intersubjektivität. stw 573

Joas/Steiner (Hg.): Machtpolitischer Realismus und pazifistische Utopie. stw 792

Joerges (Hg.): Technik im Alltag. stw 755

Jokisch (Hg.): Techniksoziologie. stw 379

Jung/Müller-Doohm (Hg.): Wirklichkeit im Deutungsprozeß. stw 1048

Kempski: Schriften 1-3. stw 922-924

suhrkamp taschenbücher wissenschaft
Soziologie, Theorie der Gesellschaft

- Brechungen. stw 922
- Recht und Politik. stw 923
- Prinzipien der Wirklichkeit. stw 924

Kern/Schumann: Industriearbeit und Arbeiterbewußtsein. stw 549

Kettler/Meja/Stehr: Politisches Wissen. stw 649

Kippenberg/Luchesi (Hg.): Magie. Die sozialwissenschaftliche Kontroverse über das Verstehen fremden Denkens. stw 674

Kocka (Hg.): Interdisziplinarität. stw 671

Korte: *siehe unter Elias*

Lenhardt: Schule und bürokratische Rationalität. stw 466

Lenski: Macht und Privileg. stw 183

Lepenies: Melancholie und Gesellschaft. stw 967

Lepenies (Hg.): Geschichte der Soziologie. 4 Bde. stw 367

Löwenthal: Schriften 1-5. stw 901-905

Luckmann: Die unsichtbare Religion. stw 947

Lüderssen/Sack (Hg.): Vom Nutzen und Nachteil der Sozialwissenschaften für das Strafrecht. 2 Bde. stw 327

- Seminar: Abweichendes Verhalten I-IV. 4 Bde. stw 84-87

Luhmann: Funktion der Religion. stw 407
- Legitimation durch Verfahren. stw 443
- Soziale Systeme. stw 666
- Die Wissenschaft der Gesellschaft. stw 1001
- Zweckbegriff und Systemrationalität. stw 12
- *siehe auch Haferkamp/Schmid*
- *siehe auch Welker; Welker/Krawietz*

Luhmann/Fuchs: Reden und Schweigen. stw 848

Luhmann/Pfürtner (Hg.): Theorietechnik und Moral. stw 206

Luhmann/Schorr: Reflexionsprobleme im Erziehungssystem. stw 740

Luhmann/Schorr (Hg.): Zwischen Absicht und Person. stw 1036
- Zwischen Anfang und Ende. stw 898
- Zwischen Intransparenz und Verstehen. stw 572
- Zwischen Technologie und Selbstreferenz. stw 391

Luhmann/Spaemann: Paradigm lost: Über die ethische Reflexion der Moral. stw 797

Mannheim: Konservatismus. stw 478
- Strukturen des Denkens. stw 298
- *siehe Kettler/Meja/Stehr*

Mead: Geist, Identität und Gesellschaft. stw 28
- Gesammelte Aufsätze. Bd. 1. stw 678
- Gesammelte Aufsätze. Bd. 2. stw 679
- *siehe auch Joas*

Meja/Stehr (Hg.): Der Streit um die Wissenssoziologie. stw 361

suhrkamp taschenbücher wissenschaft
Soziologie, Theorie der Gesellschaft

Mommsen: Max Weber. stw 53

Moore: Ungerechtigkeit. stw 692

Müller: Sozialstruktur und Lebensstil. stw 982

Münch: Dialektik der Kommunikationsgesellschaft. stw 880

– Die Struktur der Moderne. stw 978

– Theorie des Handelns. stw 704

Niemitz (Hg.): Erbe und Umwelt. stw 646

Nowotny: Eigenzeit. stw 1052

Oakes: Die Grenzen kulturwissenschaftlicher Begriffsbildung. stw 859

Oser: Moralisches Urteil in Gruppen. stw 335

Otto/Sünker (Hg.): Politische Formierung und soziale Erziehung im Nationalsozialismus. stw 927

– Soziale Arbeit und Faschismus. stw 762

Parsons: Gesellschaften. stw 106

– *siehe auch Schluchter (Hg.): Verhalten*

– *siehe auch Schütz/Parsons*

Plessner: Die verspätete Nation. stw 66

Rammstedt: Deutsche Soziologie 1933-1945. stw 581

– *siehe auch Simmel*

Ribeiro: Der zivilisatorische Prozeß. stw 433

Rosenbaum: Formen der Familie. stw 374

– Proletarische Familien. stw 1029

Rosenbaum (Hg.): Familie und Gesellschaftsstruktur. stw 244

Rossi: Vom Historismus zur historischen Sozialwissenschaft. stw 699

Roth: Politische Herrschaft und persönliche Freiheit. stw 680

Sachße/Engelhardt (Hg.): Sicherheit und Freiheit. stw 911

Schluchter: Aspekte bürokratischer Herrschaft. stw 492

– Rationalismus der Weltbeherrschung. stw 322

– Religion und Lebensführung. 2 Bde. stw 961/962

Schluchter (Hg.): Max Webers Sicht des antiken Christentums. stw 548

– Max Webers Sicht des Islam. stw 638

– Max Webers Sicht des okzidentalen Christentums. stw 730

– Max Webers Studie über das antike Judentum. stw 340

– Max Webers Studie über Hinduismus und Buddhismus. stw 473

– Max Webers Studie über Konfuzianismus und Taoismus. stw 402

– Verhalten, Handeln und System. Talcott Parsons' Beitrag zur Entwicklung der Sozialwissenschaften. stw 310

Schöftaler/Goldschmidt (Hg.): Soziale Struktur und Vernunft. stw 365

Schröter: »Wo zwei zusammenkommen in rechter Ehe ...« stw 860

Schütz: Das Problem der Relevanz. stw 371

suhrkamp taschenbücher wissenschaft
Soziologie, Theorie der Gesellschaft

- Der sinnhafte Aufbau der sozialen Welt. stw 92
- Theorie der Lebensformen. stw 350

Schütz/Luckmann: Strukturen der Lebenswelt. Bd. 1. stw 284

- Strukturen der Lebenswelt. Bd. 2. stw 428

Schütz/Parsons: Zur Theorie sozialen Handelns. Ein Briefwechsel. stw 202

Simmel: Aufsätze 1887-1890. Über sociale Differenzierung (1890). Die Probleme der Geschichtsphilosophie (1892). stw 802

- Einleitung in die Moralwissenschaft I. stw 803
- Einleitung in die Moralwissenschaft II. stw 804
- Aufsätze und Abhandlungen 1894-1900. stw 805
- Philosophie des Geldes. stw 806
- Aufsätze und Abhandlungen 1901-1908. Band II. stw 808
- Soziologie. stw 811
- Schriften zur Soziologie. stw 434

Simmel und die frühen Soziologen. Hg. Rammstedt. stw 736

Georg Simmel und die Moderne. Hg. von H.-J. Dahme und O. Rammstedt. stw 469

Soeffner: Auslegung des Alltags
- Der Alltag der Auslegung. stw 785
- Die Ordnung der Rituale. stw 993

Srubar (Hg.): Exil, Wissenschaft, Identität. stw 702

Stolk/Wouters: Frauen im Zwiespalt. stw 685

Tibi: Der Islam und das Problem der kulturellen Bewältigung sozialen Wandels. stw 531

Voland (Hg.): Fortpflanzung: Natur und Kultur im Wechselspiel. stw 983

Vranicki: Geschichte des Marxismus. stw 406

Wahl: Die Modernisierungsfalle. stw 842

Wahl/Honig/Gravenhorst: Wissenschaftlichkeit und Interessen. stw 398

Weingart (Hg.): Technik als sozialer Prozeß. stw 795

Weiß, J. (Hg.): Max Weber heute. stw 711

Welker (Hg.): Theologie und funktionale Systemtheorie. stw 495

Welker/Krawietz (Hg.): Kritik der Theorie sozialer Systeme. stw 996

Wieland (Hg.): Wirtschaftsethik und Theorie der Gesellschaft. stw 1053

Winch: Die Idee der Sozialwissenschaft und ihr Verhältnis zur Philosophie. stw 95

Über sämtliche bis Mai 1992 erschienenen suhrkamp taschenbücher wissenschaft (stw) informiert Sie das Verzeichnis der Bände 1 – 1000 (stw 1000) ausführlich. Sie erhalten es in Ihrer Buchhandlung.